민주국가의 전쟁:

이라크 전쟁과 코소보 전쟁 그리고 한미동맹

김광진

서울에서 태어나 공군사관학교를 37기로 졸업한 공군 F-16 전투기 조종사이다. 2007년에 미국 미주리 대학교에서 국제분쟁 문제로 정치학 박사학위를 받았고 2012년에는 하버드 대학교 국제문제연구소에서 객원연구원(Fellow)으로 있었다. 현역 공군 대령이며 국방부 국방정책실 미국정책과에서 4년 동안 방위비분담 · 전작권 전환 · 한미안보협의회의(SCM) 등의 한미동맹 실무를 담당했었고, 현재는 합동참모본부의 전략기획본부 대북군사정책과장으로 북한 정세 평가와 대북군사전략 업무를 하고 있다. 주요 연구분야는 국제분쟁, 군사전략, 안보정책, 민주평화 등이며, 2008년에 영문 저서 The Stages of Development and the Termination of Wars Between States: A Strategy for Conflict Management를 출간하였다.

서강학술총서
065

민주국가의 전쟁:
이라크 전쟁과 코소보 전쟁 그리고 한미동맹

김광진 지음

서강대학교 출판부

서강학술총서 065

민주국가의 전쟁:
이라크 전쟁과 코소보 전쟁 그리고 한미동맹

초판발행 | 2014년 4월 25일
지 은 이 | 김광진
발 행 인 | 유기풍
편 집 인 | 우찬제
발 행 처 | 서강대학교 출판부
등록번호 | 1978년 9월 28일 제313-2002-170호

주 소 | 서울특별시 마포구 백범로 35번지
전 화 | (02) 705-8212
팩 스 | (02) 705-8612

ISBN 978-89-7273-245-7 94390
ISBN 978-89-7273-139-9(세트)

값 15,000원

* 잘못된 책은 구입하신 곳에서 바꿔드립니다.

* '서강학술총서'는 SK SUPEX 기금의 후원으로 제작됩니다.

서문

국제분쟁을 인간의 의사 결정 과정으로 분석한 나의 첫 번째 책 The Stages of Development and the Termination of Wars Between States: A Strategy for Conflict Management(Lewiston: Edwin Mellen, 2008)를 출간한 후, 그 다음에 책을 쓴다면 민주주의 · 전쟁사 · 군사전략에 관한 생각들을 이론과 경험적으로 연결해봐야겠다는 목표를 세운 바가 있었다. 사실 학창시절부터 전쟁사와 군사전략은 항상 흥분과 희열의 대상이었다. 이 때문에 국제정치를 배움의 방향으로 정하고 미국 미주리 대학교(University of Missouri-Columbia)에서 박사 학위 공부를 할 때의 주요 관심 대상 역시 전쟁 이론이었다. 당시 가장 유행했었던 전쟁 이론인 민주평화(democratic peace) 이론은 실제 정치 현장에서의 화두이기도 한 민주주의에 관한 담론을 이론적 · 경험적으로 전쟁 담론과 연결시킨 시도이기도 했다. 미국에서의 공부를 마치고 귀국한 후에는 국방부에서 한미동맹에 대한 귀중한 실무 경험을 얻을 기회가 있었다. 이 기간에 민주주의, 전쟁사, 군사전략을 망라하는 연구를 해보겠다는 나의 미처 다듬어지지 않았던 생각에 한미동맹이라는 안보 수단의 정책적 활용 아이디어가 추가되어졌다. 그리고 2012년 한해를 하버드 대학교 웨더헤드 국제문제연구소(Weatherhead Center for International Affairs)에서 객원 연구원(Fellow)으로 보내게 되었다. 하버드 대학교에서의 기간은 내게 오래된 아이디어들을 정리할 수 있는 기회였고, 내가 본 대학 도서관 중 가장 컸던 하버드 대학의 와이드너(Widener) 도서관과 같은 연구 자료의 보고도 제공해주었다. 그리고 그 결과 이 책을 완성할 수 있었다.

이 책에서의 핵심 질문은 민주주의 정치 체제의 특징에서 전쟁에 승리하기 위한 최선의 군사력 운용 방법이 무엇인가라는 것이다. 그래서 군사력 운용 방법을 전장 전투 성과 중시 방법과 국내정치적 수용 중시 방법으로 분류하여 민주국가들의 정치 체제 특성으로 인한 군사력 운용 방법 선택 경향을 살펴보았다. 지금까지 국제정치학에서도 전쟁의 수행이나 결과에 관한 인과관계를 탐구해 온 바가 있다. 그러나 이 책에서 나의 질문은 기존 연구에서 주로 다루어왔던 실증적 인식론(positivism)에 기초한 국제정치학 담론 보다는 전쟁 수행 방법을 고민해 온 군사전략 담론과 함께 시작된다. 그래서 이 책은 클라우제비츠의 전쟁에 대한 인식과 손자의 국가 전략과 함께 출발한다. 그리고 국제정치학에서 발전시킨 민주주의 국가의 대외 활동 성향과 의사 결정자의 합리적 선택 이론을 동·서양의 전쟁 경험으로부터 도출된 군사전략 담론들과 결합시켜 보았다. 이때 주요 사례 분석 대상으로는 코소보 전쟁과 이라크 전쟁을 선택했다. 1999년의 코소보 전쟁은 20세기의 마지막 주요 전쟁이었으며, 인종과 종교의 갈등, 국제적 군사 개입의 당위성, 냉전 시대 동맹의 발전 방향에 대한 논쟁을 불러일으킨 바 있다. 그리고 2003년에 본격화된 이라크 전쟁은 21세기의 첫 주요 전쟁이었으며, 첨단 기술 위주 전쟁양상에 대한 비판, 인종과 종교 문제,

세계 패권과 중동의 자원 문제가 함께 존재했었다. 이와 같은 일반적인 특징에도 불구하고 이 두 개의 전쟁 사례는 민주주의 국가와 민주주의 동맹이 전쟁을 치루었던 가장 최근 사례인 것은 분명하다. 그래서 이 두 개의 전쟁은 모두 이 책의 핵심 질문을 테스트할 수 있는 적합한 사례로 보인다. 사례 연구에 있어서 다행스러웠던 것은 전쟁 당사국들 모두가 이제 전쟁이 완전히 끝났다고 생각하고 있어서 여러 형태의 평가와 분석 자료가 공개되어 있었던 점이다. 그리고 이라크 전쟁과 코소보 전쟁을 민주주의 국가와 민주주의 동맹이 치룬 전쟁이라는 시각으로 이해했던 사례 분석을 바탕으로 한미동맹을 통한 우리의 안보 정책 제안도 가능할 수 있었다. 한미동맹은 민주주의 국가 간의 동맹으로 변화되어 왔고, 그렇기 때문에 우리나라의 고대 역사부터 있어왔던 강대국과의 통상적인 동맹관계와는 차이가 있다. 이제는 한미 간의 현안들이 동맹국간의 힘의 균형에 의해서만 결정되어지지는 않는다. 아직도 한국이 미국보다 상대적으로 국력이 열세하고 의존적인 상태인 것은 맞다. 그러나 한미 양국이 서로 조율하고 타협해야했던 대부분의 현안들은 미국보다는 한국에서 국내 정치적 관심이 더 컸다. 이와 같은 현상은 한국 입장에서 미국에 대해 협상력을 키울 수 있는 수단이 되고 있기도 하다. 그러므로 지금은 이와 같은 현실을 바탕으로 한 안보 정책의 점검이 필요한 때이기도 하다. 따라서 이 책은 한반도 안보라는 관점에서 한미동맹에게 민주주의 체제의 특징에 적합한 대북 억제 대안을 제시하면서 끝을 맺는다.

이 책을 쓸 수 있도록 많은 가르침을 주신 스승님들을 잊을 수 없다. 국방대학교에서 석사 공부를 할 때 한용섭 교수님, 홍성표 교수님, 김우상 교수님, 이석수 교수님은 학문 세계의 문을 열어주셨다. 미주리에서의 박사 학위 시절에는 신도철 교수님, 퀴켄부시(Stephen Quackenbush)

교수님, 제임스(Patrick James) 교수님이 학문 활동의 모범을 보여주셨다. 박사 공부를 마친 후에 박봉규 교수님, 홍규덕 교수님, 김경민 교수님, 정철호 박사님, 정상돈 박사님, 김창수 박사님, 박창권 박사님, 백승주 박사님은 학회 활동 등을 통해 계속적인 배움의 기회를 주셨다. 또한 멘토로서의 인연을 갖게 된 후 나를 인도해주신 이정호 공군 예비역 장군님과 많은 군의 선배님들은 항상 격려를 아끼지 않아주셨다. 나의 2012년 하버드 대학교에서 1년은 내가 한 권의 책을 쓸 수 있었던 유용한 시간이었다. 미국 출국을 앞두고 이근욱 교수님은 이라크 전쟁에 대한 본인의 신간 저서를 전달해주었고 그것은 이라크 전쟁이 나의 사례 분석 중의 하나로 채택되는 데 영향을 주었다. 그리고 한창 원고의 후반부를 완성하느라 씨름하고 있을 때 최아진 교수님은 학술지 게재가 확정된 직후 아직 인쇄도 되지 않은 민주동맹에 대한 논문을 보내주셔서 적시적으로 인용할 수 있었다. 보스턴에서 만났던 하버드 · MIT · 터프츠 · 보스턴 대학교 커뮤니티의 로즌(Stephen Rosen) 교수님, 클레멘스(Walter Clemens) 교수님, 김선주 박사님, 이성윤 교수님, 존 박(John Park) 박사님과 펠로우 프로그램의 동료 펠로우들은 1년 동안 지속적으로 내게 학문적 · 정책적 자극을 주셨다. 또한 하버드에서 함께 지식과 교양을 공유했고 서울까지 그 기억을 유지하고 있는 하버드 한국 펠로우 협회(Harvard Korea Fellow Society) 회원 분들은 나의 저술 활동에 항상 관심을 보여주시며 격려해주셨다. 2008년부터 내가 참여하기 시작한 서울의 안보연구 모임 회원 분들은 항상 든든한 학문적 후원자와도 같았다. 이런 분들의 도움과 함께 나의 국방부와 합동참모본부에서의 실무 경험은 이 책에서 정책 대안을 논의할 때 유용했다. 그리고 나의 원고를 서강학술총서로 결정해서 책으로 나오게 해주신 서강학술총서 기획위원회에게도 진심으로 감사드린다. 또한 내게 공군 전투기 조종사로서의 경험과 함께 국가와 국제안보에 대한 생각과 견문을 넓힐 기회를 주신 하나님께 감사드린다. 물론 보스턴에서 내가 많은 시간을 원고를 쓰며 보낼 수 있도록 배려해 준 내 사랑하는 아내 옥혜정, 그리고 나를 도와주면서 스스로의 앞날을 위해 배울 기회를 찾아나간 사랑하는 두 딸 예나와 한나의 도움이 무엇보다도 컸다. 그리고 항상 기도로 후원해주시는 양가 부모님께 큰 감사를 드린다.

2014년 4월

김광진

목차

제1장

서론: 전쟁과 민주주의

제1장
서론: 전쟁과 민주주의

1. 전쟁에서 군사력 운용 방법 선택

인류 역사에서 국가라는 존재와 전쟁이라는 현상은 밀접한 관계를 맺어왔다. 실제로 주요 전쟁의 주체는 국가들이었고, 전쟁의 결과는 국가의 흥망성쇠에 심각한 영향을 미쳐왔다. 국가안보를 위해서 국가는 전쟁에서 생존해야만 했다. 따라서 전쟁에서 국가의 군사력 운용 방법 선택은 국가의 존망이 걸린 중대한 결정이라 할 수 있다. 역사를 통해 전쟁에서 국가들이 선택했던 군사력 운용 방법들은 다양했지만, 그 목표에 따라서 크게 두 가지 형태로 구분될 수 있다. 첫 번째 형태로는 전투 현장에서 적의 군사력을 확실하게 격파하기 위해 '전장 전투 성과'에 치중하는 군사력 운용 방법이 있다. 두 번째는 전쟁을 지속적으로 수행하는 데 필요한 자원과 지지를 국민들로부터 계속 제공받을 수 있도록 국가사회의 '국내 정치적 수용성'에 초점을 맞춘 군사력 운용 방법이다.[1] 이러한 두 가지의 서로 다른 군사력 운용 방법 형태들은 전쟁사 사례 속에서도 비교될 수 있다.

첫 번째 '전장 전투 성과' 극대화를 위한 군사력 운용 방법 사례는 중국의 5호 16국 시대인 서기 383년 비수대전(淝水大戰)에서 찾아볼 수 있다. 비수대전은 중국의 양쯔강 이북인 화북지방을 통일했던 전진(前秦)과 양쯔강 이남으로 쫓겨나있던 동진(東晉) 간에 일어난 중국 역사에서 잘 알려져 있는 대규모 전투이다. 이 전투는 전진(前秦)의 부견(符堅)이 천하통일을 위해 대군을 이끌고 한(漢)족의 마지막 근거지인 동진을 침공하는 결정을 내림에 따라 일어났다. 당시 동진의 재상이었던 사안(謝安)이 동원 가능한 군사력은 8만 명 수준이었다. 따라서 전진의 부견은 '전장 전투 성과'의 극대화를 위해 화북에서 동원 할 수 있는 전 군사력을 집결하여 최대한의 군사적 우위를 조성하고자 했다. 그때 전진은 다양한 이민족들이 모여서 황제 부견에게 충성을 바치는 형식으로 통일국가를 이루고 있었다. 그러므로 저(氐)족 출신인 부견이 국가 통합을 유지하려면 화북의 선비(鮮卑)족, 강(羌)족, 한(漢)족 등 주요 이민족 세력들로부터 충성심을 계속 이끌어내야만 했다. 전진의 유능한 재상이었던 왕맹(王猛)은 천하통일을 위한 대규모 군사 원정은 국내 이민족들이 반란을 일으켜 자립할 수 있는 절호의 기회가 될 수 있다고 생각했다. 그러므로 왕맹은 생존기간 중에 천하통일 전쟁을

1 이와 같은 군사력 운용의 이분법적 분류는 궁극적인 전쟁 결과가 개별적인 전장 전투 결과와 일치하지 않다는 이론적 주장으로부터 출발되었다. Alastair Smith, "Fighting Battles, Winning Wars" *Journal of Conflict Resolution* 42:3 (1998), p.302에서 언급된 바와 같이 전쟁 결과는 전장 전투 외에도 전쟁 중의 협상, 군사전략의 선택, 국내 정치적 지지, 군사력의 동원 정도 등 다양한 변수들이 개입한 결과이므로 '전장 전투 성과' 목적 이외의 군사력 운용 방법이 규정되어져야 할 필요가 있다. 이와 같은 관점에서 이 책에서는 Stephen Biddle, "Rebuilding the Foundation of Offense-Defense Theory" *Journal of Politics* 63:3 (2001), pp. 741~774에서의 '공격'과 '방어' 구분과 같은 방식으로 군사력 운용방법의 이분법적 분류를 채택하였다.

강력히 반대하였고 부견 역시 재상의 주장에 따를 수밖에 없었다. 그러나 왕맹이 사망하자 부견은 천하통일 목표에 집착하여 이민족 군사력까지 총동원하여 보병 60만, 기병 27만의 대군을 구성하여 동진을 향해 진군하기 시작했다. 부견의 87만 대군 동원 결정은 동진의 군사력을 수적으로 압도하여 전장 전투 성과를 극대화하는 것에 중점을 둔 군사력 운용 방법 선택이기도 했다. 그러나 왕맹이 걱정했듯이 전진이 화북을 통일하여 이민족들을 복속시킨 역사가 길지 않았으므로 전진 왕조에 대한 이민족들의 충성심 역시 견고하지 않았다. 따라서 원정에 나간 전진의 대군에게 큰 손실이라도 발생하여 부견의 위신에 문제가 생긴다면, 전진 군에 포함되어 있던 수많은 이민족 세력들은 충성 대신 반란을 선택할 가능성이 많았다. 이와 같은 상황에서 전진이 동원 가능한 전 군사력을 집결하여 장거리 원정에 나섰다는 것은 혹시라도 있을 수 있는 국내 반란에는 대응을 거의 할 수 없게 됨을 의미하였다. 즉 전진 왕조를 유지해나가야 한다는 측면에서는 이와 같은 대규모 군사 원정은 국내정치적으로 수용되기 어려운 방법이었던 것이다. 더구나 동진은 전진의 압도적 군사력에 의한 위협에도 불구하고 쉽게 굴복하려고 하지 않았다. 그 대신 동진은 전진군이 화남의 작은 강인 비수의 북방으로 물러가 그곳에서 정정당당한 결전을 겨룰 것을 요구하였다. 그러자 전진군은 동진의 요구를 받아들이는 척하며 비수를 건너 북방으로 이동하여 그 뒤를 따라올 동진군에 대한 역포위를 시도했다.[2] 그러나 동진군이 비수를 건너는 속도는 전진의 예상보다 빨랐다. 결국 전진군은 원래 계획과는 달리 역포위를 위한 전열이 미처 정비되지 않은 상태로 동진군에게 선제공격을 당하고 만다. 이와 같은 예상치

---

2 증선지, 소준섭 역, 『십팔사략』, 미래사, 1995, p.40.

못한 동진군의 빠른 공격은 전진군을 크게 동요하게 만들었다. 그 상태에서 전진의 장수였으나 동진으로 귀순을 결심한 주서(朱序)가 지휘하는 병사들이 전진 군대 한가운데에서 전 군사들이 패주하고 있다는 소문을 퍼뜨렸다. 이때부터 전진의 대군은 회복할 수 없는 심리적 공황 상태에 빠져들었다. 그 결과 전진군은 통제 불능 상태로 와해되어 비수 전투에서 완전히 패배하고 만다. 비수전투의 대패 이후 전진의 87만대군은 뿔뿔이 흩어졌고, 귀환한 병력은 절반 수준이었다. 그리고 부견 역시 혈혈단신으로 피신할 수밖에 없었다. 비수 전투에서 패배한 전진은 예전에 왕맹이 예상했던 바와 같이 곧 국내 이민족들의 반란에 직면하게 되었다. 특히 강력한 군사력을 지니고 있던 선비족과 강족의 자립은 전진의 국가적 붕괴로 이어졌다. 그 결과 부견은 강족의 요장(姚萇)에 의해 폐위를 강요받다가 살해되고 만다. 부견이 살해된 이후 전진 왕조는 얼마가지 못하고 선비족과 강족의 신흥 왕조에 의해 완전히 멸망되고 말았다. 비수대전은 전장 전투 성과를 극대화하기 위한 군사력 운용 방법이 국내 정치적으로 수용되지 못할 경우 전쟁에서 국가의 생존이 위협받을 수도 있음을 보여주는 사례라 할 수 있다.

이와 달리 국가사회의 '국내정치적 수용성'을 강조한 군사력 운용 방법 사례는 기원전 218년부터 202년 사이의 로마와 카르타고 간의 제2차 포에니 전쟁(Punic War)에서 찾아볼 수 있다. 당시 주요 전쟁 기간 동안 로마의 독재 집정관 화비우스(Quintus Fabius Maximus)는 군사적 천재인 한니발(Hannibal)이 지휘하는 강력한 카르타고군과의 직접적인 전투를 회피하였다. 그 대신 로마의 국력을 보존하는 방식으로 군사력을 운용하였다. 한니발은 기원전 218년에 알프스 산맥을 넘어 이탈리아 반도로 진군한 이래 전술적 천재성을 발휘하며 주요 전투에서 모두 승리하며 로마를 압박해왔다. 특히 기원전 216년 칸네(Cannae) 전투에서 한니발의 카르타고군은 로마군을 포위하여 무려 6만여 명의 사상자 손실을 입혔다. 당시 카르타고군은 주로 용병으로 구성된 반면 로마군의 주력은 로마 시민들로 구성된 중갑보병이었다. 화비우스는 칸네와 같은 패전이 거듭된다면 로마군의 핵심 자원인 로마 시민의 희생이 너무 커져 국가의 전쟁 수행이 불가능해질 것이라고 예상했다. 따라서 로마는 화비우스의 지도하에 칸네 전투 이후 4년간을 한니발의 카르타고군과 직접 전투를 회피하며 장기적인 지구전으로 맞섰다.[3] 반면에 화비우스는 한니발이 지휘하는 카르타고군을 이탈리아 반도 내에 고립시키기 위해 이탈리아 반도 밖에서 카르타고 동맹국들에 대해 공세적인 전쟁을 시도했다. 그 덕분에 로마는 이탈리아 반도 내의 카르타고군을 격퇴하지는 못했지만 로마의 주요 군사력을 계속 유지시킬 수 있었다. 또한 이탈리아 반도 외부의 전쟁에서는 로마가 공세로 전환할 수 있었다. 그러던 중 이탈리아 역외 전장인 시칠리아(Sicilia)와 에스파니아(Espana)에서 카르타고군이 고전을 면치 못하게 되는 상황이 발생했다. 그러자 한니발은 에스파니아를 구하기 위해 마침내 로마에 대한 압박을 포기하고 철수하고 말았다. 이것은 화비우스가 제2차 포에니 전쟁에서 명장 한니발 앞에서 풍전등화의 위기를 맞이했던 로마를 구해냈음을 의미한다. 당시 화비우스의 군사력 운용 목표는 카르타고와의 전쟁을 장기간 지속한다는 것에 있었다. 그래서 로마군의 손실이 다수 발생할 가능성이 큰 한니발과의 직접적인 전투는 적극적으로 회피하였다. 이것은 화비우스가 로마가 국내정치적으로 수용할 수 있는

---

3 Alvin H. Bernstein, "The Strategy of a Warrior-State: Rome and the Wars against Carthage, 264-201 B.C." in *The Making of Strategy: Rules, States, and War* edited by Williamson Murray, Alvin Bernstein, and MacGregor Knox (Cambridge: Cambridge University Press, 1994), pp. 80-81.

한계 내에서 군사력을 운용하였음을 의미한다. 그 결과 로마는 이탈리아 반도 내에서 한니발의 집요한 공격을 견뎌낼 수 있었다. 그리고 한니발이 이탈리아 반도를 떠난 후에는 전세를 역전시켜서 제2차 포에니 전쟁에서 최종적으로 승리할 수 있는 발판을 마련할 수 있었다.

위의 두 가지 역사적 사례와 같이 전쟁에서 국가는 '전장 전투 성과'를 극대화시키기 위한 군사력 운용 방법부터 국가가 '국내정치적으로 수용 가능'한 방법 사이에서 선택을 해야만 하는 경우가 있다. 중국 5호 16국 시대 당시 전진의 부견은 극단적으로 전장 전투 성과에 치중한 군사력 운용 방법을 선택하였다. 따라서 그는 국내 이민족들의 반란 가능성까지 감수하면서 87만 대군을 동원하여 군사적으로 열세한 동진을 대량 군대로 압도하려고 했었다. 반면에 로마-카르타고 간의 제2차 포에니 전쟁 당시 로마의 화비우스는 국내정치적으로 수용 가능한 군사력 운용 방법을 선택하였다. 따라서 화비우스는 칸네 전투에서의 대규모 패배 이후로 로마 시민들의 전쟁 동원 능력을 계속 유지시키기 위해 한니발과의 주요 전투를 회피하며 장기적인 지구전을 구사하였던 것이다. 즉 전진의 부견은 '적 군사력을 격파하기 위한 전장 전투 성과'에 전념하였던 반면, 로마의 화비우스는 '전쟁을 지속적으로 수행하기 위한 국내정치적 수용성'에 중점을 두었던 것이다. 물론 로마의 국내정치적 수용성 위주의 군사력 운용은 한니발의 카르타고보다 군사적 열세 상황이었기 때문에 어쩔 수 없는 선택이라고 볼 수도 있다. 그러나 화비우스가 직면했던 불리한 군사 상황 이외에 민주주의라는 현대 정치체제의 특성도 군사력 운용 방법 선택에 유사한 영향을 미칠 수 있다. 통상 민주국가에게는 국내정치적 수용성이 전장 전투 성과보다 더 심각하게 고려되는 경우가 있다. 이것은 국가가 군사력 운용 방법을 선택할 때 민주주의라는 정치 체제의 특성이 개입한다는 것을 의미한다. 이 책에서는 전쟁 중에 나타나는 민주주의 제도의 특징으로 인해 민주국가들이 전쟁에서 전장 전투 성과 중시 군사력 운용방법과 국내정치적 수용성 중시 군사력 운용방법 중 어떤 것을 선택하는 경향이 있는지를 살펴보고자 한다.

2. 이 책의 목적 : 민주국가의 군사력 운용 방법과 한미동맹

국가가 군사력 운용 방법을 선택할 때 순수하게 군사적 기준으로만 판단한다고 볼 수는 없다. 일찍이 프러시아 군사 사상가인 클라우제비츠(Carl von Clausewitz)가 "전쟁은 상대방에게 우리의 의지를 강제하기 위한 폭력 행위", "전쟁은 또 다른 수단에 의한 정치의 연속"[4] 이라고 한 바와 같이 국가간 군사적 투쟁과 함께 정치적 과정 역시 모두 전쟁의 중요한 단면들이다. 따라서 전쟁에서의 국가 행위는 군사력으로 적을 제압하려는 순수한 군사 행위 이외에 정치적 현상들과도 연관되어진다. 이것은 전쟁에서 군사력 운용 방법 선택시 전장 전투 성과뿐 아니라 국내정치적 수용성도 함께 고려되어져야 함을 의미한다. 이와 같은 관점에서 민주주의와 비(非)민주주의 간 정치 제도의 차이는 군사력 운용 방법 선택에서의 차이점으로까지 이어질 수 있고, 이 책에서는 이와 같은 관련성을 주로 탐구하고자 한다.

이처럼 비민주주의 정치 체제를 지닌 국가들로부터 민주국가를 구별하여 전쟁에서 군사력 운용 방법 선택 경향을 탐구하는 것에는 몇

4 Carl von Clausewitz, *On War*. Michael Howard and Peter Paret trans. (Princeton: Princeton University Press, 1976), p. 75.

가지 실용적 의미가 있다. 오늘날 우리는 민주주의를 국가 정치 체제 발전의 목표로 간주하고 있는 시대에 살고 있다. 세계적으로 1970년대에 최초의 대규모 민주주의 체제의 확산이 있었고, 이어서 1990년대 공산권 국가들의 몰락과 함께 새로운 민주주의 국가들이 대거 탄생하면서 국제적인 민주화 현상은 계속되어지고 있다. 이러한 배경 속에서 이제 민주주의라는 정치 체제는 세계적으로 거의 유일한 정치 발전의 대안으로 받아들여지고 있다. 그리고 전 세계 독립국가의 약 60%가 민주주의 국가로 평가되고 있는 바처럼 국제적 민주화는 아직도 진행 중이다. 이처럼 민주주의 체제를 국가 정치 발전의 목표로 인식하고 있는 현대 국제사회에서 민주국가만의 특성에 대한 연구는 가치가 있다. 따라서 안보 분야에서도 민주국가들만의 공통적인 정책 결정 경향을 심층적으로 탐구할 필요가 있다. 이러한 관점에서 민주국가의 군사력 운용 방법 선택 과정에 대한 탐구 역시 국제사회의 지배적 현상인 민주주의에 대한 이해를 넓혀주는 데 도움이 될 것이다.

아울러 이와 같은 연구는 한국과 미국이라는 두 민주주의 국가 간의 한미동맹에 적용될 군사안보 정책 개발에도 도움이 된다. 한미동맹은 한반도 군사 안보의 근간으로서 세계 유일 초강대국인 미국과 세계 10대 경제국가에 포함된 한국 간의 동맹인 동시에 두 민주국가 간의 동맹이기도 하다. 그러므로 한미동맹을 구성하고 있는 민주국가들의 군사력 운용 선택 경향을 탐구한다는 것은 장차 한미동맹의 전시 효율성과 평시 억제력을 강화시킬 수 있는 방안을 찾는데도 기여할 수 있다. 따라서 민주주의 정치체제의 특성과 군사력 운용 방법 선택 과정간 관계에 대한 심층적인 연구는 국제사회의 현상을 이해하고 한반도 안보를 증진하는 데 있어 유용한 노력이라 할 수 있다.

그리고 이와 같은 연구는 민주주의 국가의 단독 또는 동맹을 통한 집단적 안보정책의 선택에 있어서도 실용적 가치가 있다. 앞서 살펴본 중국 5호 16국 시대 전진과 동진의 비수대전 사례처럼 역사적으로 국력이 우세한 국가가 전쟁에서 반드시 승리한 것은 아니었다. 국력이 열세한 국가일지라도 강력한 전쟁 수행 의지를 지닐 수 있다. 그럴 경우에 국력이 우세한 국가가 적절한 군사력 운용 방법을 선택하지 못한다면 강대국이라도 전쟁에서 패배하게 되는 사례가 역사에서 많이 나타난다. 즉 강력한 국력 자체가 잠재적 침략국을 성공적으로 억제하고 유사시 승리할 수 있는 충분조건은 아니기 때문에 적절한 군사력 운용 방법이 선택될 필요가 있는 것이다. 특히 국가 권력에 대한 시민사회의 견제가 제도적으로 보장되어 있는 민주주의 국가에서는 국내의 사회적 반발과 긴장을 방지할 수 있는 군사력 운용 방법이 선택되어야 억제력과 전쟁 수행능력 향상에 기여할 수 있다. 이와 같은 민주주의 정치체제의 특성은 민주국가들로 구성된 민주동맹이 공동으로 안보위협을 대처하는 과정에도 영향을 미칠 수 있다. 군사력 운용 방법 선택 과정에서 민주동맹 내부의 구성원들이 직면하게 될 국내 사회적 반발과 긴장은 각자의 국내 환경에 따라 모두 상이하며, 이와 같은 차이점들로 인해 민주동맹만이 겪게 되는 동맹국 간의 갈등이 있을 수 있다. 이때는 민주동맹 내 회원국들이 모두 집단적으로 합의할 수 있는 군사력 운용 방법이 선택되어야 동맹국 간 갈등을 방지하고 동맹 전체의 억제력과 전쟁 수행 능력을 강화시킬 수 있을 것이다. 따라서 민주주의 제도가 국가 단위와 그리고 동맹이라는 단위에서 군사력 운용 방법 선택 과정에 어떻게 영향을 미칠 것인가라는 질문은 민주주의에 대한 이론적 이해를 넓히고 한반도 안보에 기여하는 정책 개발에 있어 중요한 의미를 갖는다.

3. 이 책의 구성

민주국가는 국내 정치체제의 특성상 정치적 목표를 달성할 때까지 전쟁을 지속하기 위해서는 전장 전투 성과만큼이나 국내정치적 수용성을 고려하여 군사력 운용 방법을 선택할 필요가 있다. 이 책에서는 민주국가가 정치체제의 특징으로 인한 국내 사회의 취약성을 극복하고, 동시에 다른 민주주의 동맹국과 집단적 합의를 유지하기 위해서 전장 전투 성과를 극대화하는 대신 국내정치적으로 수용 가능한 위험 회피 성향의 군사력 운용 방법을 선택하는 경향이 있다고 본다. 민주국가의 전쟁 수행에 있어서는 국내정치적 지지와 동맹국과의 합의 가능성을 높일 수 있는 위험 회피 방안이 더 유리한 전쟁 결과를 가져올 수 있기 때문이다. 그리고 민주국가가 선택하는 위험 회피 방안의 선택 그 자체는 전쟁 결과에 영향을 미칠 수 있다. 이와 관련된 주장을 전개하기 위해서는 우선 전쟁이 어떻게 수행되고 종결되어지는가를 살펴볼 필요가 있다.

지금까지 전쟁 수행에 관한 연구는 군사전략(military strategy)과 전쟁양상(warfare) 관련 문헌에서 주로 이루어져왔다. 이러한 문헌에서의 주된 연구 성과는 국가 사회와 과학기술 변화로 인한 군사력 운용의 변천에 대한 설명을 통해 잘 드러난다. 특히 이와 같은 종류의 연구에서는 군사력의 운용이 전장 전투의 결과에 미치는 영향도 잘 설명되고 있다. 그러나 개별적인 전장 전투 결과가 어떻게 전쟁의 종결 또는 궁극적인 전쟁의 결과로 연계되는 것인지에 대한 설명은 간과된 경향이 있다.[5]

5 John Stone, *Military Strategy: The Politics and Technique of War* (London: Continuum, 2011), pp. 5-11.

이와 달리 전쟁에서 국가 행위에 중점을 둔 국제정치학 문헌들은 전쟁의 원인에 대한 설명을 중심으로 많은 이론적 인과관계를 발전시켜왔다. 그러나 국제정치학에서는 전쟁 원인 연구에 너무 경도되어 전쟁 결과에 대한 연구가 많지 않다는 특성이 있다.[6] 그런 중에도 국제정치학의 한 분야인 전략 게임(bargaining) 연구들은 전투와 정치적 협상이라는 두 가지 수단을 통해 국가 의사결정자가 전쟁에서 손실을 최소화하며 이익을 추구해나가는 과정으로 전쟁의 종결 과정을 설명하는 이론 체계를 발전시켜왔다.[7] 따라서 군사력의 운용이 전쟁의 수행과 종결에 미치는 영향을 설명하기 위해서는 군사전략과 전쟁양상 분야의 연구 성과와 함께 국제정치학에서의 전쟁 종결을 표현하는 이론 체계를 함께 살펴볼 필요가 있다.

국제정치학에서 전쟁 종결을 설명하는 이론체계는 전쟁의 시작과 종결을 국가 지도자의 합리적 선택으로 이해하는 것으로부터 출발한다. 여기서 합리적 선택이란 전쟁이나 협상시 의사결정자가 가능한 방안들을 가용한 정보와 자신의 선호에 따라 우선순위를 부여하여 비교하고 있음을 의미한다. 이때 처음 주어진 환경이 변하지 않는 한 의사결정자의 우선순위는 계속 일정하게 유지된다. 그러므로 특정 의사결정자의 우선순위별 방안들은 다른 의사결정자의 우선순위별 방안들과 서로 비교되어질 수 있게 된다.[8] 이것은 인간의 합리성을 의사결

---

6 Zeev Maoz and Randolph M. Siverson, "Bargaining, Domestic Politics, and International Context in the Management of War: A Review Essay" *Conflict Management and Peace Science* 25:2 (2008), p. 171.

7 Dan Reiter, "Exploring the Bargaining Model of War" *Perspective on Politics* 1:1 (2003), p. 27.

8 Frank C. Zagare and D. Mark Kilgour, *Perfect Deterrence* (Cambridge: Cambridge University Press, 2000), pp. 38-39.

정의 수단으로만 제한하여 정의한 결과이기도 하다. 이러한 정의에 의하면, 정치 지도자들이 가능한 방안들에 대해 우선순위를 부여하고 비교하는 과정을 통해 의사결정을 할 경우 이들은 모두 합리적 의사결정자라 할 수 있다. 이 책에서는 전쟁의 시작과 종결이 모두 국가의 합리적 의사 결정 과정이라고 가정하고, 민주주의 국가만이 갖는 군사력 운용 방법 선택의 특성을 찾고자 한다.

다음의 제2장에서는 우선 전장 전투 성과를 극대화하기 위한 군사력 운용 방식부터 살펴보고자 한다. 지금까지의 군사전략과 전쟁 양상 연구 문헌들은 인류의 사회적 변화와 과학기술의 발전이 전장 전투 성과에 영향을 미치고, 그 때문에 군사력 운용 방법 역시 진화되고 있음을 보여준다. 그러나 전쟁에서의 최종적 승리는 군대가 전장 전투에서 거둔 승리와 직접적으로 연계되지 않을 수 있다. 그것은 전쟁이 전투와 정치적 협상이라는 두 가지 현상으로 구성되어 있기 때문이다. 더구나 전장 전투 성과 중심의 군사력 운용 방안 변화의 역사에서도 전쟁의 종결은 전투의 결과 때문만은 아니라는 것이 관찰되고 있다. 앞서 논의한 바와 같이 이 책에서는 전쟁의 종결은 국가의 선택이라고 규정한다. 그러므로 전쟁 당사국의 군사력 사용 중단 결정이 곧 전쟁의 종결이고, 당사국 중 먼저 전쟁 중지를 결정하는 쪽이 패배하게 된다. 그런데 이와 같은 전쟁 종결 과정에 민주주의라는 정치체제의 특징이 국가의 의사결정에 개입하게 된다면 민주국가만의 독특한 군사력 운용 방법이 존재할 수 있게 된다. 이처럼 제2장에서는 국가의 의사결정이라는 관점에서 전쟁 종결 메커니즘을 이론적으로 설명하고, 그 메커니즘에 민주주의 정치체제의 특성이 개입할 수 있음을 보여줄 것이다.

그 다음 제3장은 개별 민주주의 국가가 전장 전투 성과 극대화와 국내정치적 수용성 만족이라는 두 가지 상반된 목표 사이에서 어떻게 군사력 운용 방법을 선택해야 할 것인가라는 질문에 대한 대답이다. 여기서는 전쟁 중에 민주국가 내부에서 발생 가능한 국가와 사회 간 긴장에 대한 우려가 군사력 운용 방안 선택에 미치는 영향을 주로 살펴볼 것이다. 이 책에서는 민주국가에게 국가-사회 간 긴장을 방지하기 위해, 전투 인명 손실을 최소화할 수 있는 위험 회피 성향 군사력 운용 방법을 선택하는 경향이 있음을 주장하고자 한다. 그리고 경험적 사례로 1992년~2007년까지 미국과 이라크의 대결에서 미국의 군사력 운용 방법 선택 과정을 관찰할 것이다. 미국은 이라크에 비해 압도적인 국력의 우위를 지니고 있었으므로 미국의 군사력 운용 방법 선택은 외부 환경적 요인보다는 국내정치적 요인에 더 많이 영향 받았을 것이라고 추정할 수 있다. 당시 미국의 대 이라크 전쟁 사례는 민주주의 국가가 전장 전투 성과보다 국내정치적 수용성을 고려하였던 군사력 운용 방법 선택 사례라고 볼 수 있다.

제4장에서는 민주주의 국가로 구성된 민주동맹의 집단적인 군사력 운용 방법 선택이 논의될 것이다. 전쟁 중에 민주주의 정치 체제의 특성은 민주동맹의 집단적 합의 형성 과정에 개입함으로써 전쟁 결과에 영향을 미치게 된다. 민주국가들은 각자의 상이한 국내 환경의 차이로 인해 국가-사회 간 긴장에 대한 민감성 역시 다르다. 그리고 이것은 전쟁 중 민주동맹 내 회원국들 간 갈등의 원인이 될 수 있다. 따라서 민주동맹에서는 회원국 간의 갈등을 방지하면서 집단적 합의를 보다 쉽게 이루기 위해 전투 인명 손실을 최소화하는 위험 회피 방안을 선택하는 경향이 나타난다. 민주동맹의 집단적 합의를 유지하기 위한 군사력 운용 방법 선택 과정을 살펴 볼 사례로는 1999년 나토(NATO) 민주동맹의 코소보(Kosovo) 전쟁을 선택했다. 당시 나토는 전쟁이 최초 예상보다 장기화됨에 따라 민주주의 동맹국들이 모두 수용할 수 있는 군사

력 운용 방안을 단계적으로 선택해 나가야 했었다.

결론에 해당되는 제5장에서는 민주국가가 국내정치적 긴장을 해소하고 민주주의 동맹국과의 집단적 합의를 유지하기 위해 위험 회피 성향 군사력 운용 방법을 선택하는 경향이 한미동맹과 한반도 안보에 있어 시사하는 바를 살펴볼 것이다. 오늘날 한미동맹은 성숙한 민주동맹으로 진보되고 있기 때문에, 민주주의 정치 체제 특성상 전장 전투 성과와 국내정치적 수용성 사이의 선택이 필요할 때 위험 회피 성향 방안을 선호하는 경향이 있을 것이다. 이러한 특성이 한미동맹의 대북 억제력에 미칠 수 있는 영향과 이것을 고려한 억제 강화 방안을 마지막 장에서 다루었다. 한미동맹은 위험 회피 성향의 군사력 운용 방법으로 민주국가의 국내정치적 수용성을 만족시키면서 동맹 내부의 갈등을 방지함과 동시에 성공적인 억제를 달성할 필요가 있다. 이런 차원에서 오늘날 한미동맹이 발전시켜 나가야 할 대북 억제 정책 대안을 제시해 보고자 한다.

제2장

전쟁의 수행과 종결 과정

제2장
전쟁의 수행과 종결 과정

1. 전쟁 양상의 변화 : 전장 전투 방식의 진화

1) 국민국가와 대량 군대의 소모 경쟁

전쟁에서의 승리가 전장에서 벌어지는 개별 전투에서의 승리로부터 비롯된다는 믿음에 의하면, 인류의 군사적 투쟁들은 모두 전장 전투 성과를 향상시키기 위한 경쟁의 역사라고도 할 수 있다. 실제로 역사 속에서 국가의 전장 전투 방식은 인류의 사회적 발전에 따라 함께 진화되어왔다고 할 수 있다. 특히 유럽에서는 국민국가 형성이라는 사회적 변혁에 뒤이어 군사력 운용 방법에도 주목할 만한 변화가 일어났다. 이와 같은 관점에서 1789년 프랑스 혁명은 민족주의에 기초한 유럽 국민국가 출현의 서막이자 동시에 대량 군대(mass army)라는 새로운 형태의 군사력이 등장한 계기였다. 프랑스 혁명 이후부터 유럽 사회 구성원들은 단일 국가의 국민이라는 의식을 지니게 되었고, 주요 유럽 국가들은 과거 어느 때보다 잘 통합된 국가사회로부터 대량의 시민들을 군으로 동원할 수 있게 되었다. 그 결과 과거 역사에서는 볼 수 없었던 국가에 대한 충성심을 지닌 대량 군대를 건설할 수 있게 되었다. 그리고 이때부터 잘 훈련된 대규모 상비 군대들이 전투 인명 손실을 두려워하지 않고 섬멸과 같은 결정적 승리를 목표로 군사적 투쟁에 돌입하는 현상이 나타났다. 이와 같은 모습은 그 이전 세대의 유럽 왕조들이 소규모 전문 용병 군사집단을 고용하여 전투 인명 손실을 최소화하기 위해 장기간의 대치와 기동 위주의 전투를 치렀던 것과는 확연히 구별되어졌다. 국가가 대량 군대를 유지하기 위해서는 프랑스 혁명 이전의 유럽 국가들이 지닐 수 없었던 여러 능력이 필요했다. 전장의 혹독한 상황에서도 병사들의 충성심을 유지시킬 수 있는 이데올로기 또는 동질감, 대규모 병력이 필요로 하는 식량과 무기 등 물자를 적시에 지원할 수 있는 능력, 전장에서의 병력 손실을 신속히 충원할 수 있도록 대량의 신병을 체계적으로 모집하여 훈련시킬 수 있는 능력 등이 그것이다. 이러한 능력들은 국가가 일정 수준 이상의 인구, 경제력, 국민들의 교육수준, 국가에 대한 국민의 충성심 등을 구비해야 가능했다. 따라서 유럽에서 최초의 대량 군대 탄생은 유럽의 사회적 수준의 향상과 함께 강력한 민족주의에 기초한 국민 통합의 기치를 내걸었던 프랑스 혁명이 발생한 후부터 가능해졌던 것이다.[9]

프랑스 혁명 이전의 유럽 국가들은 대량 군대를 양성하거나 유지할 수 있는 사회적 능력을 갖추지 못했다. 당시에도 포병 화력을 중심으로 한 군사기술은 상당히 발전되어 있었으므로 전투에서의 인명 살상 능력은 높았다. 따라서 전투에서 인명 손실 가능성도 높았으므로 일정

9 Barry Posen, "Nationalism, the Mass Army, and Military Power" *International Security* 18:2 (1993), pp. 82-84.

수준 이상의 군대를 유지하기 위해서는 전투 인명 손실을 신속히 보충할 수 있는 체계적인 모병과 훈련 능력이 요구되었다. 그러나 모병과 훈련에 필요한 국민의 단합된 국가의식과 광범위하게 보급되어져야 하는 기초 교육 제도 등이 당시 사회에서는 존재하지 않았다. 그러므로 프랑스 혁명 이전 유럽 국가들은 전쟁에서 인명 손실을 최소화하여 모병과 훈련의 소요 역시 최소화시키는 수밖에 없었다. 그 결과 대규모 인명 손실을 감수해야하는 결정적 전투는 생각하기 어려웠다. 그 대신 발전된 포병 화력으로부터 보호받기 위해 건설된 견고한 요새와 성채가 중요했으므로 주요 전쟁 양상은 포위 공성전과 지구전으로 점철되어졌다. 그런 가운데 프랑스 혁명으로 부르봉(Bourbon) 왕조가 무너지고 프랑스 공화정이 새롭게 탄생했다. 이에 대해 다른 유럽 왕조국가들은 프랑스 혁명 정신이 전파되어 자신들을 무너뜨리기 전에 미리 차단하고자 프랑스에 대한 군사적 개입을 시작했다. 그러자 프랑스 공화국은 다른 유럽 왕조 국가들과 맞서기 시작했고, 그 전쟁을 프랑스 전 국민의 애국 투쟁으로 규정하였다. 즉 과거 프랑스 부르봉 왕실이 다른 왕실과 치렀던 왕조간의 전쟁이 아닌 국가 대 국가의 전쟁이 시작된 것이다. 따라서 프랑스 병사들은 프랑스 군대가 곧 국민이자 국가라는 의식을 갖고 강한 충성심을 발휘할 수 있었다. 그리고 프랑스 공화국은 평등 정신에 기초하여 국민의 참정권 확대와 동시에 병역 의무도 확대하였다. 그 결과 프랑스 공화국은 지원병 제도와 혼합된 대규모 징병 제도를 도입할 수 있게 되어 유럽 최초로 대량 군대를 확보할 기회를 얻게 되었다. 프랑스는 1794년부터 최초의 징병제를 도입하고, 민족주의적 교육을 통해 애국심을 강화하여 대규모 시민들의 자원입대를 유도하였다. 또한 프랑스의 전 국민을 대상으로 하는 국가 교육제도를 보급하였다. 그 결과 문맹이 퇴치되어 모든 국민들이 즉각적이고 효율적인 군사훈련을 받을 수 있게 되었다. 따라서 프랑스 공화국은 징병과 대규모 지원병을 통해 대량 군대를 양성하고, 효율적인 신병 훈련과 교육 능력으로 인해 전투 인명 손실을 신속히 충원할 수 있게 되었다. 그리고 이렇게 형성된 프랑스의 대량 군대는 나폴레옹(Napoleon)의 지도하에 각종 전투에서 승리하며 유럽에서 가장 효과적인 군대라는 것을 입증해 보였다.[10] 그러자 프랑스 외의 유럽 국가들도 나폴레옹 전쟁을 경험하면서 프랑스식의 대량 군대 건설을 모방하기 시작했다. 실제로 프러시아는 나폴레옹으로부터 결정적인 패전을 당한 후, 다시 프러시아 군을 재건할 때 프랑스식 대량 군대를 모델로 채택하였다.[11] 따라서 나폴레옹 시대 이후 유럽 국가들에게는 대규모 상비군과 군사력을 신속히 충원할 수 있는 예비군 관련 동원제도가 군사력 양성의 특징이 되어졌다.

이렇게 유럽 국가들이 대량 군대를 보유하게 되자 전투로 인한 병력 손실에도 상대적으로 덜 민감하게 되었다. 그리고 그 결과는 다수의 희생을 무릅쓰는 전투에 기초한 군사력 운용 방법의 선택이었다. 즉 결정적인 전투를 위해서는 인명 손실도 감수할 수 있다는 사고방식이 생겨나게 된 것이다.[12] 이것은 프랑스 혁명 이전 유럽 군대가 인명과 재정 손실을 최소로 하기 위해 대치와 기동 위주로 전쟁을 수행했던 것과는 큰 차이가 있었다. 즉 국가가 대량 군대를 지속적으로 유지할 수 있게 됨에 따라, 상대의 주력군을 격멸하기 위해 자신의 주력군을

10 John Stone, *Military Strategy: The Politics and Technique of War* (London: Continuum, 2011), pp. 29-30.

11 Barry Posen, "Nationalism, the Mass Army, and Military Power" *International Security* 18:2 (1993), p. 99.

12 John A. Lynn, *Battle : A History of Combat and Culture* (Cambridge: Westview, 2003), pp. 192-199.

집중시키는 결정적 전투 방식이 가능해진 것이다. 결정적 전투는 상대의 전쟁 수행 능력을 일거에 궤멸시킬 수 있지만 상당한 전투 인명 손실을 감수해야만 한다. 그러므로 대량 군대가 없었던 시대에는 불가능한 방식이기도 했다. 이렇듯 결정적 전투가 가능해짐에 따라 전장 전투 성과를 극대화시키는 군사력 운용 방법이 전쟁을 승리로 이끌 수 있다는 생각이 두드러지게 되었다.

이때 나폴레옹이 수행한 주요 결정적 전투 경험들이 전장 전투 성과를 극대화하는 군사력 운용 방법의 실례로 각광받았다. 1805년 12월 나폴레옹의 프랑스군이 러시아-오스트리아 동맹군을 아우스테를리쯔(Austerlitz)에서 격파했던 것도 전장 전투 성과를 극대화하여 전쟁의 승리를 이끌어낸 실례라 할 수 있다. 나폴레옹은 아우스테를리쯔 전투를 통해 오스트리아의 항복을 받아내면서 유럽 대륙에 대한 프랑스의 압도적 지배력을 인정받을 수 있었다. 나폴레옹은 아우스테를리쯔 전투 이전인 1805년 8월에도 비엔나(Vienna)를 위협한 바 있었지만, 당시에는 오스트리아 황제 프란시스 1세(Francis 1)는 러시아의 지원을 믿고 있었으므로 나폴레옹에게 굴복하지 않았었다. 더구나 1805년 10월의 트라팔가(Trafalgar) 해전에서 프랑스-스페인 연합함대가 영국 해군에게 패배함에 따라 오스트리아가 프랑스에 대항하려는 태도가 더욱 강화되는 경향이 나타났다. 따라서 유럽 대륙을 안정적으로 지배하려는 나폴레옹의 입장에서는 오스트리아가 러시아의 지원을 믿고 프랑스에 대항하고 있는 현상을 하루 빨리 타파해야만 했다. 이와 같은 목표를 달성하기 위해 나폴레옹은 비엔나 근방에서 기동 중인 것으로 생각되는 오스트리아와 러시아 주력부대를 찾아내어 더 이상 군사적으로 회생 불가하도록 격파하여 오스트리아의 저항 능력을 제거하고자 했다. 이에 따라 아우스테를리쯔 지역을 오스트리아-러시아 동맹 주력군을 이끌어내어 격파할 주 결전장으로 선정하였다.

작전적 수준에서 볼 때 나폴레옹의 군사 계획은 먼저 아우스테를리쯔의 오스트리아-러시아 동맹 주력부대가 프랑스군의 취약한 우익으로 기동하도록 유인하는 것으로 시작했다. 그 후 오스트리아-러시아 동맹군 중앙에 프랑스 군을 집중시켜 양국의 주력부대를 포착하여 격파하고자 했다. 이러한 작전이 성공하기 위해서는 멀리 비엔나에 주둔해 있던 프랑스 군단이 신속하게 진군해 와서 취약한 프랑스 군 우익을 보강하여 오스트리아-러시아 군의 선제공격을 상당기간 견제할 수 있어야 했고, 그 사이에 프랑스군 주력이 동맹군의 중앙으로 신속히 집중되어야만 했다. 당시 프랑스군은 대량 군대라는 특성과 함께 전술적으로는 경이적인 행군 능력을 갖추고 있었다. 따라서 나폴레옹의 계획대로 적절한 시기에 아우스테를리쯔에 프랑스군 주력이 집중되어 오스트리아-러시아 주력을 포위 공격할 수 있었다. 그 결과 프랑스는 아우스테를리쯔에서 결정적인 군사적 승리를 쟁취할 수 있었다. 이때 프랑스군의 신속한 행군 능력과 나폴레옹이라는 군사적 천재의 직관적인 판단 능력 역시 프랑스에 승리를 가져다 준 중요한 요인이었음에는 틀림이 없다. 그러나 아우스테를리쯔에서의 결정적 전투라는 구상을 계획하고 실천할 수 있었던 전제 조건은 프랑스의 대량 군대 양성과 유지 능력이었다. 그 덕분에 나폴레옹은 1805년 10월의 또 다른 대전투였던 울름(Ulm)부터 12월의 아우스테를리쯔까지 이어지는 일련의 대규모 전투들을 프랑스 군 병력의 상당한 손실 속에서도 지속할 수 있었던 것이다. 그리고 아우스테를리쯔까지 일련의 대규모 결정적 전투에서 승리한 프랑스는 오스트리아의 항복과 함께 러시아의 서유럽 포기를 이끌어냈다. 그 결과 프랑스는 단독으로 유럽 대륙을 지배하는 체제 구축이라는 성과를 얻을 수 있었다. 당시 오스트리아는 아우스테를리쯔 전투에서의 패배 이후 프랑스에게 굴복하였고, 러시아 역시 유럽대륙에서의 프랑스의 우위를 공식적으로 인정하게 되었던 것이다. 이 때문에 나폴레옹의 아우스테를리쯔 전투 경험은 결정적 전투의 성공이 전략적 성공으로 이어진 사례의 효시로 간주되었다. 그리고 전장 전투 성과를 극대화하는 군사력 운용 방법은 다시 각광받기 시작했으며, 적 군사력을 결정적 전투로 끌어들이는 것이 전쟁의 목표가 되어야 한다는 주장까지 나오게 했다.[13] 또한 이때부터 전쟁 승리를 위해서 대량 군대를 집중하여 결정적 전투를 시도하는 형태의 군사력 운용 방법이 전 세계적으로 유행하게 되었다.

그러나 군사적 투쟁의 역사 속에서도 대량 군대간의 대규모 충돌을 의미하는 결정적 전투는 그 기회를 포착하기도 쉽지 않을 뿐 아니라 그 자체가 반드시 전쟁의 궁극적 승리로 직결되지는 않았다. 나폴레옹 시대 이후 첫 대규모 전쟁 경험이라 할 수 있었던 1861년부터 1865년까지의 미국 남북전쟁 초기 남북 양측은 결정적 전투를 추구하는 군사력 운용 방법을 선호하였었다. 당시 남부 연방은 북부에 비해 경제력과 인력 자원이 열세였다. 따라서 남부 연방의 총사령관 리이(Robert E. Lee) 장군에게는 결정적 전투로 북부군을 일거에 궤멸시키는 것이 중요했다. 리이 장군은 1863년 7월 게티스버그(Gettysburg) 전투를 결정적 기회로 인식하고 남부군 주력을 집중시켰다. 그러나 게티스버그 전투에서 남부군은 심각한 인명 손실을 입고 물러나고 만다. 그 이후 남부군은 더 이상 결정적 전투 기회를 찾으려 하지 않았다. 남북 전쟁 당시 양측 군대는 모두 징병제에 기초하여 대규모 인력 자원을 동원하여

13 John A. Lynn, *Battle : A History of Combat and Culture* (Cambridge: Westview, 2003), p. 181.

대량 군대를 양성하였으나, 게티스버그 전투 이후의 전쟁은 결정적 전투보다는 장기적인 소모전 성격으로 변화되었다. 결국 소모전은 북부군의 셔먼(William T. Sherman) 장군이 1864년 9월 이후 전선 후방에 위치한 남부 연방 인구 밀집지대와 곡창 지대를 휩쓸어버리는 대규모 약탈전을 수행하면서 종말로 다가서게 된다. 당시 남부 연방은 북부군의 약탈로 인해 경제적, 심리적 대타격을 입고 전쟁 수행 능력을 거의 상실하게 되었다. 그리고 그 시점부터 남북전쟁은 종결을 향해 치닫게 되었다. 결국 남북전쟁의 종전은 결정적 전투보다는 소모전의 결과라 할 수 있었다. 이와 유사한 현상은 1914년부터의 제1차 세계대전에서도 일어났다. 전쟁의 개전과 함께 서유럽 전선에서 독일은 포위 섬멸전 형태의 결정적 전투로 프랑스를 조기에 석권하고자 했다. 그러나 독일의 시도는 마르느(Marne) 강 전투 이후 좌절되었고, 그때부터 전쟁은 결정적 전투가 아닌 소모전 형태로 변모되었다. 제1차 세계대전의 발발과 함께 서유럽 전선에서 맞섰던 영국 · 프랑스 연합군과 독일은 각각 총동원 상태로 대규모 징병제도를 확대하며 전 국민을 대상으로 대량 군대를 건설했었다. 독일군은 개전 초 룩셈부르크와 벨기에 지역 공세작전에만 벌써 75만 명의 병력을 집중시키고 있었다. 그러나 1914년 8월 마르느 전투 이후 서부 전선이 고착상태에 접어들면서부터 서유럽 참전국들은 결정적 전투 방식을 더 이상 수행하지 못했다. 대신 참전국들은 서유럽 전체를 종단하는 참호를 구축하면서 상대방 참호를 돌파하기 위한 소모적인 노력에 빠져들게 되었다. 1916년 서부전선에서의 대표적 소모전이었던 베르덩(Verdun) 전투에서는 독일군 참모총장 팔켄하인(Erich von Falkenhein)이 전투 목표가 프랑스의 군사력, 인적 자원, 물자의 소모라고 공식적으로 선언할 정도가 되었다. 유럽의 국민국가 성장과 함께 등장한 대량 군대는 나폴레옹의 결정적 전투와 같은 전장 전투 성과 극대화를 위한 군사력 운용 방법을 가능하게 해주었다. 그러나 반면 남북전쟁과 제1차 세계대전 당시 서유럽 전장에서와 같이 국력이 소진될 때까지 지속되는 장기적 소모전 형태의 군사력 운용 방법도 등장하게 만들었다. 물론 대량 군대의 등장이 결정적 전투보다는 소모전 방식으로 귀결되는 것이 18세기 이후 서유럽과 북아메리카에서만 출현한 인류의 경험이라고는 할 수 없다. 중국의 고전 병법 문헌들이 기록한 바와 같이 고대 중국 전국시대에서도 대량 군대의 양성 노력과 대량 군대간의 소모전이 일반적인 전쟁 모습이었다. 동서양을 막론하고 대량 군대에 의한 전쟁 양상으로부터 시대를 관통하는 역사적 교훈을 찾는다면, 그것은 전장 전투 성과 극대화를 위한 군사력 운용이 반드시 최종적인 전쟁 승리로 직결되지는 않는다는 것이다.

2) 군사기술과 손실 감소 경쟁

프랑스 혁명 이후 탄생한 프랑스의 대량 군대를 다른 유럽 국가들도 받아들인 것처럼 국가들은 동시대에 성공적이었다고 평가되는 군사력 형태, 무기체계, 훈련 방식, 군사전략을 함께 공유하는 경향이 있다.[14] 19세기 유럽 국가들에게는 대량 군대 채택이 유행이었다면, 20세기 산업국가들은 발전된 과학 기술에 의해 비약적으로 향상되고 있는 기동과 화력 관련 군사 장비를 경쟁적으로 채택하였다. 20세기 전쟁 양상의 변화는 인류의 과학 기술적 도약과 깊은 관계를 맺고 있다. 실제로 20세기의 시작과 함께 발발했던 제1차, 제2차 세계대전은 전차, 항공기, 항공모함 등장에 이어서 핵무기까지 이르는 비약적인 군사기술

14 Ivan Arreguin-Toft, *How the Weak Win Wars: A Theory of Asymmetric Conflict* (Cambridge: Cambridge University Press, 2005), p. 37.

발전의 역사이기도 했다. 군사기술 측면에서는 1870년대 이후부터 중요한 진보가 시작되고 있었다. 이때부터 연속발사 라이플, 야포, 기관총이 등장하였고, 전장에서의 살상 능력은 급속도로 확대되기 시작했다.[15] 그리고 1910년대 이후 전차와 항공기의 발명으로 전장에서의 기동 능력 역시 향상되었고, 이렇게 발전되어진 기동 능력에 보다 강화된 화력이 기술적으로 조합되어지기 시작했다. 그 결과 유럽의 대량 군대들이 결정적 전투를 기대하며 상당한 인명 손실을 감수하면서 서로 정면으로 격돌했던 전쟁 양상에서도 변화가 생겨났다. 새롭게 적용된 군사기술로 인해 전장에서 대규모 화력을 단시간 내에 집중시키는 것이 가능해짐에 따라 대량의 군대를 조직적으로 살상하여 소진시키는 것도 가능하게 되었다. 이와 동시에 새로운 군사기술은 대규모 화력 집중 상황에서도 생존할 수 있는 방법도 가져다주었다. 전차의 등장과 함께 비약적으로 향상된 방호와 은폐 기술 등은 상대의 대량 화력 앞에서도 기동과 생존이 가능하게 해주었다. 따라서 19세기처럼 대규모 인명 손실을 감수하며 상대의 화력 앞에 집중된 대량 군대를 노출시키는 방식의 전투를 선택해야 할 필요성은 점차 감소되어졌다. 상대의 주력을 포착하여 대규모 인명 손실을 감수하며 결정적 전투를 치루는 방식은 너무 값비싼 방법이 되어버린 것이다. 그보다는 군사기술의 발전으로 향상된 기동과 화력 능력을 적절히 조화시키는 것이 더 효과적인 방법으로 생각되어졌다. 즉 기동 능력과 화력 능력을 조합하여 신속한 우회와 차단을 통해 우군의 희생을 최소화하며 상대의 전투력을 급속하게 와해시키는 것이 보다 효율적인 전투 방법으로 생각되어

15 Barry Posen, "Nationalism, the Mass Army, and Military Power" *International Security* 18:2 (1993), pp. 117-118.

지기 시작했다.

이와 같은 방식으로 전장 전투 성과를 극대화시키는 군사력 운용 방안으로 대표적인 것은 제2차 세계대전 당시 독일의 전격전(blitzkrieg)이었다. 제2차 세계대전 발발 전 독일은 과거 제1차 세계대전처럼 동부와 서부전선에서 2개의 전쟁을 동시에 수행하는 상황이 재현되는 것을 결단코 방지하고자 했다. 그래서 독일은 2개의 전선으로부터 발생되는 장기적 소모전 상황을 회피하기 위한 새로운 전장 전투 성과 강화 방법을 필요로 했다. 그 결과 독일군은 항공기, 전차, 기계화 보병 차량, 공군과 지상군 간의 전술지휘통제 시스템 등의 군사기술의 성과를 작전적 차원에서 활용하는 전격전 방식을 선택하게 되었다. 이에 따라 1940년 2월까지 독일은 지상군 전차부대와 공군의 화력과 기동 능력을 효과적으로 융합시켜 작전 속도를 혁신적으로 증가시킬 수 있는 방안을 준비하였다. 전격전 방식에 기초한 독일의 서부전선 작전 계획은 영국과 프랑스 연합군 주력부대를 포착하여 결정적 전투를 통해 격파하는 것이 아니었다. 그보다는 연합군 주력을 우회하는 기동과 기습돌파에 의한 포위가 주요 목적이었다. 독일의 서부전선 작전 계획은 독일 북부에 배치되어 있던 보조 공격 집단군으로 벨기에를 먼저 침공하여 프랑스-벨기에 국경에 배치된 연합군 주력의 벨기에 진군을 유도하는 것으로 시작하였다. 그 다음 단계는 연합군 주력의 진군으로 병력배치 밀도가 줄어든 프랑스-벨기에 국경지대의 아르덴느(Ardennes) 삼림지대를 독일 중부에 있던 주공격 집단군의 전차 군단들이 고속 돌파하는 것이었다. 이 일련의 작전 계획들이 성공적으로 이루어졌을 경우 독일은 벨기에로 진군해 간 연합군 주력을 완벽하게 포위할 수 있었다. 이와 같은 작전 계획을 수행하기 위해 독일 중부에 배치된 주공격 집단군에는 3개 기갑군단이 추가 배속되어 강화되었다. 이렇게 추가된 기갑군단들은 보병부대들과는 독립된 작전통제를 받으며 공군과의 밀접한 협조하에 아르덴느 삼림 지대를 고속 돌파하여 프랑스 영토 깊숙이 침투해 들어갔다. 그 시점에 연합군 주력은 독일의 예상대로 벨기에로 진군하였으므로 아르덴느를 돌파한 독일군 주공격 집단군은 연합군 주력부대의 후방을 신속하게 차단할 수 있었다. 그 결과 서부전선에서 연합군의 지휘통제 능력은 급속도로 붕괴되었고, 프랑스는 전의를 상실하고 예상보다 빨리 항복하고 말았다. 당시 독일의 전격전은 향상된 군사기술 성과를 잘 활용하려는 군사력 운용 방법이기도 했다. 독일은 정면 공격으로 인한 인명 희생과 시간 낭비를 최소화하기 위해 기만과 우회 고속 기동에 의존하여 상대를 마비시키는 전장 전투 성과 강화 방법을 채택했던 것이다. 물론 독일의 프랑스 침공 계획이 성공하기 위해서는 몇 가지 전제 조건이 필요했다. 우선 독일군이 최초 벨기에 지역을 공격할 경우 즉각 연합군 주력이 벨기에로 이동할 것이라는 확실한 정보가 필요했다. 더구나 독일의 주력 기갑군단들을 보병의 충분한 엄호 없이 적진 깊숙이 노출시키며 진입시켜야 하는 작전적 위험을 감수해야만 했다. 실제로 독일의 작전 계획 수립 단계에서 독일 최고 사령부내의 여러 장군들은 전격전을 반대했었다. 다수의 독일 장군들은 보병사단이 먼저 돌파로를 확보한 후 기갑군단들이 그 뒤를 따르게 하여 위험 감수를 최소화할 수 있는 작전 방안을 선호했었다.[16] 그만큼 독일의 전격전은 작전적 수준에서 위험 부담이 큰 전투 방식이었으나, 군사기술의 성과를 극대화할 수 있는 전차 중심의 부대 편제 등의 새로운 아이디어 덕분에 프랑스에서 성공을 거둘 수 있었다.

---

16 John J. Mearsheimer, "Hitler and the Blitzkrieg Strategy" in *The Use of Force: Military Power and International Politics 7th ed.* edited by Robert J. Art and Kenneth N. Waltz (Lanham: Rowman & Littlefield, 2009), p. 162.

독일의 전격전 사례처럼 대량 군대간의 군사적 투쟁으로 인한 희생을 최소화하고 최단 시간 내에 승리를 얻기 위해 필요한 전장 전투 효율성을 강화한다는 방법은 19세기 유럽의 결정적 전투 방식과는 차이가 있다. 제2차 세계대전에서 독일군은 프랑스 침공시 주력부대가 프랑스 영토 내에서 상당히 노출되는 위험을 감수하는 고속 기동을 선택했다. 이러한 방식은 상대의 주력이 집결된 군사적 중심을 찾아내어 우군의 대량 군대를 집중시켜 파괴하는 19세기의 결정적 전투와는 차이점이 많다. 이전 시대의 결정적 전투와 비교하여 가장 차별화된 특징은 상대의 주력이 집결된 군사적 중심을 찾는 것이 아니라 물리적, 심리적, 조직적으로 가장 취약한 부분을 찾는다는 것에 있었다. 그리고 그 취약점을 신속히 무너뜨리기 위하여 우군의 기동 속도를 끌어올리면서 공격력을 조합하여 상대가 미처 대항할 여유를 주지 않으며 붕괴시킨다는 특징이 있었다.[17] 이러한 군사력 운용 방식이 가능하기 위해서는 충분한 정보, 고속 기동, 협조된 공격, 정교한 지휘통제 능력이 모두 구비되어야 했다. 이와 같은 능력의 대부분은 19세기 유럽의 군사기술로는 충족이 되지 않았었다. 19세기 전쟁에서 국가의 국민 동원에 기여했던 철도와 전신 등의 과학기술이 더 발전하여 전쟁에서의 기동과 지휘통제 능력을 혁신시키고, 공중과 수중에서의 군사작전이 가능한 정도의 군사기술이 있을 때 가능해지는 것이었다. 이와 같은 형태의 군사력 운용을 가능하게 해주었던 군사기술은 1980년대 컴퓨터 기술의 발전에 따라 또 한 번의 도약을 한다. 1980년대에 이르러 전장에서의 신속한 정보 공유와 정밀 유도무기에 의한 정교한 공격이 가능해졌

17 Edward N. Luttwak, *Strategy: The Logic of War and Peace* (Cambridge: Harvard University Press, 1987), pp. 94-95.

던 것이다. 그 결과 냉전시대에 소련 주도 바르샤바 조약(Warsaw Pact)군이 누렸던 압도적인 양적 우세로 인해 고민에 빠져있던 미국에게 새롭고 적절한 군사력 운용 방법 선택 가능성이 주어졌다. 미 육군은 1982년에 새로운 방식으로 전장 전투 성과를 향상시키기 위하여 공지전투(Air Land Battle) 교리를 채택하였다. 공지전투 교리 이전까지 미군은 양적으로 우세한 소련군의 최초 공세에 대해서는 영토를 포기하며 시간을 벌거나 전술 핵무기로 반격하는 방안을 구상하고 있었다. 그러나 공지전투 교리에서는 미군의 양적 열세를 공군과 지상군의 합동 화력으로 대신할 것을 요구했다. 이와 같은 요구를 충족시키기 위해 유럽전선에서 미국 지상군과 공군은 긴밀한 정보 공유와 지휘통제 협조 체계를 구축하여 공군, 포병, 특수군의 화력과 정찰 감시 능력을 융합하였다. 그 결과 소련군의 대규모 기동 예비군이 전선 후방으로부터 전선 돌파를 위해 이동하는 것을 사전에 찾아내어 정교하게 공격한다는 계획이 세워질 수 있었다. 이러한 계획이 성공하게 되면 소규모 나토(NATO)군 병력만으로도 양적 우세를 점하고 있는 대규모 바르샤바 조약군을 전장에서 소모시킬 수 있었다. 미군 공지전투 교리의 목표는 나토군 전체에까지 영향을 미쳤다. 따라서 나토군은 1984년부터 확대된 전장 공간에서의 정보 공유와 원거리 비핵 타격무기에 의존하는 공지전투와 유사한 군사교리(Follow-on-Force Attack, FOFA)를 채택하였다. 이것은 나토 판 공지전투 교리라고 할 수 있었다.

1990년대에 이르러서는 정보와 정밀 타격 무기체계 분야에서 더욱 발전되어진 군사기술이 전장 전투 성과 향상을 위해 활용되어졌다. 이때의 대표적인 군사력 운용 방식은 스텔스 등 침투 능력이 비약적으로 개선된 항공력을 중심으로 원거리에서 정밀 타격무기를 운용하는 것이었다. 이러한 방식의 군사력 운용은 전장에서의 전투 손실을 극적으로 감소시킬 수 있었다. 1991년 이라크가 쿠웨이트를 침공하였을 때 미국이 주도한 다국적군의 개입으로 발발한 걸프전쟁(Gulf War)이 이와 같은 군사력 운용 방식의 주요 사례라 할 수 있다. 당시 미국은 쿠웨이트 탈환을 위한 지상전투에 앞서 항공력으로 이라크군의 지상 전투 능력을 사전에 분쇄하고, 그 후 지상군이 쿠웨이트에 진입하는 작전 계획을 세웠다. 미국의 합참의장 파월(Colin Powell), 중부군 사령관 슈왈츠코프(Norman Schwarzkopf), 합동 공군구성군 사령관 호너(Charles Horner)가 발전시킨 작전 계획은 대규모 항공작전으로 이라크 지상군의 이동을 차단시키는 것으로부터 시작되었다. 최초의 목표 달성 이후 미국 항공작전의 주요 목표는 이라크 지상군에 대한 직접 타격으로 전환되었고, 이때부터 공중우세와 방공작전 능력을 상실해버린 이라크군의 지상 전투력은 대폭적으로 약화되었다. 이와 같은 항공작전이 성공적으로 수행된 다음 미국과 다국적군은 대규모 지상 공격을 시작하였다. 이미 대규모 지상작전 이전에 미국은 항공작전을 통해 이라크 지상군의 증원과 교체를 차단하고 있는 상태였다. 이 때문에 쿠웨이트 주둔 이라크군과 남부 이라크에 전개해있던 정예군인 이라크 공화국 수비대의 지상 전투력은 급속도로 약화되고 있었다. 사실 이와 같이 약화된 이라크군 상태가 다국적군의 지상작전 개시 조건이기도 했다.[18] 결국 1991년 걸프전쟁에서 미국은 당시 주요 전쟁 사례 중 가장 적은 전투 인명 손실 속에서 쿠웨이트의 해방이라는 전쟁 목표를 달성할 수 있었다.

1990년대 군사기술의 발전은 전장에서 발생할 수 있는 전투 인명

18 SDS(System & Defense Services) International, *The Gulf War : An Airman's Perspective*, (Arlington: SDS International, 1993), p. 13.

손실을 감소시킬 뿐 아니라 전장에 투입되어야 할 자원의 소요도 감소시킬 수 있었다. 걸프전쟁 사례에서 나타났듯이 전술적 수준의 항공작전에서도 요구되는 전력 중 상당한 부분이 발전된 군사기술로 인해 감소되어질 수 있었다. 그리고 이러한 군사기술에 의한 전장 투입 전력의 감소는 전장 전투 성과를 향상시킬 수 있었다. 걸프전쟁 이전 미국의 항공력 운용 역사의 특징은 적지의 표적을 공격하기 위해 상당히 많은 항공기를 필요로 한다는 것이었다. 우선 표적을 충분히 파괴하기 위해 많은 양의 폭탄이 필요했고, 따라서 폭탄을 적재하고 전장에 투입되어야 할 항공기의 수요 역시 많았다. 그리고 폭탄을 투하할 항공기들이 방해받지 않고 표적 상공까지 잘 도착하여 폭격을 할 수 있도록 지상과 공중의 적 방공작전으로부터 보호해줄 추가 항공기들이 필요했다. 이것은 하나의 표적을 파괴하기 위해서는 다수의 폭격 임무 항공기와 지원 임무 항공기들로 구성된 대규모 전력이 필요하다는 것을 의미했다. 그러나 1990년대 이전부터 몇 가지 중요한 군사기술의 발전이 이와 같은 전력 수요를 감소시켜주기 시작했다. 우선 폭격 임무를 담당한 항공기들이 다른 지원 항공기들에 의존하지 않고도 방공작전을 극복하고 생존할 수 있도록 해주는 장비들이 출현하기 시작했다. 1970년대 초 베트남 전쟁에서 미국의 항공작전은 공격과 엄호 임무를 각각 담당한 다수 항공기들로 구성된 대량 편대군(force package)이 필요했었다. 그러나 공격 항공기들이 적의 방공망을 제압하는 장비를 장착할 수 있게 됨에 따라 엄호 항공기의 수요가 줄어들게 되어서 대량 편대군 규모도 감소하기 시작했다. 더구나 정밀 유도무기가 등장함에 따라 하나의 표적에 많은 공격 항공기들이 다수의 폭탄을 투하해야 할 필요도 감소하였다. 정밀 유도무기는 하나의 표적에 대해 한 대의 항공기가 한발의 폭탄으로 해결할 수 있는 길을 열어준 것이다. 1991년 걸프전쟁에서는 정밀 유도무기를 장착한 스텔스 공격 항공기 한 대가 과거 공격, 엄호, 지원 임무 항공기들로 구성된 대량 편대군 역할을 완전히 대체할 수 있음을 보여주었다. 당시 첨단 군사기술의 주요 사례이기도 했던 방공 레이더에 탐지되지 않는 스텔스 침투 능력은 다수의 엄호와 지원 임무 항공기의 수요를 극적으로 감소시켜 주었다. 또한 정밀 유도무기들은 다수의 공격 항공기를 더 이상 필요로 하지 않게 해준 것이다. 미 공군의 대량 편대군 규모 역사를 보면 2차 세계대전 당시는 500대 이상 규모였고, 베트남 전쟁 초기인 1960년대는 100여대 규모, 베트남 전쟁 후기인 1970년대는 50대 규모이었다. 그리고 걸프전쟁에서는 F-117 스텔스의 야간 단독 작전에 이르기까지 규모가 축소되었지만 그 군사적 효과는 오히려 증대되었다.[19] 이와 같이 군사 기술의 발전은 직접적이고 전면적인 군사적 충돌로 인한 대규모 희생을 방지해주고 최소의 전투 손실만으로도 전투를 치룰 수 있는 길을 열어주었다. 다시 논의하겠지만 이처럼 전투 손실을 감소시켜주는 능력은 전쟁 당사국의 전쟁 수행에 대한 국내정치적 수용성도 증가시켜 줄 수 있다.

2. 정치와 전장 전투 방식의 진화

지금까지 전장 전투 방식의 진화를 중심으로 군사적 투쟁의 역사를 살펴보았다. 이를 통해 인류의 국가사회와 군사기술 발전이 전장 전투 성과에 미치는 영향을 알 수 있었다. 그러나 전쟁에서의 승패가 전장

19 Edward Mann, “One Target, One Bomb : Is the Principle of Mass Dead?”, *Airpower Journal* 7:1 (1993), pp. 12-13.

전투의 승리가 아니라 정치적 목표 달성 여부로 결정된다면, 전쟁 승리를 위해서는 전장 전투 성과 확대 이외의 수단과 능력이 요구된다. 역사에서는 국가 사회적 능력 곧 국력의 우세와 군사기술에서의 우위를 지닌 국가들이 개별 전투에서의 성공을 궁극적인 전쟁 승리로 연결시키지 못한 경우가 많다. 1949년까지 중국의 공산화 과정에서 마오쩌둥(毛澤東)의 중국 공산군이 군사력의 열세 속에서도 궁극적인 승리를 쟁취한 것이 대표적인 사례이다. 마오쩌둥은 일본군이나 장제스(蔣介石)의 국부군에 대한 군사적 열세 때문에 영토의 확보에 집착하지 않았다. 그 대신 상대의 정규전에 대해 수세적인 지구전을 전개하면서 장기적으로 저항할 수 있는 시간을 확보하고자 했다. 그리고 이렇게 얻어진 시간을 국민들로부터 정치적 지지를 획득하는데 투자하며 군사적 승리 대신 정치적 승리를 추구하였다. 마오쩌둥의 노력은 전략적 수세, 전략적 평형, 전략적 공세로 이루어지는 3단계 인민전쟁 이론으로 구체화되어진다. 이때 마지막 3단계 작전 전환 이전까지는 국민의 지지를 확보하며 상대를 지치게 하고 힘의 균형을 확보하려는 게릴라전이 중요했다. 이와 같은 게릴라전을 통해 마오쩌둥은 국부군의 오랜 토벌 공세 속에서도 군사력을 보존하며 지역사회의 민심 획득에 주력하였고, 장기적으로는 국민들의 압도적 지지를 확보할 수 있었다. 마오쩌둥은 이와 같은 단계를 거친 후 국부군에 대한 3단계 정규전 전환을 결정하였다. 이에 비해 국부군의 전략은 마오쩌둥의 공산군 주력부대를 추적하여 격파하는 것에 집착하였고, 공산군이 장악했던 영토를 되찾는 것을 중요시하였다. 따라서 국부군에게는 공산군 주력부대와의 군사적 경쟁에서 우위를 점하기 위한 전장 전투 성과 향상 방안이 중요했다. 그러나 국부군이 승리하기 위해서는 마오쩌둥의 공산군 주력부대를 찾아내 격멸하는 것만큼이나 국민들로부터의 정치적 지지를 확보하는 것이 필요했었다. 이런 형태의 전쟁에서는 국민들 사이에 지지 계층이 확산되고 지역 주민에 대한 확고한 통제 등의 정치적 목표가 무엇보다 중요했기 때문이다. 그런데 이와 같은 정치적 목표를 달성하기 위해서는 무장 게릴라와 일반 주민을 구분하지 않고 무차별적으로 공격하는 식의 일반적인 전장 전투 성과 중시 방식은 적절하지 못한 것이었다. 그보다는 주민들에게 치안을 제공해주며 게릴라군과 일반 주민을 철저히 구분하는 선택적 강제력을 사용했어야 했다. 그리고 동시에 생활 기반 여건 향상 등의 사회적 지원 대책도 마련되었을 때 국민의 정치적 지지를 얻을 수 있었다.[20] 마오쩌둥의 성공 사례는 전장 전투 성과 향상에 기초한 개별 전투의 승리보다는 국민의 정치적 지지를 확보할 수 있는 수단과 노력이 전쟁 승리에 더 도움이 될 수 있음을 알려준다.

이처럼 전쟁에서 군사적 투쟁보다 정치적 효과를 보다 더 중요시하는 주장들은 제4세대 전쟁 이론에서도 제시되고 있다. 제4세대 전쟁 이론에서는 앞으로의 주요 전쟁 양상이 지역 주민 또는 특정 계층의 지지를 등에 업은 다양한 당사자 간의 게릴라전이나 테러전 형태의 무장 투쟁일 것이라고 예상하고 있다. 이와 같은 형태의 전쟁 양상에서는 국력이 강한 국가일지라도 게릴라전이나 테러전에서 지역 주민들의 지지 또는 통제력을 확보하지 못할 경우 결국 전쟁에서 패배하게 된다. 제4세대 전쟁 이론에서의 전쟁 양상에 대한 개념 정의와 시대적 구분의 근거는 논리적으로 불확실하다는 비판을 받고 있다.[21] 그러나

20 Matthew A. Kocher, Thomas B. Pepinsky, and Stathis N. Kalyvas, "Aerial Bombing and Counterinsurgency in the Vietnam War" *American Journal of Political Science* 55:2 (2011), pp. 201-204.

21 조한승, "제4세대 전쟁의 이론과 실제: 분란전 평가를 중심으로" 국제정치논총 50:1 (2010),

전쟁의 결과가 전장 전투 성과로만 결정되지 않으며, 적절한 정치적 접근이 전쟁의 승패를 결정한다는 주장은 논리적으로 수용되고 있다. 이것은 정치의 개입을 배제하고는 군사적 투쟁의 역사를 온전히 설명할 수 없음을 의미한다. 이와 같은 전쟁에 대한 정치의 개입 현상은 고대의 전쟁 역사로부터도 찾을 수 있다.

고대 중국의 전쟁 경험을 바탕으로 기술된 중국의 고전 병법서에서도 전장 전투 성과와 국가의 국내정치적 수용성이 모두 고려되어야 함을 강조하고 있다. 중국의 고전 병법을 대표하는 무경칠서(武經七書)의 대부분은 기원전 7세기부터 기원전 2세기까지의 춘추전국시대(春秋戰國時代)에 이르러 완성되었다. 중국 역사에서 춘추전국시대는 국가 간 전쟁에 필요한 군사력 양성과 운용에 대한 담론이 가장 왕성했던 시기였으므로 많은 고전 병법서가 배출되어졌다. 춘추전국시대는 중국 주(周) 왕조의 쇠락으로 비롯된 제후들 간 투쟁의 역사인 춘추 시대와 전국 칠웅(戰國七雄)으로 알려진 7개 주요 국가들 간의 천하 패권 경쟁 역사인 전국시대를 포함하고 있다. 특히 전국시대에 들어서며 주요 국가들은 징병제를 통해 보병 중심의 대규모 군대를 동원할 수 있었고, 그 결과 당시의 주요 전쟁은 2~3년이 소요되는 장기전의 성격을 갖는 경우가 많았다. 주 왕조의 쇠락 이전에 지배적이었던 전쟁 양상은 귀족 전사 계급간의 결투 성격의 전투였다. 그러나 춘추시대부터 국내 거주민을 다수 동원하여 전장에서 맞대결을 하는 형태의 전투로 변화되었다. 그리고 전국시대에 들어서서는 장기적이고 전면적인 전쟁을 지속하기 위해 국내 거주민들의 지원과 지지가 절대적으로 필요해졌다. 그런 의미에서 국내 주민과 주변국들이 모두 공감할 수 있는

pp. 217-239 ; Timothy J. Junio. "Military History and Fourth Generation Warfare" *Journal of Strategic Studies* 32:2 (2009), pp. 243-249.

도덕적 명분을 확보하는 것이 전쟁 승리의 전제 조건으로 강조되기도 했다.[22] 이와 같은 배경 속에서 대표적인 당대의 병법서인 손자병법(孫子兵法)에서는 싸우지 않거나 또는 최소의 희생을 통해 승리해야 한다는 주장이 많이 나타난다.[23] 손자병법 시계(始計) 편에서는 전쟁의 피해를 고려하여 전쟁 개시를 신중하게 결정해야 한다는 표현이 있다. 그리고 모공(謀攻) 편에서는 싸우지 않고 적을 굴복시키는 것이 중요하다는 내용이, 군형(軍形) 편에서는 싸우기 전에 승산을 갖춰야 한다는 주장 등이 나타나고 있다. 이와 같은 주장들은 모두 전장 전투 성과 이외 국내정치적 수용성까지 고려하며 전쟁을 수행해야 함을 강조하고 있다. 실제로 전국시대의 국가들은 국력을 심각하게 소모해야하는 결정적 전투에 의존했던 경우도 있었지만, 외교력 등으로 전쟁을 대체하거나 보완하려는 노력 역시 중요하게 생각했었다. 전국시대 말기 최강국으로 부상한 진(秦)의 위협에 대항해 동쪽의 조(趙)・한(韓)・위(魏)・연(燕)・제(齊)・초(楚) 등 6국간 상호 동맹 구축이라는 소진(蘇秦)의 합종(合從) 책략은 진나라의 공격을 사전에 저지하고자했던 중요한 외교 전략이었다. 또한 합종 동맹을 와해시키기 위해 진나라의 장의(張儀)가 주도하여 진과 동쪽 6국이 각각 개별적으로 쌍무적인 협력 관계를 맺도록 했던 연횡(連横) 책략 역시 진나라의 천하 통일 기반이 되었던 외교 전략이었다. 이와 같은 외교 전략들의 출현은 전장 전투 성과만을 강조하기보다는 국내의 정치적 지지와 외교적 대안을 찾으려고 했던 고대 중국에서의 경험적 특징이기도 하다. 이렇듯 고대 중국에서도

22 John A. Lynn, *Battle : A History of Combat and Culture* (Cambridge: Westview, 2003), pp. 43-45.

23 Tzu Sun, *The Art of War*. in Thomas Cleary trans. (Boston: Shambhala, 1988); 손자, 이민수 역해, 「손자병법」, 혜원, 1995, pp. 15-89.

군사적 투쟁에 정치가 개입하고 있다는 인식이 뚜렷이 존재했다. 즉 중국의 고대 군사사상에서는 전쟁을 군사력과 정치적 수단의 조합으로 이해하고 있었던 것이다.

이처럼 전쟁이 폭력과 정치의 조합이라는 관점은 클라우제비츠 군사사상의 주요 개념인 절대전쟁과 현실전쟁간의 비교를 통해서도 나타나고 있다.[24] 존재론의 관점에서 클라우제비츠는 전쟁을 예측 가능한 과학적 산물이기보다는 우연과 불확실성이 지배하는 공간에서의 인간들의 투쟁으로 이해했다. 이와 같은 해석에 의하면 인간들의 개인적인 결투가 상대방이 쓰러져야 종료되듯이 전쟁의 폭력도 상대방이 완전히 무력화될 때까지 지속되어야만 한다. 이렇듯 상대방의 완전한 무장해제를 목표로 한 중단 없는 폭력의 사용을 클라우제비츠 군사사상에서는 절대전쟁(absolute war)이라고 표현된다. 이와 같은 개념 아래에서는 전장에서 적의 군사력을 완전히 섬멸해야 전쟁이 끝나게 된다. 따라서 적의 주력부대를 찾아낸 후 우군 군사력을 집중하여 적을 격파하려는 결정적 전투야말로 전쟁 승리를 위해 가장 중요한 수단이 된다. 그리고 절대전쟁을 승리로 종결시키기 위해서는 전장 전투 성과를 극대화시킬 수 있는 군사력 운용 방법이 절실히 필요하게 된다. 그러나 한편으로 클라우제비츠는 현실에서의 절대전쟁은 드물게 존재하며, 경험적으로 전쟁은 다른 수단에 의한 정치의 연속이라고 했다. 이것이 절대전쟁과 대칭점에 위치하는 현실전쟁(real war) 개념이다. 현실전쟁에서는 상대방의 완전한 무장해제 이전에도 정치적 타협을 통해 전쟁이 종결될 수 있다. 그리고 전쟁 종결 과정에서는 폭력 행사 뿐 아니라

24 R. Harrison Wagner, "Bargaining and War" *American Political Science Review* 44:3 (2000), pp. 471-472.

정치적 협상과 동맹의 활용 등 군사력 이외의 수단이 중요하다. 따라서 전쟁의 승리라는 결과를 얻기 위해서는 전장 전투 성과를 향상시키는 군사력 운용 방법 뿐 아니라 전투 이외의 정치적 수단도 필요하게 되는 것이다. 이처럼 연역적인 군사사상 이론 체계에서도 군사적 투쟁에 대한 정치의 개입 현상은 명백하게 존재하고 있다.

이때 군사력 이외의 수단을 사용한 국가 간의 상호작용을 정치적 협상이라는 용어로 표현한다면, 결국 전쟁은 군사적 투쟁과 국가 간의 정치적 협상으로 구성된다고 할 수 있다. 이렇게 전쟁을 군사적 투쟁과 정치적 협상이 혼합된 현상으로 이해할 때에 전쟁 종결 과정에 대한 보다 포괄적인 이해가 가능해진다. 전쟁에서 국가 간 폭력의 증감 수준을 하나의 연속된 스펙트럼으로 상정한다면, 그 한 쪽 끝에는 어느 한 전쟁 당사국의 군사적 능력이 완전히 파괴될 때까지 전투가 지속되는 절대전쟁이 존재하게 될 것이다. 절대전쟁이 위치한 지점과 가까운 영역에서는 전쟁의 폭력 사용이 극단에 가까운 형태가 될 것이며 개별 전투의 결과가 전쟁 승패에 직접적인 영향을 미치기가 쉬워진다. 이와 같은 순수한 군사적 투쟁만으로 전쟁이 구성될 경우에는 전장 전투 성과를 향상시키는 군사력 운용 방안만이 유일한 승리의 비결이 된다. 그러나 연속 스펙트럼의 반대쪽 방향에서는 전쟁에서의 폭력 사용은 감소하고 군사적 투쟁과 정치적 협상이 혼재된 현실전쟁의 현상들이 위치하게 된다. 현실전쟁 영역에 가까울수록 비군사적 수단의 중요성이 증가된다. 그러므로 개별 전투의 결과가 전쟁 승패로 직접 연결되지는 않고 그 사이에 정치적 과정이 상당히 개입하게 된다. 즉 이 영역에서 전쟁 승리를 하려면 효율적인 군사력 운용 방법 뿐 아니라 정치적 상호작용도 고려되어야 하는 것이다. 이때의 정치적 상호작용은 전쟁 당사국의 국내 정치 제도의 특징 등 정치 지도자의 의사결정에 영향을 미치는 요인들에 의해 이루어진다. 이처럼 군사적 투쟁과 정치적 상호작용이 함께 혼재하는 영역에서의 전쟁의 종결 과정에 대한 이론적 설명 시도는 국제정치학에서도 흔하지는 않다. 그런 가운데에서도 가장 정교한 논리 체계로는 전략게임(bargaining) 이론을 들 수 있다. 전략게임 이론에서는 주로 게임 모델 등의 방법을 활용하여 전쟁에서 국가의 의사결정 과정을 설명해왔다. 이 책에서는 전략게임 이론 체계에 기초하여 전쟁의 시작과 종결을 국가의 의사결정이라고 전제한 가운데 정보의 불확실성(incomplete information)과 공약 이행 문제(commitment problem)라는 개념을 통해 전쟁 종결 메커니즘을 설명하고자 한다. 다음 절에서는 전쟁 종결 메커니즘의 이론적 설명을 위해 필요한 전쟁의 시작과 종결 이론들을 전략게임 이론에서의 개념들을 통해 조망해 볼 것이다.

3. 전쟁의 시작과 종결

1) 정보의 불확실성

전쟁의 수행과 종결을 국가의 의사결정으로 간주할 때, 전쟁은 어느 한쪽 당사국이 먼저 군사적 투쟁을 중지하고 상대의 정치적 요구를 수용할 때 종결된다고 할 수 있다. 전략게임 이론에서는 이와 같은 상태로 이르기까지의 과정을 전투와 정치적 협상의 상호 교환으로 설명하고 있다. 이러한 이론 체계에서는 전쟁을 군사적 투쟁과 정치적 협상이 혼재하는 현상으로 이해하고, 정보의 불확실성(incomplete information)과 공약 이행 문제(commitment problem)라는 개념을 통해 전쟁의 시작과 종결을 설명하고 있다. 전략게임 이론에서의 국가 의사결정자들은 평화 상태에 비해 전쟁 상태가 더 손해가 막심하다는 것을 잘 알고 있다고 가정되어진다. 그럼에도 불구하고 국가 의사결정자들은 평화가 아닌 전쟁을 합리적으로 선택하게 되는 상황이 존재한다. 전략 게임 이론에서는 그와 같은 상황을 먼저 정보의 불확실성 이론으로 설명하고 있다. 국제사회에는 국가 간의 행동을 규제하고 통제할 방법이 없는 무정부적인 정치 환경이라는 특성이 있다. 따라서 개별 국가 의사 결정자들에게는 상대방 국가의 의사 결정에 대한 정보가 불확실할 수밖에 없다. 즉 상대방 국가가 전쟁을 치룰 의지가 있는지, 또 전쟁에 동원될 수 있는 능력이 어느 정도인지에 대한 정보가 불확실한 것이다. 이와 같은 정보의 불확실성이라는 특성 때문에 국가들은 전쟁 상태가 평화 상태보다 더 손해라는 것을 명백히 알고 있으면서도 전쟁을 선택하는 현상이 존재하게 된다. 그리고 전쟁을 통해서 상대방의 의지와 능력이 실제로 드러나면 국가 간의 불확실한 정보 상황이라는 전쟁의 원인이 해소되어진다. 바로 그때 국가들은 전쟁 중지를 선택하게 되어서 전쟁은 종결되어지는 것이다.

국제사회에서 정보의 불확실성이 국가들을 전쟁으로 이끌게 되는 이유는 국가 간의 오해와 기만 때문이다. 국제사회의 무정부적 특징 때문에 국가들은 상대방의 전쟁 의지에 대한 정확한 정보를 공유할 수 없다. 그러므로 상대방 국가의 요구나 위협을 무시할 때 그것이 전쟁으로 확대될 것인지 아닌지에 대해서도 미리 알 수 없게 된다. 이와 같은 특징 때문에 실제로 전쟁을 시작할 의지가 없는 국가이더라도 당장 전쟁을 일으킬 듯한 기만적인 협박으로 상대를 굴복시키려는 동기를 갖게 된다. 일단 기만적 협박을 실행할 경우 상대방 국가가 전쟁을 선택하는 대신 협박에 굴복하고 전쟁 대신 양보를 선택할 가능성이 있기 때문이다. 그리고 동일한 이유 때문에 전쟁 시작 의지 또는 능력이 강하지 않은 국가들일지라도 상대방의 최초 협박이 기만일 수 있으므로 처음부터 양보하기보다는 상대방 의지를 시험하고 싶어 한다.[25] 국가들이 서로의 실제 의지를 알 수 없다는 국제정치의 특성은 이처럼 애초에 전쟁 의지가 없는 국가들에게도 스스로의 능력과 의지를 과장하여 상대를 굴복시키려고 하거나, 상대방의 요구를 일단 기만이라고 생각하게 만든다. 즉 국가들은 상대방을 적절히 기만하여 전쟁 없이도 굴복시킬 수 있다는 기대를 갖고 정보의 불확실성이라는 국제사회의 특성을 전략적으로 이용하려 한다는 것이다.

실제로 1936년 라인란트(Rheinland) 분쟁 당시 독일의 히틀러(Adolf Hitler)는 국제사회의 불확실한 정보 상황을 적절히 이용하였던 적이 있다. 제1차 세계대전 종전 후 패전국이 된 독일에게 강제된 베르사이유 평화 조약(Treaty of Versailles)에서는 독일의 재무장을 엄격히 제한하고 있었다. 베르사이유 조약에 의하면 독일의 재무장을 제한하기 위한 조치의 하나로 라인(Rhein)강 연변 50킬로미터 지역을 라인란트로 규정하고 이 지역 내의 독일군의 배치 또는 요새 건설을 엄격히 금지하였다. 그러나 1936년이 되면서 히틀러는 독일의 재무장을 본격화하고 있었고 이와 같은 정책의 연장선상에서 라인란트에 독일군을 진주시켜 재무장을 확대하고자 했다. 그러나 당시 독일군 참모본부는 라인란트 침공으로 야기될 수 있는 영국과 프랑스와의 전면전에 대한 준비가 여전히 부족한 상태라고 판단하고 있었다. 따라서 독일군 참모총장 베크(Ludwig Beck) 장군은 히틀러에게 라인란트 진군시 프랑스군이 보복 공격을 해 온다면 군사적으로 대처할 수 없을 것이라고 보고하였다.

25 James Fearon, "Rationalist Explanations of War" *International Organization* 49:3 (1995), pp. 379-414 ; Robert Powell, *In the Shadow of Power: States and Strategy in International Politics* (Princeton : Princeton University Press, 1999), pp. 98-103.

그러자 히틀러는 독일 참모본부에게 독일군이 라인란트로 진주할 때 프랑스의 군사적 대응이 있을 경우는 즉시 철수 명령을 내리겠다고 보장해주었다. 그리고 이것을 대가로 참모본부를 설득하고 독일군의 라인란트 진주를 지시한다. 당시 독일군 최고 지휘부는 라인란트에서 전쟁을 수행할 의지가 없었다. 독일군의 라인란트 진주시 만약 영국과 프랑스가 군사적으로 대응했다면 독일군은 즉시 철수할 계획을 갖고 있었던 것이다. 이러한 실제 의지와는 달리 독일은 대외적으로 라인란트 재무장은 독일의 정당한 행위라고 선전하였다. 그리고 라인란트 재무장이야말로 독일이 국제연맹으로 복귀하기 위한 전제조건이라며 영국과 프랑스에 대한 압박 외교를 구사했다. 그리고 1936년 3월에 독일군을 라인란트로 진주시켰다. 그 시점에 영국과 프랑스는 독일의 대외 선전 메시지 때문에 실제 독일군 지휘부의 의지를 인지하기는 어려웠다. 더구나 영국은 프랑스와의 군사적 공조를 믿지 못하고 있었고, 프랑스는 당시 심각한 재정 위기에 시달리는 중이어서 군사력 사용 결정이 쉽지 않았었다. 결국 영국과 프랑스는 독일군의 라인란트 진입을 독일이 전쟁도 불사하겠다는 강력한 의지를 가진 것으로 이해하고 말았다. 그 결과 양국은 아무런 군사적 대응 없이 독일군이 라인란트에 진주하는 것을 지켜보기만 했다.

제2차 세계대전 개전 이후에도 라인란트와 유사한 기만 사례를 찾아볼 수 있다. 1939년 독일 중(重)순양함 그라프 쉬페(Admiral Graf Spee)에 대한 영국 해군의 대응은 작전적 수준에서의 성공적인 기만 사례였다. 독일 해군은 제1차 세계대전에서 패전한 이후 베르사이유 평화 조약의 제약 때문에 1만 톤급 이상 해군 함정 건조가 불가능한 상황이었다. 그래서 독일 해군은 함정 크기는 작지만 화력을 강화시킨 일명 '포켓 전함'이라고도 불리는 중순양함들을 건조했는데 그 중의 하나가 그라프 쉬페였다. 그런 가운데 제2차 세계대전이 시작되자 독일 해군은 그라프 쉬페를 남대서양으로 파견하여 영국으로 향하는 상선단들을 공격하도록 하였다. 남대서양에서 그라프 쉬페는 1939년 9월부터 3달간 총 5만톤 규모에 달하는 연합국 상선 9척을 격침시켰기 때문에 영국 해군의 입장에서는 큰 골칫덩어리였다. 따라서 1939년 12월에 영국 해군은 대 독일 전쟁이 본격화되면서 해군 함정의 소요가 급격히 증가하고 있는 상황에도 불구하고 그라프 쉬페를 요격하기로 결정하고 주요 전투함정들을 남대서양까지 파견한다. 그 결과 12월 13일에 3척의 영국 순양함이 그라프 쉬페와 조우하여 치열한 해상 전투를 벌였다. 이 전투에서 그라프 쉬페는 영국 순양함들에게 상당한 손실을 입혔지만, 스스로도 큰 피해를 입고 중립국 우루과이의 몬테비데오(Montevideo) 항구로 피신하였다. 그라프 쉬페가 몬테비데오에서 전투피해를 수리하고 충분한 해상전투 능력을 다시 갖추려면 최소 2주일의 기간이 필요했었다. 그러나 우루과이는 친 영국 정책을 추구하는 중립국이었으므로 중립국 기항 원칙을 엄격하게 적용하여 그라프 쉬페에게 72시간의 기항만을 허용하였다. 따라서 그라프 쉬페는 72시간이 지나면 충분한 보수와 수리를 하지 못한 상태로 우루과이 영해를 떠날 수밖에 없는 입장이었다. 그럴 경우 영국 해군 순양함들을 공해상에서 다시 만나게 된다면 그라프 쉬페는 무력하게 격침될 가능성이 컸다. 그러나 영국 해군은 너무 긴박한 북대서양 전황으로 인해 함정 소요가 급증하고 있었기 때문에 실제로 몬테비데오 항구로부터 4000킬로 이내에는 단 한척의 함정도 배치할 수 없었다. 그럼에도 영국 해군은 그라프 쉬페 측에서는 이와 같은 상황을 알 수 없을 것이라는 점을 이용하여 불확실한 정보 상황을 기만적으로 이용하였다. 그래서 영국 해군은 그라프 쉬페가 우루과이 영해를 벗어나자마자 즉각적인 대규모 결전을 치루기 위해 전투함정들을 대기시켜 놓았다고 공영 방송과 우루과이 외교 채널을 통해 적극 선전하였다. 실제로 영국 해군은 우루과이 인근 공해상에서 해상전투를 수행할 능력이 없었지만, 독일군에게는 영국이 강력한 의지를 지니고 전투를 준비하는 것처럼 보여지게끔 행동했던 것이다. 그러자 독일 해군은 영국의 기만에 완전히 말려들었다. 그래서 그라프 쉬페는 수리가 덜 끝나 전투 준비가 부족한 상태로 우루과이 영해를 떠나 영국군과 불리한 해상 전투를 치러다가 격침되는 대신 승무원들의 생명만은 살리기로 결정했다. 결국 그라프 쉬페는 해상 전투를 포기하고 함정 승무원들을 몬테비데오 항구에 하선시키고 스스로는 항구에서 자폭하는 선택을 하고 말았다.

라인란트 위기와 그라프 쉬페호의 해상 전투 사례에서 알 수 있듯이 국제사회에서 정보의 불확실성 특징을 활용하여 상대를 기만할 수만 있다면 전쟁이라는 손해를 감수하지 않고도 원하는 결과를 얻을 수 있다. 따라서 국가들은 정보를 기만하여 전략적으로 유리한 상황을 조성하려는 동기를 강하게 갖게 된다. 그리고 이러한 동기 때문에 국가들은 실제로는 전쟁 개시 의사가 없는 경우에도 마치 전쟁도 불사하겠다는 의지가 강한 것처럼 행동할 수 있게 된다. 이것은 전쟁 개시 의사가 없는 국가들끼리도 전쟁을 선택하는 경우가 생길 수 있음을 의미한다. 라인란트 위기 당시 히틀러는 실제로 전쟁 개시 계획이 없었고, 영국과 프랑스도 전쟁을 불사할 만큼의 의지는 없었다. 그러나 라인란트에 진주한 독일군이 전쟁을 무릅쓸 정도의 의지가 있는지를 시험하기 위해 영국과 프랑스가 군사적 대응을 하였다면 상황은 달라졌을 수 있다. 즉 전쟁 의도가 없었던 양쪽 진영이 본래 의사와는 관계없이 전쟁에 돌입할 수 있었던 것이다. 당시 상황을 전쟁이 발발했다는 가정에 의해 재구성해 보면 다음과 같아질 수 있다. 영국과 프랑스는 반격을 시작하여 독일군과 전투가 발생하고 독일 참모본부는 예상치 못한 결과로 인해 경악하게 된다. 그리고 히틀러는 원래의 비밀 계획대로 군사적 후퇴를 지시하게 된다. 그때 영국과 프랑스는 전투를 통해서 히틀러의 실제 의지에 관한 확실한 정보를 얻게 된다. 그 시기에 이르러서야 비로소 양쪽 진영 간의 정보 불확실 상황이 해소되어지는 것이다. 이처럼 독일의 요구는 기만이었고 실제로 독일의 전쟁 개시 의지가 없다는 정보가 상호 공유되어지기까지는 영국, 프랑스 연합군과 독일과의 전투라는 과정이 필요하다. 즉 전투를 통해서 영국, 프랑스, 독일은 상호 실제 능력과 의지에 대한 확실한 정보를 얻게 되는 것이다. 그리고 서로가 충분한 정보를 얻게 된 후 당사국들은 전쟁이 평화 상태보다 손실이 크다는 것을 이해하고 있기 때문에 전쟁 종결을 선택하는 것이다. 그러므로 군사적 투쟁 그 자체는 서로의 전쟁 수행 능력과 의지에 관한 정보 교환의 역할을 해줄 수 있다. 즉 전투를 통해서 국제사회의 정보 불확실 문제를 해결하고 국가들이 서로에 대한 정보를 최신화할 수 있게 되는 것이다. 그 결과 국가들은 상대의 능력과 의지를 보다 정확히 이해하게 되고 따라서 더 이상 정보의 불확실성을 기만적으로 이용하려는 동기 역시 사라지게 된다. 바로 이와 같은 시점이 정보의 불확실성 상황으로 인한 전쟁이 종결되는 때인 것이다.

2) 공약 이행 문제

정보의 불확실성에 따른 전쟁 종결 설명에 의하면 원래 전쟁 의지가 강하지 않았던 당사국들은 전투를 통해 상대방의 능력과 의지에 대한 충분한 정보를 얻게 되는 순간 전쟁 중지를 선택하게 된다. 정보의 불확실성으로 인한 기만의 효과가 더 이상 존재하지 않게 될 때부터 평화보다 전쟁이 더 손실이 크다는 사실이 중요해지기 때문이다. 그러나 전쟁 당사국 모두가 전쟁을 불사하겠다는 강한 의지를 지니고 있을 경우는 상황이 달라진다. 당사국간 상호 이해관계가 충돌되고 있는 쟁점을 당사국들 모두가 대단히 중요한 국가이익이라고 생각하는 경우가 특히 그렇다. 이때는 전투를 통해 상대방의 능력과 의지에 대한 충분한 정보를 확보하더라도 당사국들은 전쟁 중지가 아니라 전쟁 계속을 선택할 수 있다. 그 실례를 개별 국가가 과거에 침탈당했던 주요 영토 수복을 위해 전쟁을 일으킨 상황에서 찾을 수 있다. 실제로 프랑스와 독일은 오랜 기간 알자스(Alsace)와 로렌(Lorraine) 지역에 대해 공통적인 영토 탈환 동기를 갖고 있었다. 역사적으로 이 두 지역은 신성로마제국 영토로부터 30년 전쟁 후 프랑스령이 되었다가 1871년 보불전쟁으로 독일 영토가 되었고, 제1차 세계대전 후 다시 프랑스 영토가 되었다가 제2차 세계대전 기간 동안에는 독일에게 합병되었었다. 이처럼 상호 양보하기 힘든 역사적으로 중요한 영토 영유권과 같은 쟁점이 걸린 전쟁에서는 당사국 모두가 쉽게 양보할 수 없는 상황이 된다. 영토 쟁탈 전쟁이 종결되기 위해서는 당사국 중 하나가 양보 결정을 해야만 하는데, 이같이 중요한 영토에 대한 양보는 해당 국가의 취약성을 나타내는 증거가 될 수 있다. 따라서 어느 한 당사국이 이러한 양보를 한다면 상대방 국가에게는 그로 인한 취약성을 이용하려는 동기가 발생한다.[26] 즉 처음에는 영토의 일부만 요구했지만 상대의 취약함이 확인된 이후에는 더 많은 영토를 요구하며 전쟁을 계속하는 것이 더 국익에 도움이 되는 상황이 되어버리는 것이다. 그 결과 전쟁 당사국들은 상대방의 능력과 의지에 대한 정보의 불확실성이 해소되었음에도

26 Hein Goemans, *War and Punishment: The Causes of War Termination and the First World War* (Princeton: Princeton University Press, 2000), p. 22.

불구하고 전쟁 중지가 아닌 전쟁 계속을 선택하게 된다.

이처럼 국가간 정보의 불확실 현상이 해소된 이후에도 전쟁이 지속될 수 있는 상황을 전략게임 이론에서는 국제사회의 무정부적 특성으로 인한 공약 이행 문제로 설명하고 있다. 국제정치를 국내정치로부터 구분하는 중요한 특성 중의 하나는 국제사회에서 국가들이 지켜야 할 질서와 규칙을 강제할 수단이 없다는 무정부적 환경이다. 이런 국제정치적 특성으로 인해 나타나는 문제는 상대방 국가의 약속을 신뢰할 수 없다는 것이다. 무정부적 국제환경의 전쟁에서는 어느 한 당사국이 자신의 현재 요구를 수용한다면 더 이상 전쟁을 지속하지 않겠다고 약속을 하더라도 그것을 신뢰하기가 어렵게 된다. 즉 국가의 공약을 믿기 힘든 상황이 발생하는 것이다. 더구나 전쟁 당사국이 전쟁 종결을 기대하고 양보를 할 경우에, 상대방은 양보를 통해 얻은 전략적 우위를 악용하여 더 많은 양보를 요구하려고 전쟁을 계속할 동기가 생겨날 수 있다. 그렇게 될 경우 한번만 양보하면 전쟁을 중지하겠다는 상대방의 공약만을 믿었다가는 전략적으로 불리한 상태에서 전쟁을 계속해야 되는 상황이 될 수 있다. 이런 경우에는 상대방의 신뢰할 수 없는 공약을 믿고 전략적 양보를 하는 것보다는 전쟁을 계속하는 것이 더 이익이 커진다. 즉 국가의 공약 이행을 신뢰할 수 없는 상호 불신 환경에서의 전쟁 당사국들에게는 양보가 아니라 전쟁을 계속하는 것이 더 합리적인 선택인 것이다.[27]

공약 이행 문제에 직면하게 된 전쟁 당사국들은 상대방 국가와 휴

27 James Fearon, "Rationalist Explanations of War" *International Organization* 49:3 (1995), pp. 379-414 ; Robert Powell, "War as A Commitment Problem" *International Organization* 60:1 (2006) pp. 169-203. ; Dan Reiter, *How Wars End* (Princeton : Princeton University Press, 2009), pp. 34-45.

전 또는 강화 협정에 합의하더라도 상대가 언제 공약을 파기할지 모른다는 두려움에 빠지게 된다. 이론적으로 공약 이행 문제로 인한 두려움은 상대방 국가가 더 이상 공약을 파기할만한 능력이 없을 때에 해소될 수 있다. 즉 전쟁 당사국이 더 이상 군사적으로 저항할 수 없는 상태에 처하게 되면 공약 이행 문제는 해결되는 것이다. 여기서 전쟁을 통해서 어느 한쪽 전쟁 당사국의 전쟁 수행 능력을 완전히 무력화시킬 필요가 존재하는 것이다. 클라우제비츠에 의하면 이런 상태는 상대방의 군사력을 완전히 무력화시키는 절대전쟁의 결과를 의미한다. 그러나 클라우제비츠가 언급하였듯이 절대전쟁으로까지 이어지는 경우는 대단히 드물다. 현실 세계에서 전쟁 당사국들은 계속적인 전쟁 수행으로 유발되는 손실 증가라는 문제와 제3국의 개입과 중재 등으로 인해 상대의 완전한 무력화 이전에도 전쟁을 중지하게 된다. 즉 공약 이행 문제는 절대전쟁을 통해서만 해결되는 것은 아니며, 전쟁 당사국간의 힘의 균형을 상당히 변화시키는 것으로도 해소될 수 있는 것이다.[28]

국제정치학에서는 공약 이행 문제를 통해 전쟁의 발발과 종결을 설명할 때 제1차 세계대전의 예를 많이 든다. 제1차 세계대전의 전야에 유럽의 주요 강대국들은 모두 선제공격이 전쟁 승리의 중요한 요소라고 믿고 있었다. 이러한 선제공격을 성공시키기 위해서는 상대적으로 더 빠른 국가동원이 필요했다. 1914년 사라예보(Sarajevo)에서 오스트리아 황태자가 암살되면서 오스트리아와 세르비아 간 위기가 발생했다. 그런데 당시 국제적으로 위기를 관리해야 할 독일, 프랑스, 러시아 등 강대국들은 모두 긴장 완화 노력보다는 국가동원 지연으로 인한 선제

28 Dan Reiter, *How Wars End* (Princeton : Princeton University Press, 2009), pp. 34-45.

공격의 이익 상실을 더 우려했다. 특히 오스트리아-세르비아 위기 해결의 핵심 강대국들인 독일과 러시아는 전쟁을 회피하려는 고위급 간의 공약이 있었음에도 불구하고 선제공격의 기회를 상실할 것을 더 두려워하였던 것이다. 그래서 독일과 러시아는 상대방의 전쟁 회피 노력 공약을 믿기보다는 선제공격의 이득을 위하여 경쟁적으로 상대보다 더 빠른 동원령 발효를 시도하였다. 이것은 양국 간의 전쟁 발발 주요 원인 중의 하나이다. 이와 함께 공약 이행 문제는 제1차 세계대전의 종결이 지연되는 것 역시 설명해주고 있다. 1917년에 러시아는 국내 혁명이 발생하여 더 이상 전쟁을 수행할 수 없게 되어 영국과 프랑스 등 다른 동맹국들의 의사를 묻지 않고 단독으로 독일에게 휴전을 제의했다. 이것은 독일에게 러시아와의 휴전을 활용하여 영국과 프랑스에게도 휴전을 제의하여 전쟁을 종결시킬 수 있는 기회가 될 수 있었다. 그러나 독일은 먼저 휴전을 제의할 경우 영국과 프랑스가 휴전 제안이라는 독일의 양보를 독일군의 취약성으로 해석하고 전략적으로 악용할 것이라고 생각했다. 이것은 전형적인 공약 이행 문제로 인한 상대방 국가에 대한 두려움이었다. 따라서 독일은 영국과 프랑스에게 휴전을 제의하는 대신 서부전선에서 다시 한 번의 대공세를 선택하였다. 이처럼 제1차 세계대전 주요 참전국간에는 공약 이행 문제가 존재하였으며, 이 문제는 전쟁의 종결을 지연시키는 원인이기도 했다. 결국 독일과 오스트리아는 심각한 인명 손실로 인해 양국의 왕실에 대한 국민적 지지가 거의 상실된 시점이 되어서야 전쟁의 종결을 선택한다. 즉 참전 당사국 간 공약 이행 문제의 해결과 전쟁의 종결은 전쟁 당사국들의 막대한 희생으로 인해 전쟁수행 능력이 거의 고갈된 이후에 이루어진 것이다. 이처럼 공약 이행 문제가 해소되어 전쟁이 종결되기 위해서는 전투를 통한 어느 정도의 손실과 국력 감소가 필요할 수 있다.

4. 전쟁 종결 메커니즘 : 손실 가해 능력(power to hurt)

전쟁의 종결은 당사국들이 모두 전쟁 중지를 선택해야 일어나는 현상이다. 이때 전쟁 전의 요구를 스스로 포기하거나, 또는 불만족스러운 상태를 수용하는 양보를 하며 전쟁 중지를 선택하는 국가를 패전국이라고 규정할 수 있다. 그러므로 전쟁의 종결은 곧 전쟁의 승패와 깊은 관련을 갖는 현상인 것이다. 그리고 지금까지 살펴본 바와 같이 전략게임 이론에서는 전쟁의 시작과 종결을 정보의 불확실성과 공약 이행 문제를 통해 설명하고 있다. 이러한 설명에 의하면 전쟁의 종결은 국가들이 전투를 통해 정보의 불확실성 문제를 해소하거나, 아니면 전투로부터 상당한 손실을 입어 공약 이행 문제가 더 이상 작동하지 않을 때 이루어진다. 정보의 불확실성 문제는 국가 간 완전 정보와 불확실 정보 영역 사이에서 구성되는 정보 소통의 공간에서 국가의 전쟁 종결과 승패를 묘사하고 있다. 즉 불확실성 정보로 가득한 정보 소통 공간에 위치한 국가들은 상대의 능력과 의지에 대한 정보를 얻을 때까지 전쟁을 선택한다. 그리고 전투를 통해 충분한 정보를 얻게 된 후의 전쟁 당사국들은 완전 정보에 가까운 정보 소통 공간으로 위치가 옮겨지고 그 결과 전쟁 중지를 선택하게 된다. 한편 공약 이행 문제는 극한적 폭력 사용부터 제한적 폭력 사용 영역 사이의 폭력 교환 공간에서 전쟁 종결과 승패를 묘사한다. 전쟁에서 국가 간 폭력 사용량이 증가하면서 당사국들은 제한적 폭력 사용 영역으로부터 극한적 폭력 사용 영역 쪽으로 옮겨진다. 그리고 극한적 폭력 사용 영역에 가까워지면서 동시에 국가의 전쟁 수행 능력 역시 함께 소모되어서 궁극적으로 당사국들은 전쟁 중지를 선택하게 된다. 이처럼 전략게임 이론에서 전쟁 종결은 정보 소통 공간과 폭력 교환 공간상에서의 변화에 따른 전쟁 당사국들의 선택 결과인 것이다.

그러나 정보와 폭력이라는 두 개의 공간 속에서 국가가 전쟁 중지를 선택하게 되는 시점과 동기를 정확히 설명하기 위해서는 다음의 두 가지 질문에 대한 대답이 필요하다. 첫 번째 질문은 다음과 같다. "정보 소통 공간에서의 당사국들이 전투를 통해 서로의 불확실 정보 상황을 해소시킨 이후 언제 전쟁이 종결될 것인가?" 이것은 전쟁 당사국 중 누가 먼저 패전을 수용할 것인가라는 질문이기도 하다. 또한 국가의 전쟁 수행 의지와도 관련이 있다. 전투를 통해 정보의 불확실성이 사라지면 국가 간 능력의 차이가 백일하에 드러난다. 그렇게 되면 원래 전쟁 수행 의지가 없던 국가들은 상대의 요구에 대해 양보하며 전쟁 중지를 선택할 가능성이 크다. 그러나 강한 전쟁 수행 의지를 지닌 국가들의 경우는 불리한 전황에서도 전쟁을 지속할 가능성이 있는데 이와 같은 상태를 언제까지 감내할 것인가라는 질문이 남겨지는 것이다. 즉 정보 소통 공간에서 정보의 불확실성이 제거된 이후 전쟁 당사국 중 누가 먼저 굴복하고 패전을 수용할 것인가에 대한 설명이 필요한 것이다.

그리고 두 번째 질문은 다음과 같다. "폭력 교환 공간에서 전쟁 당사국의 전쟁 수행 능력이 완전히 상실되기 전 언제 전쟁이 종결될 것인가?" 만약 전쟁을 통해서 국가의 전쟁 수행 능력이 완전히 파괴된다면 국가의 전쟁 수행 의지 역시 무의미해질 것이다.[29] 그러나 경험적으로 전쟁 수행 능력이 파괴되기 전에 당사국의 전쟁 수행 의지가 먼저 고갈되어 전쟁이 종결되는 경우가 더 많다. 이처럼 대부분의 전쟁의 종결은

29 Andrew Mack, "Why Big Nations Lose Small Wars: The Politics of Asymmetric Conflict" *World Politics* 27:2 (1975), pp. 175-200.

국가 간 능력의 차이보다는 전쟁 수행 의지의 불균형에 의해 이루어진다.[30] 그러므로 폭력 교환 공간에서는 극한적인 폭력 사용으로 인해 전쟁 수행 능력을 완전히 상실하기 이전에 어떤 당사국이 먼저 굴복하고 패전을 수용할 것인가라는 질문이 남겨지는 것이다. 즉 폭력 교환 공간에서는 전쟁 수행 능력 격감 이전의 전쟁 종결에 대한 설명이 필요한 것이다. 이처럼 정보 소통과 폭력 교환이라는 두 개의 공간에서는 모두 전쟁 당사국 중 누가 먼저 패전을 수용할 것인지에 대한 설명이 필요하다. 다음 그림 2-1은 정보의 불확실성과 공약 이행 문제로부터 파생된 전쟁 종결에 대한 질문들을 정보 소통과 폭력 교환 공간에서 표현한 것이다.

[그림 2-1] 정보 소통과 폭력 교환 공간에서의 전쟁 종결 상황, 그리고 두 가지 질문

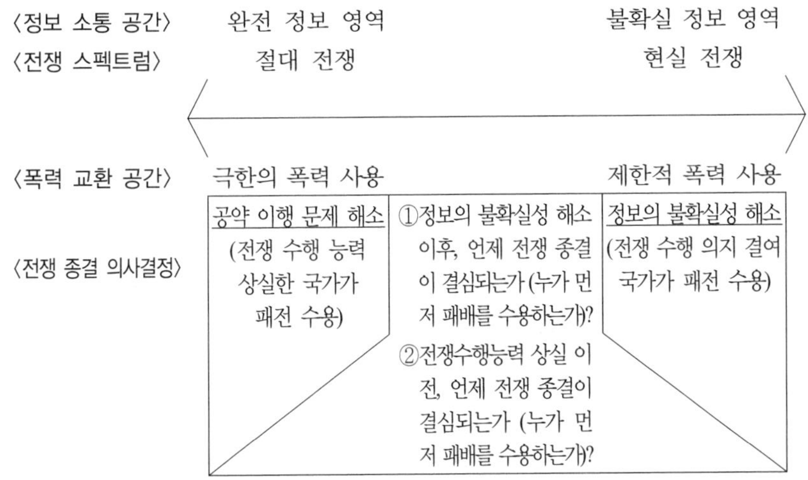

30 John E. Mueller, "The Search for the Breaking Point in Vietnam: The Statistics of a Deadly Quarrel" *International Studies Quarterly* 24:4 (1980), pp. 497-519.

앞 [그림 2-1]은 정보 소통 공간과 폭력 교환 공간을 단일한 연장선상에 묘사한 것으로 연장선의 양쪽 끝에는 클라우제비츠의 표현인 절대전쟁과 현실전쟁이 위치하고 있다. 정보 소통 공간에서의 오른쪽 불확실 정보 영역은 현실전쟁에 가깝고 폭력 교환 공간에서의 제한적 폭력 사용 상황과도 근접하다. 이 영역에서는 정보의 불확실성이 해소될 때 전쟁이 종결되어지는데, 전쟁 수행 의지가 결여된 국가가 먼저 패전을 수용하게 되면서 전쟁의 승패도 갈리게 된다. 그러나 전쟁 당사국들이 충분한 전쟁 수행 의지를 지니고 있었다면 정보의 불확실성이 해소된 이후에도 여전히 당사국 중 누가 먼저 패배를 수용할 것인가라는 첫 번째 질문이 남겨진다. 반면 정보 소통 공간에서의 왼쪽 완전 정보 영역은 클라우제비츠의 절대전쟁 상황을 포함하고 폭력 교환 공간에서의 극한의 폭력 사용 영역과 근접한다. 이 영역에서는 공약 이행 문제가 해소될 때 전쟁이 종결되는데 전쟁 당사국 중 먼저 전쟁 수행 능력을 상실하는 쪽이 패배하게 되면서 승패도 결정된다. 그러나 어느 한 당사국이 전쟁 수행 능력을 완전히 상실하기 이전에 누가 먼저 전쟁 수행 의지를 상실하면서 패전을 수용할 것인가라는 두 번째 질문이 남겨진다.

그러나 이렇게 남겨진 두 가지 질문은 결국 전쟁 수행 의지를 지닌 전쟁 당사국들 중 전쟁 수행 능력이 고갈되기 전에 누가 먼저 전쟁을 포기하는가라는 한 가지 질문으로 수렴된다. 이와 같이 하나로 수렴된 전쟁 종결에 관한 질문에 대해 정보의 불확실성과 공약 이행 문제 이론과 상충되지 않은 대답을 얻기 위해서는 다음의 가정이 필요하다. 이 책에서는 전쟁 당사국마다 각각 전쟁에 대한 이해관계가 다르기 때문에 전쟁에서의 손실을 감내할 수 있는 한계 역시 다르며, 모든 전쟁 당사국들은 스스로의 손실 감내 한계를 초과하는 손실이 발생할 때 전쟁을 포기하게 된다고 가정한다.[31] 이와 같은 가정에 의하면 전쟁 당사국들은 불완전 정보 상황이 해소된 이후에도 손실 감내 한계에 도달하기 전까지는 전쟁을 계속하려는 동기를 갖게 된다. 그리고 전쟁 수행 능력이 완전히 고갈되기 전에도 스스로의 손실 감내 한계를 초과하는 손실이 발생할 때는 전쟁 중지를 선택하게 된다. 따라서 전쟁의 승패는 전쟁 수행시 발생되는 손실에 의해 결정되는 것이다.

이처럼 전쟁으로부터 유발되는 손실 규모를 통해 전쟁의 종결과 승패를 설명하기 위해서는 '손실 가해 능력(power to hurt)' 개념에서 사용되는 전쟁으로 인한 두 가지 유형의 손실을 이해할 필요가 있다. 여기서 첫 번째 손실 유형은 전쟁에서 상대방 국가의 공격으로 인해 생겨나는 피해를 의미한다. 그리고 두 번째 유형의 손실은 전쟁에서 스스로의 전쟁 수행으로 유발되는 자국 내 발생 손실이다.[32] 첫 번째 형태 손실의 실례로는 적대국의 군사적 공격으로 인해 발생된 인명과 재산 피해 등이 있다. 이런 유형의 손실은 개별 전투에서 우위를 점할 경우 감소될 수 있다. 반면에 두 번째 형태 손실의 예로는 타국을 침공하였을 경우 발생할 수 있는 국제사회의 비난, 우군 전투 병력의 인명 피해 증가시 발생 가능한 국내의 반전 운동이나 정치적 반대파의 반전 압력 등이 있다. 이러한 유형의 손실은 개별 전투에서 우위를 점할 경우에도 전투에서의 인명 피해나 전쟁기간에 비례하여 손실이 계속 증가하게 된다. 이와 같은 두 가지 유형의 손실들이 합쳐져서 전쟁 중인 국가의

31 Patrician L. Sullivan, "At What Price Victory? The Effects of Uncertainty on Military Intervention Duration and Outcome" *Conflict Management and Peace Science* 25:1 (2008), p. 51.

32 Branislav Slantchev, "The Power to Hurt : Costly Conflict with Completely Informed States" *American Political Science Review* 97:1 (2003), p. 123.

손실 가해능력이 결정된다. 전쟁 당사국에게 있어 두 가지 유형의 손실 합계가 커질수록 상대방 국가에 대한 손실 가해 능력은 감소되어지고, 스스로의 손실 감내 한계에 근접하게 된다. 손실 가해 능력이 현저히 저하되었다는 것은 전쟁에서 상대방에게 더 이상 손실을 부과할 능력이 사라진다는 것을 의미한다. 이때부터 전쟁을 더 지속하여 상대방으로부터 얻어낼 수 있는 이익도 존재하지 않게 된다. 그러므로 전쟁 지속보다는 불만족스러운 휴전 조건이라도 수용하여 전쟁을 중지하는 선택이 더 이익이 될 수 있다. 이렇듯 손실 가해 능력이 감소된 국가는 전쟁을 포기해야만 할 동기가 커지며 전쟁에서 상대에 대한 압박도 불가능해진다. 이와 반대로 전쟁당사국이 여전히 충분한 손실 가해능력을 지니고 있을 때는 전쟁을 계속하며 상대를 압박하는 것이 가능하다. 이런 경우에는 현재의 불만족스러운 휴전 조건을 수용하기보다는 더 만족스러운 상태가 될 때까지 전쟁을 지속하는 것이 이익이 된다. 그러므로 손실 가해 능력이 충분할 경우 국가는 전쟁을 지속할 동기가 큰 것이다.[33] 전쟁의 승패라는 관점에서 보면, 손실 가해 능력이 상대보다 먼저 감소되는 쪽이 불만족스러운 휴전 조건이라도 수용할 수 있는 동기가 생겨나므로 전쟁을 먼저 포기하게 된다. 즉 손실 가해 능력이 감소될 때 전쟁에서 패전하게 되는 것이다. 따라서 손실 가해 능력의 변화는 전쟁 당사국 중 일방이 패전을 수용하게 되는 상황을 설명해줄 수 있다. 손실 가해 능력 변화와 그로 인한 전쟁 결과에 대한 설명은 다음 [그림 2-2]에서와 같이 표현된다.

33 Thomas Schelling, *Arms and Influence* (New Haven: Yale University Press, 1966), pp. 26-34 ; Branislav Slantchev, "The Power to Hurt: Costly Conflict with Completely Informed States" *American Political Science Review* 97:1 (2003), pp. 123-133 ; Susan H. Allen and Tiffiny Vincent, "Bombing to Bargain?" *Foreign Policy Analysis* 7:1 (2011), p. 8.

[그림 2-2] 손실 가해 능력 변화와 전쟁의 결과

손실의 유형과 합계			손실 가해 능력 변화		국가의 결심 선호		전쟁 결과 전망
유형1 상대방 국가로부터 부과되는 손실 +	손실 합계 증가	⇨	감소	⇨	전쟁 지속 보다 불만족스러운 휴전 조건 수용 선택	⇨	승리 확률 감소
유형2 전쟁 수행으로 유발되는 손실	손실 합계 증가 방지	⇨	유지	⇨	예상되는 불만족스러운 휴전 조건 보다 전쟁 지속 선택	⇨	승리 확률 증가

위 [그림 2-2]에서 손실은 앞서 설명한 바와 같이 상대방으로부터 부과되는 손실과 전쟁 수행으로 유발되는 손실의 두 가지 유형으로 구분된다. 그리고 이때 첫 번째 유형 뿐 아니라 두 번째 유형의 손실만 증가하더라도 손실 가해 능력은 감소된다. 앞서 논의한 바와 같이 두 번째 유형의 손실은 개별 전투에서 우세한 경우에도 증가될 수 있다. 이렇게 두 번째 유형의 손실이 증가된 전쟁 당사국은 상대방에게 손실을 계속 부과하기 위해 전쟁을 지속할수록 자국 내에서 유발되는 손실 역시 커지게 된다. 그러므로 전쟁을 지속 할수록 손실 가해 능력은 감소되고 손실 감내 한계에 근접하게 된다. 따라서 해당 전쟁 당사국은 전쟁 지속보다는 불만족스러운 휴전 조건이라도 수용하고 전쟁을 중지하는 것이 더 이익이 된다. 여기서 상대방보다 먼저 불만족스러운 휴전 조건을 수용하며 전쟁을 중지한다는 선택은 곧 패전이라는 전쟁 결과를 의미한다. 반면 손실 증가를 방지하여 손실 가해 능력을 계속 유지할 수 있다면 만족스러운 휴전 결과를 얻을 때까지 전쟁을 계속할 수 있게 된다. 그리고 그 결과 손실 가해 능력이 감소된 국가에 비해 상대적으로 전쟁 승리 확률이 높아지는 것이다.

이처럼 손실 가해 능력 변화를 통해 전쟁 종결을 설명할 경우, 앞서 정보 소통과 폭력 교환 공간에서 제기되었던 '전쟁 수행 의지를 지닌 전쟁 당사국들 중 전쟁 수행 능력이 고갈되기 전에 누가 먼저 전쟁을 포기하는가?' 라는 질문에 대한 대답을 얻을 수 있다. 전쟁 당사국들은 중요한 국익이 걸린 전쟁이고 전쟁 수행 능력을 여전히 유지한 상태일지라도, 두 번째 유형의 손실이 증가하여 손실 가해 능력이 격감하면 전쟁을 포기하게 된다. 즉 전쟁 당사국은 정보의 불확실성이 해소된 후 그리고 전쟁 수행 능력이 고갈되기 이전에라도 손실 가해 능력이 감소되면 불만족스러운 휴전 조건을 감수하며 패전을 수용하게 된다는 것이다.

이때 대부분의 두 번째 유형의 손실은 주로 국내정치적 상황으로부터 비롯된다. 그러므로 국력의 격차가 비대칭적으로 존재하는 당사국들 간의 전쟁에서 국력이 우세한 국가가 국내정치적 손실 비용, 즉 두 번째 유형의 손실 증가로 인해 먼저 전쟁을 포기하는 상황이 손실 가해 능력 감소를 통해 설명될 수 있다. 그 대표적 실례는 베트남 전쟁에서 찾아볼 수 있다. 베트남 전쟁이 발발했던 당시 북베트남과 미국은 서로 상대방의 전쟁 수행 능력과 의지에 대해 충분히 인식하고 있었다. 미국은 세계 초강대국으로서 전 세계 어디든 군사 개입을 할 수 있는 능력을 지니고 있었다. 그리고 냉전과 함께 대 공산주의 봉쇄정책을 시작한 상태였고 남베트남이 공산화된다면 미국의 봉쇄정책이 균열될 수 있다는 걱정을 갖고 있었다. 따라서 미국은 남베트남이 미국 봉쇄정책의 첫 번째 실패 사례가 되지 않도록 하기 위하여 1965년 이후부터 본격적으로 군사 개입을 시작했다. 반면에 북베트남 역시 소련과 중국으로부터의 비공식적 군사 지원이 충분했으므로 전쟁을 수행할 최소한의 능력을 갖추고 있었다. 그리고 중국과 베트남 간 접경지대에는 미군이 폭격을 할 수 없는 완충 지대가 존재했으므로 그곳에 북베트남 군대를 피신시켜 재정비할 수 있었다. 또한 북베트남은 전쟁을 통해서라도 과거 오랫동안 지속되어 온 식민지 역사를 종료하고 민족을 통일하겠다는 의욕이 강했다. 이 때문에 북베트남은 미군의 지속적인 공중 폭격을 감내하며 계속 항전할 수 있었다. 따라서 베트남 전쟁의 양 당사자는 모두 충분한 전쟁 수행 의지를 지녔으며 서로 상대방의 의지와 능력을 인지할 수 있었다. 즉 베트남 전쟁에서는 최소 1965년 미국의 본격적인 북폭이 시작된 이후부터 전쟁 당사국간의 능력과 의지에 대한 정보의 불확실 상황은 상당히 해소되어 있었던 것이다. 그리고 베트남 전쟁 기간 중 미국과 북베트남 모두에게 있어 즉각적인 전쟁 중단은 불만족스러운 휴전 조건에 해당되었다. 미국의 입장에서는 북베트남 정규군과 지원세력이 남베트남 내에 위치하여 활동하고 있는 당시 상황을 수용해야 하는 즉각적인 휴전을 받아들일 수 없었다. 그 시점에서 남베트남 정부의 군사력 강화 대책은 아직 만족스럽지 못한 상태였다. 그러므로 북베트남 지원 세력이 남베트남에 계속 존재하는 조건으로 미국이 휴전을 할 경우 남베트남의 공산화 가능성은 대단히 컸다. 이것은 미국의 대 공산주의 봉쇄정책의 실패를 의미하였으므로 미국이 수용하기 어려웠다. 반면에 북베트남 입장에서도 대규모 미군이 주둔하여 남베트남 정부를 지원하고 있는 상황을 수용하는 즉각적인 휴전에 만족해할 수 없었다. 베트남 역내에 외국군이 주둔한다는 현상이 베트남 공산혁명의 완성이나 식민지 해방이라는 북베트남의 정치적 목표와 양립될 수 없었기 때문이었다. 그러므로 미국과 북베트남 양 전쟁 당사국들은 손실가해 능력이 유지되는 한 즉각적인 휴전이라는 불만족스러운 조건을 수용하기보다는 전쟁 지속을 선호했다.

이와 같은 환경에서 1968년 북베트남의 대규모 음력 설 공세(Tet Offensive)를 기점으로 미국에서 큰 국내정치적 변화가 일어나기 시작했다.

당시 남베트남 전역에서 동시 다발적으로 전개되었던 음력 설 공세에서 북베트남의 군사적 목표는 대부분 좌절되었다. 그럼에도 불구하고 남베트남의 수도 사이공(Saigon)에 위치한 미국 대사관이 공격당하는 장면이 미국 전역에 보도되자 미국 내에서는 커다란 정치적 파장이 발생하기 시작했다. 그때까지 대부분의 미국인들은 베트남에서 미군의 압도적인 군사적 우세와 미국 정부가 계속 발표해왔던 성공적인 게릴라 살상 전과 발표로 인해 전쟁의 승리를 의심하지 않았던 편이었다. 그랬던 미국의 일반 시민들에게 있어 음력 설 공세 당시 북베트남이 남베트남의 수도 사이공까지 위협하고 있다는 사실은 커다란 충격이었다. 그날 이후로 대다수 미국인들은 북베트남에 대한 미국의 군사작전이 더 이상 효과적이라고 생각하지 않게 되었다. 그리고 미국이 전쟁에서 승리할 것이라는 생각에 대한 의심이 확산되면서 강력한 반전 여론이 형성되어졌다. 이와 함께 미국에 대한 유엔(UN)과 유럽 동맹국들의 국제적 공조도 약화되기 시작했다.

한편 북베트남은 남베트남 지역에서의 개별 전투에서는 미군에게 승리하지 못했지만 여전히 베트남에 주둔하는 미군 병사들에게 전투 인명 피해를 입힐 수 있는 능력을 지니고 있었다. 즉 북베트남의 손실 가해 능력은 감소되지 않은 상태였다. 반면 미국의 입장에서는 전장 전투에서의 우세에도 불구하고 전쟁이 지속될수록 미군 병사의 전투 인명 피해가 누적되고 있었고, 이로 인해 미국 내 반전 여론은 더욱 확산되어졌다. 미국의 입장에서는 베트남에서의 전쟁 수행을 계속 할수록 국내의 반전 운동과 국제사회의 지지 상실이 가속화되고 있었던 것이다. 즉 미국에게는 두 번째 유형의 손실이 증가하고 있었던 것이다. 그 결과 미국의 손실 가해 능력은 감소되어졌다. 베트남 전쟁에서 북베트남의 손실 가해 능력은 유지되고 있던 반면, 미국의 손실 가해 능력은 저하되고 있었던 것이다. 결국 1970년대부터 미국의 새 행정부는 전쟁 중지를 모색하기 시작했다. 그리고 미국은 북베트남 지원 세력의 남베트남 주둔을 허용한다는 불만족스러운 조건을 수용하는 휴전을 선택하게 되었다. 1973년 파리 강화조약 서명자는 미국 국무장관, 북베트남 외교장관, 남베트남 외교장관, 남베트남 민족해방전선 외교장관으로 구성되어져 있다. 이처럼 남베트남 민족해방전선 대표가 조약 서명자들에 포함되어졌다는 것은 미국이 북베트남 지원 군사세력의 남베트남 잔류를 수용했음을 의미한다. 1968년 음력 설 공세 이전 국내 반전 여론이 조직화되기 이전의 미국이라면 남베트남 공산화 가능성 때문에 수용할 수 없었던 조건이기도 했다. 그러나 미국은 베트남 전쟁을 지속하면서 국내정치적 손실이 계속 증가했고 그 때문에 손실 가해 능력이 저하되어서 결국 불만족스러워했던 조건의 휴전을 수용하게 된 것이다.

이처럼 전쟁의 종결과 승패의 갈림은 전쟁 당사국의 손실 가해 능력 변화를 통해 설명될 수 있다. 그리고 손실 가해 능력 개념은 정보의 소통과 폭력의 교환 공간에서 남겨졌던 질문에 대해 정보의 불확실성과 공약 이행 문제 이론과 부합되는 대답을 가져다준다. 이때 앞서 살펴본 [그림 2-1]의 정보 소통과 폭력 교환 공간에서의 전쟁 종결 상황을 되돌아 볼 필요가 있다. 정보 소통 공간에서는 불확실 정보 상황하의 국가가 상대를 기만하여 전략적 우위를 차지하려는 동기를 갖는다. 그러므로 실제로는 전쟁 수행 의지가 없는 국가도 전투가 시작될 때까지 위기를 확대시킬 동기를 지닐 수 있다. 그러나 일단 전투가 발생하면 전쟁 당사국들은 각자의 전쟁 수행 능력과 의지에 대한 정보를 추가적으로 얻게 된다. 그때 원래 전쟁 수행 의지가 없었던 국가는 불만족스러운 휴전 조건을 감수하더라도 전쟁을 포기하게 된다. 반면 전쟁 수행 의지를 지니고 있었던 국가는 불만족스러운 휴전 조건을 수용할 수 없기 때문에 보다 나은 휴전 조건이 성립될 때까지 전쟁을 지속하려고 할 것이다. 이렇게 계속되어진 전쟁 속에서 전쟁 당사국들은 스스로의 전쟁 수행 능력이 완전히 고갈되기 전일지라도 국내정치적 손실, 즉 두 번째 유형의 손실이 누적되는 상황을 맞이할 수 있다. 이 경우 국가는 전쟁을 계속할수록 손실 가해 능력이 감소되고 더 이상 손실을 감내할 수 없는 한계에 이르게 된다. 이때는 불만족스러운 조건을 감수하더라도 휴전을 수용하는 것이 더 이익이 된다. 그러므로 전쟁은 공약 이행 문제를 해결할 수 있는 군사력의 완전한 무력화 이전에도 종결될 수 있게 된다. 즉 국가 간 극한의 폭력 사용이 없이도 전쟁이 종결될 수 있는 것이다. 이렇듯 손실 가해 능력의 변화를 통해 전쟁의 종결을 설명하는 것은 정보의 불확실성과 공약 이행 문제 이론과도 부합된다. 이런 과정을 앞서 [그림 2-1]에서 묘사되었던 정보 소통과 폭력 교환 공간에서 손실 가해 능력의 역할을 설명하면 다음 [그림 2-3]과 같은 결과를 얻을 수 있다. 여기서는 전쟁 당사국이 패전을 수용하는 상황을 정보 소통과 폭력 교환 공간에 걸쳐 크게 세 가지 단계로 묘사하고 있다.

[그림 2-3] 정보 소통과 폭력 교환 공간에서 손실 가해 능력에 의한 전쟁 종결

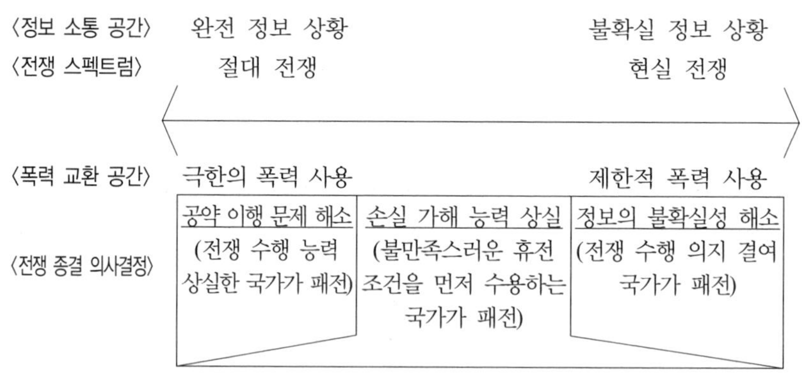

앞의 [그림 2-3]에서 왼쪽 끝 상황은 전쟁 당사국 중 일방이 전쟁수행 능력을 완전히 상실하여 패전을 맞게 되는 것을 나타내고 있다. 이것은 공약 이행 문제의 이론적 해결 방법이기도 하다. 그리고 오른쪽 끝은 원래 전쟁 수행 의지가 희박했던 전쟁 당사국이 전투를 통해 상대방의 능력과 의지에 대한 충분한 정보를 확인하고 먼저 패전을 수용하는 상황이다. 이것은 정보의 불확실성이 해소되면서 전쟁이 종결되는 상황이기도 하다. 그리고 정보 소통과 폭력 교환 공간의 중간 부분이 정보의 불확실성과 공약 이행 문제에서 남겨진 질문에 대답이기도 하며, 손실 가해 능력에 의한 전쟁 종결 상황이기도 하다. 전쟁 당사국은 정보의 불확실성이 해소된 이후 또는 전쟁 수행 능력이 고갈되기 이전에 언제라도 손실 가해 능력이 감소될 경우 패전을 수용하고 불만족스러운 휴전 조건을 받아들인다. 그러므로 전쟁의 폭력 양상이 극한적으로 확대되기 전에 대부분의 전쟁은 손실 가해 능력의 변화로 인해 종결되어진다. 이때 손실 가해 능력이 먼저 저하되는 전쟁 당사국이 패전을 수용하게 된다. 이처럼 손실 가해 능력의 변화는 전쟁의 종결과 함께 전쟁의 승패도 설명할 수 있는 것이다.

여기서 손실 가해 능력이 두 가지 유형의 손실에 의해 결정된다는 것에 다시 한번 주목할 필요가 있다. 특히 두 번째 유형의 손실은 전쟁 수행으로 유발되는 국내정치적 손실 비용으로 결정되어진다. 이것은 국내정치적 손실 비용에 따라 손실 가해 능력의 증감이 변화되고 궁극적으로는 전쟁 승패에까지 영향을 미친다는 것을 의미한다. 이와 같은 설명은 국내 정치 제도의 특성과 연계될 수 있다. 특정 국내 정치 제도가 국내정치적 손실에 더 취약할 경우 손실 가해 능력의 변화에도 영향을 미칠 수 있다. 즉 국내 정치체제의 특성이 전쟁의 결과에도 영향을 미칠 수 있게 되는 것이다. 그러므로 특정 정치 체제를 지닌 국가들은 예상되는 전쟁 결과 때문에 스스로의 정치 체제에 적합한 군사력 운용 방법이 필요하게 된다. 따라서 국내 정치 체제의 특징은 군사력 운용 방법 선택 과정과도 관련을 맺을 수 있는 것이다. 이렇듯 전쟁 종결 과정을 설명해 주는 손실 가해 능력이라는 개념은 국내 정치 체제의 특징을 군사력 운용 선택 경향과도 연계시켜 줄 수 있다. 따라서 오늘날 가장 많은 관심을 받고 있는 정치 제도이기도 한 민주주의 정치 체제에서의 군사력 운용 방법 선택 과정도 손실 가해 능력 개념을 통해 설명할 수 있게 된다. 민주국가의 군사력 운용 방법 선택을 설명하기 앞서 다음 절에서는 전쟁의 시작, 수행, 결과와 군사력 건설 과정에서 나타난 민주주의 정치 체제의 특징과 그 영향력에 대해서 먼저 살펴보도록 하겠다.

5. 민주국가와 전쟁

1) 민주국가와 전쟁의 시작 및 수행

전쟁과 관련된 의사결정 과정에 대한 민주주의 정치 체제의 특징을 탐구하기 위해서는 우선 민주주의 국가의 특성을 살펴 볼 필요가 있다. 일반적으로 민주주의 정부를 규정하자면 권력을 제한하고 분할하는 법과 제도를 통해 개인의 자유와 권리를 보호하는 정부 형태라 할 수 있다. 그리고 보다 세부적으로 민주주의 국가의 제도적 특징을 요약하자면 선출직 엘리트에 의한 주요 정책 결정, 행정부 권력에 대한 제도적 견제, 선거를 통한 경쟁과 정당 제도의 보장, 정치적 소수 집단의 견해 표출 허용, 시민의 의사 표현 수단과 언론의 독립 보장, 개인의 자유 보장, 법에 의한 통치, 사법부의 독립 등이 된다.[34] 이와 같은 일반적 특징을 충족시키는 민주주의 정부들도 정치 제도의 정착 수준, 사회경제적 인권과 개인의 행복 정도, 시민사회 발전 상태 등 여러 가지 척도에 의해 다시 세분화되어지기도 한다. 이렇듯 민주주의 정부들 사이에서도 제도적 특징과 성숙도 등의 차이가 존재한다. 그러나 민주적 제도를 지닌 국가와 그렇지 않은 비(非)민주주의 국가와는 본질적인 차이가 있는 것으로 보인다.[35] 정치학계에서 널리 사용되어지는 전 세계 정치체제에 대한 경험적 데이터베이스인 폴리티 데이터(Polity Data Set)에서는 1816년 이후 모든 국가의 정치제도들을 완벽한 민주주의로부터 극단적인 비민주주의까지 20개의 척도로 분류하는 기준을 개발한 바 있다. 이 기준에 의해 1816년부터 1992년까지 모든 국가들의 정치체제를 연간 단위로 누적적으로 집계해본 결과 대부분의 국가들은 민주주의(척도 8~10)와 권위주의(척도 -8~-10)로 분류되는 두 개의 구간을 중심으로 각각 하나씩의 대규모 집단을 형성하였다. 그리고 이 두 개의 대규모 집단 중 어디에도 속하지 않는 중간단계 구간(척도 7~-7)에 위치한 국가들의 숫자는 상당히 적다는 특징이 나타난다.[36] 이것은 대부분의 국가들이 경험적으로 민주국가와 비민주국가라는 이분법적 분류에 의해 구분되어질 수 있음을 의미한다. 따라서 많은 국제정치학 연구에서는 민주주의 국가와 비민주주의 국가간 이분법적 구분을 수용하고 있다. 그리고 국가들을 이와 같은 민주주의와 비민주주의

---

34 Lary Diamond, *Developing Democracy: Toward Consolidation* (Baltimore: The Johns Hopkins University Press, 1999), pp. 11-12.

35 Adam Przeworski, Michael E. Alvarez, Jose Antonio Cheibub, and Fernando Limongi, *Democracy and Development: Political Institutions and Well-Being in the World 1950-1990* (Cambridge: Cambridge University Press, 2000), pp. 14-15.

36 D. Scott Bennett, "Toward Continuous Specification of Democracy-Autocracy Connection" *International Studies Quarterly* 50 (2006), pp. 318-319.

체제로 구분했을 때 두 집단 간에는 전쟁 수행과 같은 국가의 대외 행위에서 차이가 나타난다. 즉 비민주주의 국가와는 구별되는 민주국가만의 대외 행위의 특징이 존재한다는 것이다. 민주주의 국가에서는 정치 지도자의 독단적인 의사결정을 제한할 수 있는 제도적 장치가 구비되어 있고, 여론과 언론의 영향력 등 상대적으로 다수 행위자의 정치 참여가 가능하다. 그리고 민주주의 국가에는 다양한 사회 집단을 포용할 수 있는 정치 문화도 발전되어져 있다. 이러한 제도와 문화적 특성으로 인해 민주주의 국가는 국내사회의 반응에 상대적으로 민감하기 때문에 국제정치 무대에서 비민주주의국가와는 구별되는 대외 행위 특성을 지니고 있다.

특히 민주국가의 대외 행위는 전쟁의 시작이라는 국제정치적 현상에서 비민주주의 국가와 큰 차이가 있는 듯이 보인다. 민주평화(democratic peace) 이론에서는 민주주의 국가 간에는 전쟁이 거의 일어나지 않는다는 주장을 이론적으로 발전시키고 경험적으로 입증해왔다. 민주평화 이론에서 민주국가들 간에 전쟁이 일어나지 않는 이유는 국가들이 동일한 가치와 규범을 공유하며, 정치 제도의 투명성이 높아 외교적 결정을 미리 예측하기 쉬워서 상호 신뢰할 수 있기 때문이라고 본다. 이와 함께 민주평화 이론은 역사적으로 민주주의 국가 간 전쟁이 거의 없었다는 경험적 증거도 함께 제시하고 있다.[37] 이렇듯 민주평화 이론은 민주주의 정치체제가 전쟁의 발생에 미치는 영향력을 설명하

---

37 Bruce Russett and John R. Oneal, *Triangulating Peace: Democracy, Interdependence and International Organizations* (N.Y.: W.W. Norton&Com, 2001), pp. 53-56 ; Paul K. Huth and Todd L. Allee, *The Democratic Peace and Territorial Conflict in the Twentieth Century* (Cambridge: Cambridge University Press, 2002), pp. 68-100 ; Kwang-Jin Kim and Patrick James, "Learning from the Great War? The Origin of Democratic Peace" *Defence and Peace Economics* 21: 5-6 (2010), pp. 487-490.

고 있다. 그런데 이와 같은 이론은 국제 사회의 모든 국가가 민주주의가 된다면 전쟁이 영원히 방지될 수 있다는 정책적 목표로도 전환될 수 있다. 즉 민주주의 강대국에게는 세계 모든 국가들의 민주화가 대외 정책의 목표가 될 수 있다는 의미이다. 그리고 여기서 한걸음 더 나가 호전적인 비민주주의 국가는 전쟁을 통해서라도 강제적으로 민주화를 시킬 필요가 있다는 전략적 결정으로까지 이어질 수 있다. 실제로 미국은 제2차 세계대전을 통해 독일과 일본과 같은 매우 적대적인 전체주의 국가들을 패망시킨 후 건실한 민주주의 동맹국가로 변환시킨 경험을 갖고 있다. 이런 경험에 의하면 미국에게 있어 적대적인 국가를 신속하게 민주화시켜 미국의 우방으로 만들 수 있는 가장 적합한 방법이 전쟁이라고 인식할 수 있게도 했다. 따라서 2003년 당시 미국의 입장에서는 군사적으로 이라크를 침공하여 이라크 정권을 교체한 후 민주화시킨다면 이라크 문제를 영구적으로 해결할 수 있다고 믿을 수 있었다. 즉 민주주의 정치체제와 전쟁과의 관계에 대한 인식은 미국의 이라크 침공 원인 중의 하나가 될 수 있었던 것이다.

물론 미국의 2003년 3월 이라크 침공 결정 원인은 여러 가지로 설명되고 있다. 전쟁 전 미국 행정부의 공식 발표에서는 이라크 대량살상무기 위협 제거가 전쟁의 원인이었다고 강조한 바 있다. 또한 여러 종류의 사후 분석에서는 이라크 후세인 정권의 호전성을 통제하기 위해서는 정권 교체밖에는 다른 대안이 없다는 상황 인식과 중동 유전의 안정적인 확보 등도 전쟁의 원인으로 제기되었다. 그런데 이와 더불어 미국 주요 정치 지도자들의 민주주의와 전쟁의 관계에 대한 인식도 중요한 전쟁 원인 중의 하나로 볼 수 있다. 이라크 침공을 앞두고 미국의 부시(George W. Bush) 대통령은 2003년 2월 26일 워싱턴의 미국기업연구소(American Enterprise Institute, AEI)에서 이라크의 미래에 대한 연설을 행한 바 있다. 이 연설에서는 민주주의와 전쟁과의 관계에 대한 미국 정치지도자의 인식이 잘 나타나 있다. 당시 부시 대통령은 연설을 통해 민주주의 가치 확산의 중요성, 2차 세계대전 이후 독일과 일본에서의 성공적인 민주화 경험, 이라크의 민주화 필요성을 다음과 같이 역설하며 전쟁에 의한 이라크 정권 교체를 시사하였다.

"…과거 많은 사람들이 독일과 일본이 민주적 가치를 지속할 수 없는 문화를 지녔다고 우려했지만 그들의 걱정은 올바른 것이 아니었습니다. 오늘날에도 일부 사람들이 이라크에 대해 동일한 우려를 하고 있습니다만 이것 역시 잘못된 것입니다. [……] 안정된 자유 국가들은 침략 이데올로기를 만들지 않기 때문에, 오늘날 우리의 세계는 민주적 가치의 확산이라는 명백한 이익을 누리고 있습니다. 또한 민주적 가치는 보다 나은 삶을 평화적으로 추구하게 하며, 중동에는 자유를 향한 갈망이라는 희망적인 신호가 존재하고 있습니다. [……] 이라크에서 새로운 정치체제가 등장한다면 지역 내 다른 국가들에게는 자유를 향한 매우 인상적인 성공 사례로 받아들여질 것입니다. [……] 자유와 민주주의는 언제 어디에서나 증오와 테러보다 더 강하게 인류에게 호소하고 있습니다. 이라크에서의 성공은 중동 평화의 새로운 시작이 될 것입니다.[38]"

부시 대통령의 이 연설은 미국의 이라크 전쟁 목표 중의 하나가 이라크의 민주화였다고 판단할 수 있는 근거가 된다. 미국의 입장에서는 중동의 위협적인 호전국가인 이라크의 비민주적 정치체제를 전쟁을 통해 교체하여 민주화를 이룩해야 할 이유가 있었다. 이라크가 민주화된다면 미국과 같은 민주주의 국가들과 더 이상 갈등을 만들지 않을 것이

38 http://www.presidentialrhetoric.com/speeches/bush_firstterm.html

라고 판단할 수 있기 때문이다. 이와 같은 인식은 민주주의 국가 간에는 전쟁이 잘 일어나지 않는다는 민주평화 이론에서의 주장과도 동일하다.

또한 민주주의 국가의 정치 체제는 전쟁의 시작 뿐 아니라 전쟁 수행에도 영향을 미칠 수 있다. 인류 최초의 민주주의 국가이기도 한 아테네가 전제주의 국가였던 페르시아를 상대로 치렀던 마라톤(Marathon) 전쟁에서 민주주의 체제의 특징과 전쟁 결과간의 관계를 살펴볼 수 있다. 기원전 501년경 아테네는 과거 수십 년간을 통치해 오던 독재자 히피아스(Hippias)를 추방하고 민주화를 선언하였다. 이어서 아테네는 페르시아를 추종하는 독재자를 추방하고 민주화를 선언한 이오니아(Ionia)의 그리스 식민 도시들을 지원하기 위해 군대를 파견한다. 이때 아테네에서 추방된 독재자 히피아스는 페르시아 황제에게 자신의 정치적 복권을 지원해준다면 향후 아테네를 다시 지배하게 된 이후부터 페르시아에 대해 영원히 충성을 다하겠다고 약속한다. 당시 페르시아 황제인 다리우스 1세(Darius 1)는 이오니아 도시들의 반란을 제국의 안전에 대한 큰 위협으로 간주하고 있었다. 그래서 페르시아는 히피아스의 제안에 따라 이오니아의 지원세력이기도 한 아테네를 정벌하여 제국의 안보를 강화하기로 결정하였다. 따라서 다리우스 1세는 기원전 490년에 민주국가인 아테네를 정복하기 위해 아테네 시로부터 40여 킬로미터 떨어진 마라톤 만에 페르시아 대군을 상륙시켰다. 이로써 마라톤 전쟁이라고도 불리는 제1차 그리스-페르시아 전쟁이 시작되었다. 그때 당시 다리우스 1세의 정치적 목표는 아테네에서 망명해 온 독재자 히피아스를 아테네에 재집권시키는 것이었다. 그러므로 아테네 시민들이 민주주의 체제를 유지하기 위한 유일한 방안은 페르시아 군과 맞서는 것뿐이었다. 아테네 시민들은 페르시아 대군이 그리스 본토에 상륙하자 페르시아와 전쟁을 할 것인지 아니면 항복하고 독재자 히피아스를 받아들일 것인지를 결정하기 위한 투표를 실행했다. 이 투표는 아테네의 민주주의를 유지할 것인지 아니면 포기할 것인지에 대한 선택이기도 했다. 이때 투표를 앞두고 아테네의 지도자 밀티아데스(Miltiades)는 민주주의 체제의 필요성을 역설하였다. 밀티아데스의 주장에 의하면 아테네 시민에게는 페르시아와 싸울 것인가 아니면 항복할 것인가의 두 가지 선택이 있었다. 아테네 시민이 싸워서 이겼을 경우는 애초에 추방했던 독재자에게 굴복하지 않고 시민들의 자유를 지킬 수 있다는 최상의 결과를 얻을 수 있을 것이다. 그러나 항복할 경우는 아테네의 시민들은 독재자에게 굴복하게 되므로 민주주의와 자유를 모두 잃게 될 것인데, 이것은 페르시아와 싸워서 패전했을 경우와 동일한 최악의 상황이 될 것이다.[39] 그러므로 밀티아데스는 페르시아군과의 전쟁만이 최상의 결과를 얻을 수 있는 유일한 선택이며, 만약 페르시아 군을 물리쳐 낼 수만 있다면 아테네는 그리스 최고의 도시가 될 것이라고 역설했다. 이러한 밀티아데스의 논리는 아테네 시민들을 설득할 수 있었고, 결국 아테네는 투표를 통해 페르시아와의 전쟁을 선택하였다. 당시 아테네의 주력부대는 시민들로 구성된 중장갑 보병이었던 만큼, 시민들의 자발적인 동원과 사기야말로 아테네 군사력의 핵심적인 장점이었다. 당시 밀티아데스에 의해 사기가 고무된 아테네 군은 방어보다는 공세작전을 선택하여 아테네 시를 떠나 마라톤 평원으로 출전하여 페르시아군과의 전투에 임했다. 이미 민주주의와 자유를 지키겠다는 강력한 전투의지로 고양되어진 시민들로 구성된 아테네 중장갑 보병은 약 2:1의 수적 열세에도 불구하고 페르시아 군을

39 Bruce Bueno de Mesquita and David Lalman, *War and Reason* (New Haven: Yale University Press, 1992), pp. 6-12.

마라톤에서 무찔러버릴 수 있었다. 그 결과 마라톤 전쟁은 아테네의 승리로 종식되어졌다. 아테네의 승리는 과거의 독재자와 페르시아 전제 군주로부터 민주 사회의 시민권을 빼앗기지 않으려는 시민들이 자발적으로 군사력 동원에 호응하고 드높은 사기를 갖고 전투에 임했던 덕분이라 할 수 있다. 그 결과 민주주의 국가인 아테네가 전제주의 국가인 페르시아로부터 승리할 수 있었던 것이다. 기원전 4세기의 마라톤 전쟁은 민주주의 체제가 전쟁 수행에 필요한 국가 능력을 전제주의 체제보다도 효율적으로 동원할 수 있음을 보여주었다. 그리고 그와 같은 능력은 전쟁 결과에도 크게 영향을 미칠 수 있음을 보여주었다. 이것은 민주주의라는 국내정치 체제의 특성이 전쟁 수행 과정에도 깊숙이 개입할 수 있음을 의미한다.

2) 민주국가와 전쟁의 결과

민주주의 정치체제는 전쟁의 시작과 수행 뿐 아니라 결과에도 영향을 미칠 수 있다. 앞서 설명한 바와 같이 국제정치학에서는 전쟁 등 국가의 대외 행위에서도 민주주의 국가와 비민주주의 국가 간의 차이가 존재한다는 이론을 발전시켜왔다. 이와 같은 대외 행위 차이는 민주주의 국가들만의 제도적 특성으로부터 비롯된다. 민주국가에서는 자유선거를 통해 집권 정부가 교체될 수 있다는 것이 가장 중요한 제도적 특징이라 할 수 있다. 이러한 제도적 여건 하에서는 집권 정부의 지도자가 전쟁과 같이 심각하고 중요한 대외정책에서 실패를 하게 될 경우 다음번 선거에서 패배하여 현직을 상실할 가능성이 크다.[40] 이것은 민

40 Bruce Bueno de Mesquita, James D. Morrow, Rondolph M. Siverson, and Alastair Smith, "An Institutional Explanation of the Democratic Peace." *American Political Science Review* 93:4 (1999), pp. 255-267.

주주의 국가의 지도자는 비민주주의 국가 지도자에 비해 국민 여론, 정치적 경쟁 정파, 독립된 언론 등 상대적으로 더 많은 수의 행위자들에 대해 정치적 책임을 지고 있기 때문이다. 비민주주의 국가의 경우 최고 지도자는 소수의 추종 집단만 만족시킬 수 있다면 전쟁에서 실패하더라도 권좌를 계속 보존할 수 있다. 그러나 민주국가가 전쟁에서 패배할 경우 국내 유권자들과 정치적 경쟁 세력에게는 집권 정부를 교체할 수 있는 기회로 인식되어질 수 있다. 집권 정부의 심각한 대외 정책 실패는 국민 여론의 지지를 상실하게 될 것이기 때문에 정치적 경쟁 세력이 부상하기 유리한 상황이 된다. 이와 같은 상황에서 선거가 실시되면 집권 정부에게는 대단히 불리해진다. 그러므로 민주국가에게는 전쟁에서 실패하는 것이 집권 정부의 정치적 생명 유지에 심각한 위협이 될 수 있다.[41] 즉 민주국가는 전쟁의 패전 책임에 민감한 것이다. 이러한 민주주의 체제의 상대적인 민감성은 민주국가의 전쟁 선택 결정에 영향을 미칠 수 있다. 민주국가는 신중하게 전쟁 상대를 선택할 필요가 있는 것이다. 민주국가의 정치 지도자는 전쟁에서 실패하면 안 되기 때문에 전쟁을 시작할 때 신중해지고, 반드시 승리할 수 있는 전쟁만 선택적으로 개입하려는 동기를 갖기 때문이다. 따라서 민주국가는 승리할 가능성이 높은 전쟁만 선택하게 될 것이고, 이로 인해 민주국가의 전쟁 승리 확률도 자연스럽게 높아질 수 있다.[42]

---

41 Darren Filson and Suzanne Werner, "Sensitivity to Costs of Fighting versus Sensitivity to Losing the Conflict: Implications for War Onset, Duration, and Outcomes" *Journal of Conflict Resolution* 51:5 (2007), pp. 692-693.

42 William Reed and David H. Clark, "War Initiators and War Winners" *Journal of Conflict Resolution* 44:3 (2000), pp. 382-384 ; Christopher Gelpi and Michael Griesdorf, "Winners or Losers? Democracies in International Crisis, 1918-94" *American Political Science Review* 95:3 (2001), pp. 634-635 ; Dan Reiter and Allan C. Stam, *Democracies at War* (Princeton:

동일한 관점에서 민주주의 국가는 전쟁으로부터 발생되는 손실에 대해서도 비민주주의 국가보다 더 민감하다. 경험적으로 민주주의 국가들이 전쟁을 지속하는 기간은 비민주주의 국가의 전쟁 기간보다 상대적으로 더 짧다고 알려져 있다.[43] 민주주의 국가는 전쟁이 오래 지속되어 인명과 재정 손실로 인한 국민의 부담이 증가되는 것을 우려한다. 국민의 부담으로 인해 반전 여론이 부상하여 정부에게 전쟁을 종식하도록 압력을 가하는 경우가 많고, 이 때문에 차기 선거에서 불리해지기 때문이다. 또한 경험적으로 민주주의 국가는 전투 인명 손실을 감내하는 능력이 비민주주의 국가에 비해 취약한 것으로도 알려져 있다.[44] 전쟁 중 전투 인명 손실의 증가는 여론의 악화와 함께 전쟁 수행에 대한 국내 정치적 저항을 함께 증가시키기 때문이다. 그리고 이로 인해 선거에서 집권 정부가 패배할 가능성 역시 커진다. 민주주의 국가에 있어 전투 인명 손실 증가는 국내정치적 부담의 증가를 의미하는 것이다.[45] 이러한 민주주의 정치 체제의 특징 때문에 민주국가에서는 전쟁으로 유발되는 국내정치적 손실이 비민주주의 국가에 비해 집권 정부의 정치적 생명에 더 심각한 위협이 될 수 있다.[46]

Princeton University Press, 2002), pp. 10-87.

43 Scott D. Bennett and Allan C. Stam, "The Duration of Interstate Wars, 1816-1985" *American Political Science Review* 90:2 (1996), pp. 239-244.

44 Randolph Siverson, "Democracies and War Participation: In Defense of the Institutional Constraints Argument" *European Journal of International Relations* 1:4 (1995), pp. 481-489; Scott D. Bennett and Allan Stam, "The Declining Advantages of Democracy: A Combined Model of War Outcomes and Duration" *Journal of Conflict Resolution* 42:2 (1998), pp. 344-366.

45 Susan Hannah Allen, "Estimating the Duration of Coercive Bombing Campaigns" *Journal of Conflict Resolution* 51:1 (2007), p. 116.

46 Darren Filson and Suzanne Werner, "Sensitivity to Costs of Fighting versus Sensitivity to Losing the Conflict: Implications for War Onset, Duration, and Outcomes" *Journal of*

이와 같은 경험적 발견들은 민주주의 국가가 비민주주의 국가에 비해 전쟁 중의 손실에 대해 민감하다는 것을 의미한다. 민주국가가 아무리 전쟁 상대를 신중하게 선택하더라도 전쟁으로 동반되는 손실이 급증하는 상황을 맞게 되면 민주국가의 본질적 취약성이 부상하게 되는 것이다. 민주국가의 전투 인명 손실 증가는 강력한 국내 반전 여론 확산 등 국내정치적 손실을 증가시킬 수 있으며, 이로 인해 민주국가의 손실 가해 능력은 현저히 감소될 수 있다. 민주국가 특유의 손실 민감성은 손실 가해 능력을 약화시켜 전쟁 승리 확률을 저하시킬 수 있는 것이다. 즉 민주국가는 전쟁 상대의 신중한 선택으로 전쟁 승리 확률을 증가시킬 수 있으나, 손실 민감성으로 인한 전쟁 승리 확률의 감소 가능성에도 대비해야 하는 것이다.

이러한 민주주의 체제의 특성은 민주국가들만의 동맹과 비민주국가와의 동맹 간의 차이에서도 나타난다. 전쟁 중에 민주국가들 간의 동맹은 비민주주의 국가와의 동맹에 비해 보다 더 신뢰성 있는 협력이 가능하다. 민주주의 정치체제는 정치에 참여하는 행위자가 상대적으로 많기 때문에 행정부의 결정에 대한 의회의 비준 등 권력 견제가 제도적으로 보장되어 있다. 따라서 민주국가의 지도자에게는 국내의 감시와 견제로 인해 공개적으로 동맹 공약을 파기할 때 발생되는 정치적 비용이 비민주주의 국가보다 더 크다. 민주주의 국가의 정치 지도자에게는 국제정세의 변화에 따라 동맹 공약을 번복하는 것이 국민의 감시와 제도적인 견제 장치 때문에 어렵다는 것이다. 이 때문에 민주국가는 비민주주의 국가보다는 국가간 사전에 합의한 동맹 조약을 준수하려는 동기가 강해지고, 따라서 동맹에 대한 신뢰 역시 더 강해질 수 있다.

Conflict Resolution 51:5 (2007), pp. 692-693.

이와 같은 특징은 전쟁 중에도 적용된다. 민주국가들의 급격한 대외정책 변경의 곤란함과 정책의 투명성이라는 특성 때문에 전쟁 중에도 민주국가들은 공동으로 전쟁을 수행 중인 민주주의 동맹국들을 신뢰할만한 파트너로 간주할 수 있게 된다. 이 덕분에 민주국가 간 전쟁 중 협력의 효율성은 향상되고, 그 결과 민주주의 국가 간의 동맹이 전쟁에서 승리할 가능성 역시 높아질 수 있다.[47]

그러나 민주동맹 내부에서 개별 회원국들 간 제도의 차이 등 서로 상이한 국내정치적 환경이 동맹의 내부 갈등 요인으로 등장할 가능성도 있다. 민주국가들이 공통적으로 지니고 있는 전쟁 손실에 대한 민감성은 개별 국가의 제도적 특성과 전략적 환경에 따라 상이할 수 있다. 그리고 이와 같은 차이점들은 민주동맹 내부 회원국들 간의 갈등 원인이 될 수 있다. 민주동맹 내부에서 일단 회원국 간 갈등과 균열이 생겨나면 동맹의 집단적 합의 유지가 힘들어지게 된다. 이렇듯 동맹이 전쟁에서 집단적 행동을 계속할 수 없게 된다는 것은 전쟁에서의 추가적인 손실 비용이 된다. 그리고 일단 발생한 동맹국간 갈등을 해소하기 위해서는 별도의 노력이 필요한데 이것 역시 추가적인 동맹의 정치적 손실 비용이 된다. 이와 같은 민주동맹 내부에서 발생할 수 있는 정치적 손실 비용은 전쟁으로 유발되는 손실의 증가를 의미하고, 결국 동맹의

47 Alastair Smith, "To Intervene or Not To Intervene: A Biased Decision" *Journal of Conflict Resolution* 40:1 (1996), pp. 16-40 ; Brian Lai and Dan Reiter, "Democracy, Political Similarity, and International Alliances, 1816-1992" *Journal of Conflict Resolution* 44:2 (2000), pp. 206-207 ; Ajin Choi, "Democracy Synergy and Victory in War, 1816-1992" *International Studies Quarterly* 48 (2004), pp. 666-667 ; Douglas M. Gilber and Scott Wolford, "Alliance, Then Democracy: An Examination of Relationship between Regime Type and Alliance Formation" *Journal of Conflict Resolution* 50:1 (2006), pp. 129-151 ; Ajin Choi, "Fighting to the Finish: Democracy and Commitment in Coalition War" *Security Studies* 21:4 (2012), pp. 628-629.

손실 가해 능력을 저하시키게 된다. 이런 경우에는 효율적인 전쟁 중 협력이라는 민주동맹의 장점 역시 사라지므로 민주동맹의 전쟁 승리 확률 역시 저하될 수 있다.

지금까지의 논의를 요약하면 전쟁의 결과에 영향을 미치는 민주주의 체제의 특징은 개별 민주국가들의 패전 민감성과 손실 민감성이라 할 수 있다. 그리고 민주국가의 민감성은 민주국가의 전쟁 승리 확률을 변화시킨다. 패전 민감성 때문에 민주국가는 전쟁에서 실패하지 않도록 신중하게 이길 수 있는 전쟁만을 선택하게 된다. 그러나 손실 민감성 때문에 전쟁에서 민주국가의 손실이 급증할 경우 국가의 손실 가해 능력도 급격히 저하되어 전쟁 승리 확률 역시 감소할 것이다. 이와 같은 민주국가의 특성은 민주동맹이라는 상황에서도 동일한 영향을 미친다. 민주국가가 지닌 높은 수준의 제도적 투명성과 정책의 예측 가능성으로 인해 전쟁 중 민주동맹 내부의 협력 신뢰성은 증가된다. 이것은 민주동맹이 전쟁에서 승리할 확률을 증가시켜 줄 수 있다. 그러나 동맹 내부 민주국가들 간의 제도와 전략 환경의 차이로 인해 손실에 대한 민감성 차이가 클 경우, 동맹국간의 갈등을 유발시켜 추가적인 손실 비용이 증가된다. 이와 같은 민주동맹 내부의 갈등으로 인한 추가적인 손실 비용은 민주동맹의 집단적 합의를 방해하고 동시에 손실 가해 능력을 저하시켜 전쟁 승리 확률 역시 감소시킬 수 있다. 이처럼 민주국가와 민주동맹이 갖는 민주주의 제도의 특성에 기인한 손실 민감성은 손실 가해 능력을 변화시켜 궁극적으로 전쟁 승리 확률에 영향을 미친다. 따라서 민주국가는 국가 단위에서는 국내정치적 손실을 방지하고, 그리고 동맹 단위에서는 동맹국간의 갈등을 방지할 수 있도록 군사력 운용 방법을 선택해야 손실 가해 능력도 유지할 수 있고 승리 확률도 높일 수 있게 되는 것이다.

3) 민주국가와 군사력 건설

지금까지 살펴 본 민주주의 체제의 특징인 손실 민감성은 전쟁의 결과 뿐 아니라 군사력 건설의 선택에도 영향을 미칠 수 있다. 제2차 세계대전이 발발하기 전 주요 참전국 중 일부 국가들은 대규모 항공력 건설이 필요한 전략폭격(strategic bombing)을 선택한 바 있다. 많은 수의 장거리 폭격기 전력을 건설해야만 수행 가능한 전략폭격은 민주주의 체제의 특성과 관련이 있다. 최초의 전략폭격 구상은 제1차 세계대전에서 발생했던 심각한 전투 인명 손실에 대한 반성으로부터 출발했다. 제1차 세계대전 당시 1914년 독일의 최초 공세가 파리 인근 마르느 강에서 좌절된 이후부터 서유럽 전선에서 격돌한 연합군과 독일군 양측 모두 기관총, 철조망, 포병의 지원 사격으로 조합된 정교한 참호망을 구축하기 시작했다. 그리고 이후의 전쟁은 방어에 적합하게 잘 만들어져있는 참호망을 서로 돌파하기 위한 유혈 경쟁이 되어버렸다. 서유럽에서는 연합군과 독일군 모두 상대의 참호망을 돌파하기 위해서 무모할 정도의 대규모 정면 공격을 시도하였으므로 양측 모두 심각한 전투 인명 손실을 입었다. 1916년 7월부터 11월까지 프랑스 북동부 솜므(Somme) 전투에서 영국군은 12킬로미터의 전선 돌파를 위해 36만 명의 사상자를 낼 정도였다. 이처럼 심각한 인명 피해를 경험했던 제1차 세계대전이 종료되자 여러 군사 사상가들은 전투 인명 손실을 피하면서 전쟁에서 승리할 방법을 찾고자 했다. 처음으로 전략폭격 개념을 제시한 항공전략 사상가들인 두헤(Giulio Douhet), 트렌차드(Hugh Trenchard), 미첼(William Mitchell) 역시 같은 생각을 갖고 있었다. 이들은 모두 당시로서는 새로운 군사 기술의 결정체인 항공기의 가능성을 높이 평가했다. 그리고 적의 전선을 하늘로 우회하여 적의 심장부를 직접 공격한다는 전략폭격 개념을 발전시켰다. 전략폭격의 주창자들은 20세기 전쟁을 총력전으로 규정하고 국가 간의 대규모 소모전이 필연적이라고 예상했다. 그러므로 전선에서의 대량 소모전을 회피하며 승리를 얻기 위해서는 적 지상군이 밀집되어 있는 전선을 직접 돌파하는 방법은 포기해야만 했다. 그 대신 전선 후방에 위치한 적의 중심 지역을 전략폭격으로 파괴하고 무력화시키고자 했다. 장거리 폭격기들은 손쉽게 전선을 넘어서 적의 중심에 도달하여 하늘로부터 표적들을 파괴할 수 있다고 믿어졌다. 그리고 과거 역사상 유례가 없었던 하늘로부터의 전략폭격을 통해 적 국민의 전쟁 수행 의지도 함께 소멸될 것이라고 믿어졌다. 그러므로 당시 항공전략 사상가들은 전략폭격이 많은 희생과 소모를 강요하는 지상전투를 생략하고 적을 굴복시킬 수 있는 경제적인 전쟁 수행 방법이라고 생각했다.[48] 이와 같은 생각을 바탕으로 미 육군 항공대의 군사교리를 발전시킨 전술항공학교(U.S. Air Corps Tactical School)에서는 적의 주요 경제체계를 조직적으로 폭격하는 방법을 발전시키기도 했다. 이들은 정교한 전략폭격으로 적의 경제망을 붕괴시킨다면 적 국민들의 전쟁 수행 의지 역시 저하될 것이라고 믿었다.

제2차 세계대전을 앞두고 전략폭격과 장거리 폭격기 전력 건설은 미국과 영국에서 선택되어졌다. 전쟁의 다른 참전국들과 달리 이 두 나라에서는 지상전투로 인한 대규모 인명 손실을 피하기 위해 항공력을 사용하여 전쟁에 승리하겠다는 생각이 전향적으로 수용되어졌다. 이렇듯 전투 인명 손실의 감소에 주안점을 둔 전략 폭격은 국내정치적 수용성이 높은 군사력 운용 방법이기도 했다. 전투 인명 손실에 민감한 민주주의 체제의 특성과도 잘 어울릴 수 있기 때문이었다. 민주국가에

48 Mark A. Coldfelter, "Molding Airpower Convictions : Development and Legacy of William Mitchell's Strategic Thought," in *The Path of Heaven, The Evolution of Airpower Theory* edited by Phillip S. Mellinger. (Maxwell: Air University Press, 1997), pp. 80-95.

서는 국내정치적 수용성이 높은 군사력 운용 방법을 선택할 경우 전쟁에서 유발되는 손실 비용을 감소시킬 수 있고, 따라서 손실 가해 능력도 향상시킬 수 있다. 전장에서의 전투 인명 손실을 감소시키며 전쟁을 수행한다는 의미에서 전략폭격은 민주주의 정치 체제의 특성에 적합한 군사력 운용 방법이라 할 수 있었다. 우연의 일치처럼 제2차 세계대전의 주요 참전국인 영국, 미국, 독일, 소련, 일본 중 민주주의 국가인 영국과 미국에서만 전략폭격 방안이 선택되어져 장거리 폭격기 전력이 건설되었다. 전쟁에서 인명 손실을 최소로 하며 승리를 거두겠다는 전략폭격 구상은 영국과 미국의 정치 지도자들로부터 동의를 얻기 쉬웠던 것으로 보인다.[49] 제2차 세계대전 발발 전 영국의 정치 지도자들은 전략폭격을 통해 유럽 대륙에서의 지상전을 생략하고도 승리할 수 있다는 희망을 갖고 있었다. 또한 유럽 대륙의 잠재적 적국의 전략폭격 위협을 사전에 억제해야 한다는 생각도 지니고 있었다. 1932년 11월 9일 영국 수상 볼드윈(Stanley Baldwin)은 의회 연설에서 다음과 같이 전략폭격의 능력을 강조했다. "[전략폭격이 시작되면] 거리에 있는 사람들은 폭격으로부터 보호 받을 수 있는 수단이 세상에 전혀 없다는 것을 깨닫게 될 것이다. 폭격기는 항상 [방공망을 뚫고] 침투해 올 것이며, 유일한 대안은 우리가 먼저 폭격을 하는 것이다." 이처럼 당시 영국의 정치 지도자들은 전략폭격을 위한 장거리 폭격기 전력이 자국 국민의 희생을 방지하며 전쟁에서 승리할 수 있는 중요한 군사력 건설 형태라고 생각하고 있었다. 따라서 1939년 9월 독일이 체코슬로바키아를 점령함에 따라 전쟁 위기가 고조되자, 영국은 재무장 정책을 시작하면서 장거리 폭격기 전력을 본격적으로 건설하기 시작하였다.[50] 그리고

49 William L. O'neill, *A Democracy at War: America's Fight at Home and Abroad in World War 2* (Cambridge: Harvard University Press, 1993), p. 301.

미국 내 다수의 정치 지도자들도 전략폭격을 지지했다. 1940년 5월 16일 루즈벨트(Franklin D. Roosevelt) 대통령은 의회에 중폭격기를 포함한 5만대의 항공기 생산을 공식적으로 요청하였다. 이것을 기점으로 미국에서도 장거리 폭격기 전력이 건설되기 시작하였다.[51] 당시 미국 여론 역시 전략폭격을 지지하고 있었다. 따라서 미국이 본격적으로 제2차 세계대전에 참전하기 전인 1941년 9월에 이미 미국 물자 요구 합동위원회는 6만대의 항공기 생산을 제안하기에 이른다.

반면 독일, 일본, 소련 등 비(非)민주주의 참전국들은 전략폭격을 선택하지 않았고 장거리 폭격기 전력도 건설하지 않았다. 이들 국가들은 1937년 기준으로 영국과 미국에 비해 국가예산의 국방비 활용 비율이 월등히 높았다.[52] 즉 이들은 장거리 폭격기 전력을 건설할 수 있는 국력을 지니고 있었음에도 불구하고 전략폭격을 선택하지 않은 것이다. 물론 독일, 일본, 소련에는 지리적 환경, 과거 전쟁의 경험, 과학기술 투자 방향 등 전략폭격 능력 건설이라는 선택에 영향을 미칠 수 있는 여러 요인들이 존재한다. 그럼에도 불구하고 영국과 미국이 전투 인명 손실에 민감한 민주주의라는 동일한 정치 체제를 공유하고 있었다는 것 역시 군사력 운용 방법과 군사력 건설 선택에 있어 간과할 수 없는 영향 요인으로 보인다. 다음 제3장에서는 민주주의 정치 체제의 특징이 어떻게 군사력 운용 방법 선택과 연계되는지를 살펴보기로 하겠다.

---

50 Williamson Murray, "The Collapse of Empire: British Strategy 1919-1945" in *The Making of Strategy: Rules, States, and War* edited by Williamson Murray, Alvin Bernstein, and MacGregor Knox (Cambridge: Cambridge University Press, 1994), pp. 404-405.

51 William L. O'neill, *A Democracy at War: America's Fight at Home and Abroad in World War 2* (Cambridge: Harvard University Press, 1993), pp. 302-303.

52 Paul Kennedy, 이일주 역, 『강대국의 흥망』, 한국경제신문사, 1996, p. 452.

제3장

민주국가의 군사력 운용 방법 선택

제3장
민주국가의 군사력 운용 방법 선택

1. 국가 차원의 이론적 논의

1) 민주국가 내 국가-사회 간 긴장

민주국가도 다른 전쟁 당사국들과 같이 전쟁에서 승리하기를 원하며, 승리를 얻기 위해 가장 적절한 형태의 군사력 운용 방법을 선택할 것이다. 그러나 민주국가가 비(非)민주주의 국가와의 전쟁시 상대방보다 국력이 압도적으로 우세한 때에도 전쟁에서 승리하지 못하는 사례들이 있다. 민주주의 국가의 경우 1816년부터 1990년까지 기간의 역사상 전쟁 사례에서 비대칭적으로 국력이 우월했던 상황임에도 47%의 사례에서만 승리한 것으로 확인되고 있다.[53] 그렇다면 왜 민주국가는 압도적으로 국력이 우세했음에도 전쟁에서 승리하지 못하는 경우가

53 Jonathan D. Caverley, "The Myth of Military Myopia: Democracy, Small Wars, and Vietnam" *International Security* 34:3 (2010), p. 123.

많이 발생하는 것일까?

이러한 민주국가의 전쟁 승패 현상은 민주국가 내부의 국가와 사회 간 긴장을 통해 설명될 수 있다. 민주주의 체제에서는 비민주주의 사회에 비해 시민 사회 구성원들이 국가의 요구에 합법적으로 저항할 수 있는 수단이 많다. 그러므로 전쟁으로 인해 시민 사회의 피해가 증가될 경우 사회 구성원들의 국가에 대한 요구 역시 상대적으로 많아지며 국가와 사회 간 갈등이 발생할 가능성도 커진다.[54] 전쟁은 필연적으로 인명과 자원 손실을 동반하는 국가적 선택이다. 따라서 국가가 전쟁을 선택할 경우 시민 사회 구성원들은 현재와 향후 예상되는 피해 때문에 국가의 결정에 저항할 이유를 갖게 된다. 이와 같은 사회 구성원들의 국가에 대한 저항은 국가-사회 간 긴장을 의미한다. 민주국가의 사회 구성원들은 국가 의사결정에 직접적인 영향을 미칠 수 있으므로, 민주국가에서 전쟁 피해로 인한 국가-사회 간 긴장이 고조될 경우 민주국가는 전쟁을 빨리 포기하고 싶은 유혹에 빠지게 된다. 이와 같은 특징이 민주국가가 비민주주의 국가를 상대로 전쟁을 치룰 때의 취약점이 된다. 민주국가는 전쟁으로 인한 손실이 누적될수록 비민주주의 국가에 비해 국가-사회 간 긴장이 발생하여 전쟁의 고통을 감내할 수 있는 능력이 빨리 감소한다. 이러한 이유 때문에 민주국가들이 자신보다 국력이 약한 비민주주의 국가와 장기적인 전쟁에서 패배하는 경우가 생겨날 수 있는 것이다. 따라서 민주국가의 경우 국가-사회 간 긴장 발생 여부와 그 심각성이 전쟁의 승패에 직접 영향을 미친다고 할 수 있다. 이것은 민주국가가 국가-사회 간 긴장을 방지하며 전쟁을 수행해

54 Gil Merom, *How Democracies Lose Small Wars: State, Society, and the Failures of France in Algeria, Israel in Lebanon, and the United States in Vietnam* (Cambridge: Cambridge University Press, 2003), pp. 19-20.

야만 승리 가능성이 높음을 의미한다. 그러므로 민주국가에서는 전쟁에 승리하기 위해서는 전쟁으로 인한 손실을 실제로 부담해야 할 사회 구성원들의 국가 결정에 대한 동의가 필요하다. 민주국가에 있어 전쟁 수행에 대한 국가와 사회 간 동의는 전쟁 승패에 영향을 미치는 중요한 요소인 것이다.

제1차 세계대전의 경험에 의하면 많은 민주주의 참전국들 내부에 국가-사회 간 긴장이 발생하였다. 대부분의 민주주의 참전국들의 경우 전면적 징병제 도입이 국가-사회 긴장의 직접적 원인이었다. 당시 모든 참전국들은 전쟁 전에 보유했던 상비군 전력이 총력전으로 인해 심각하게 고갈되어가고 있었다. 따라서 대규모 전투 인명 손실을 충원하고 전쟁을 지속하기 위해서는 전면적 징병제 도입이 필요했다. 그러나 징병제의 확대는 사회 구성원들의 인명 손실 가능성을 증가시키는 심각한 사회적 부담이었다. 그 결과 다수의 민주주의 참전국들은 전면적 징병제 도입을 반대하는 강력한 국내 반전 운동에 직면하였다. 영국에서는 평화주의자와 노동자 중심의 반전운동이 확대되어갔고, 프랑스에서는 군의 항명 사태까지 발생했으며, 캐나다에서는 프랑스계와 가톨릭계 주민들의 심각한 징병제 반대운동이 일어났고, 호주에서는 국민투표를 통해 전면 징병제 도입이 유보되어졌다.[55] 민주국가에서는 전쟁을 수행하는 노력이 국가와 사회 간 갈등의 원인이 될 수 있다. 시민 사회에 대한 국가의 희생 요구가 커질수록 반전운동 등 시민 사회의 국가에 대한 저항 역시 강해질 수 있기 때문이다. 제1차 세계대전 당시 전쟁이 지속되면서 민주국가들의 대규모 병력 보충이 필요해질

---

55 Margaret Levy, *Consent, Dissent, and Patriotism* (Cambridge: Cambridge University Press, 1997) ; Everett C. Dolman, *The Warrior State: How Military Organization Structures Politics* (New York: Palgrave, 2004), p. 31.

수록 국가와 시민사회와의 갈등은 더 심각해져 갔다. 전쟁에서 국가의 요구가 더 많아질수록 시민사회 구성원들과의 갈등은 더 커졌던 것이다. 이와 같은 국가-사회 간 갈등의 심화는 전쟁 수행 능력을 저하시키는 국내정치적 손실 비용이 된다. 그리고 궁극적으로는 국가의 손실 가해 능력을 저하시키게 된다. 그 결과는 전쟁에서 승리할 가능성이 낮아지는 것이다. 이러한 과정에 의해 민주국가들이 국력이 우세하면서도 비민주주의 국가와의 전쟁에서 패배할 수밖에 없었던 경험적 사례들에 대한 설명이 가능해진다. 전쟁에서 민주국가들은 국력의 우세라는 장점을 활용해 상대방을 압도하기 이전에 스스로의 국가-사회 간 긴장이 심각해지면 일방적으로 전쟁을 먼저 포기할 수밖에 없다. 일단 전쟁에서 국가-사회 간 긴장이 심각한 수준으로 발생하게 되면 국가의 손실 가해 능력이 저하되기 때문에 해당 국가는 전쟁을 더 이상 수행할 수 없게 되는 것이다. 그러나 반대로 민주국가의 경우 국가-사회 간 긴장을 적절히 관리할 수 있다면 전쟁에서의 손실 가해 능력 역시 높은 수준으로 유지할 수 있게 된다. 즉 민주국가에게는 전쟁에서 승리하기 위해서 전장 전투 성과 향상보다 국내 정치적 수용 가능성을 더 증가시켜 국가-사회 간 긴장을 예방하는 것이 더 중요할 수 있다. 따라서 민주국가들은 국가-사회 간 긴장 가능성을 감소시키기 위해 국내정치적으로 수용 가능한 군사력 운용 방법을 선택할 필요가 있다.

2) 민주국가에서 국내정치적으로 수용 가능한 군사력 운용 방법

민주국가에서 어떤 형태의 군사력 운용 방법이 국내정치적으로 수용 가능한지를 알아보기 위해서는 국가-사회 간 긴장 발생의 원인에 대해 생각해 볼 필요가 있다. 전쟁에서 민주국가의 국가-사회 간 긴장 발생 가능성이 비민주주의 국가에 비해 더 큰 이유는 민주주의 체제의 손실 민감성 때문이다. 국제정치학에서는 민주주의 체제가 전쟁 기간 증가와 인명 손실 증가에 대해 상대적으로 더 민감하다는 경험적 연구 결과들이 있다. 정치체제의 차이를 막론하고 전쟁에 임하는 모든 국가의 사회구성원들은 동료들을 전쟁터에 내보내야 하며 상대방 국가의 군사적 공격으로 인한 직접적인 고통을 감수해야만 한다. 이와 같은 고통들은 전쟁에서 모든 종류 국가의 국민들이 만나는 것이기도 하다. 그러나 비민주주의 국가 국민들은 자신들의 고통과 불만을 국가 지도자의 정치적 운명과 정책을 결정하는 과정에 영향력 있게 전달할 수 있는 제도적 장치를 갖고 있지 못하다. 반면에 민주국가에는 정치 지도자에게 국민들의 고통과 불만이 정치적 영향력으로 전달되도록 고안된 정치 제도들이 존재한다. 더구나 민주국가는 집권 정부의 정치적 생명이 연장될 것인지 아니면 중단될 것인지를 선거에 의해 결정하는 제도를 갖고 있다. 이와 같은 제도 속에서는 전쟁에 돌입하여 전쟁 기간과 인명 손실이 증가하게 될 수록 집권 정부에 대한 여론의 지지가 약화되고 경쟁 정파는 이것을 기회로 정치적 세력을 확장하게 된다. 그래서 전쟁이 장기화 되거나 전투 인명 손실이 급증하게 되면, 민주국가의 집권 정부가 다음 선거에서 패배하고 정치적 생명 연장에 실패할 가능성도 커진다. 이러한 이유로 인해 민주국가는 비민주주의 국가에 비해 상대적으로 전쟁 기간과 인명 손실 증가에 더 민감해진다. 그리고 민주국가의 전쟁기간과 인명 손실에 대한 민감성은 전쟁에서 군사력 운용 방법을 선택하는 과정에도 개입하게 된다. 민주국가들은 비민주국가에 비해 상대적으로 단기간의 전쟁과 인명 손실을 최대한 방지할 수 있도록 군사력을 운용하려는 동기를 갖기 때문이다.[56] 즉 전쟁 기간

56 Adam Lockyer, "How Democracies Exit Small Wars: The Role of Opposition Parties in

과 전투 인명 손실을 감소시키는 방안이 민주국가에게 국내정치적으로 보다 수용 가능한 군사력 운용 방법이 되는 것이다.

이와 같은 동기로 인해 민주국가의 정치 지도자들은 전쟁 소요 시간과 전투 인명 손실을 감소시키기 위해 다음과 같은 두 가지의 성향을 갖게 된다. 첫째, 전쟁 기간에 대한 민감성으로 인해 민주주의 국가들은 단기간의 전쟁만으로 정치적 목표를 달성할 수 있는 방법을 선호하는 성향을 갖는다. 전쟁 기간이 장기화될수록 전쟁 자금 소모와 인명 피해도 함께 증가하고, 그 때문에 민주주의 국가 지도자가 다음 선거에서 패배할 가능성도 커진다. 이와 같은 이유로 인해 민주주의 국가는 비민주주의 국가보다 단기간의 전쟁을 선호하게 된다.[57] 민주국가는 더 이상의 전쟁 손실을 감내할 수 없는 한계에 비민주주의 국가보다 더 빨리 도달하게 되므로 단기간의 전쟁이 더 유리한 것이다.[58] 이러한 성향으로 인해 민주국가의 전쟁기간은 전쟁의 결과에도 영향을 미친다. 경험적으로 민주국가들은 단기간의 전쟁에서 승리하는 경우가 많고, 전쟁이 장기화될수록 민주국가의 전쟁 승리 확률이 감소하는 경향이 있다.[59] 실제로 베트남 전쟁 당시 미국은 북베트남보다 압도적으로 우월한 군사력을 지니고 있었음에도 불구하고 전쟁이 장기화되면서 베트남에서의 전쟁 목표를 포기하고 패배를 수용하였던 바가 있다.

War Termination" *Australian Journal of International Affairs* 66:3 (2012), p. 385.

57 Darren Filson and Suzanne Werner, "Sensitivity to Costs of Fighting versus Sensitivity to Losing the Conflict: Implications for War Onset, Duration, and Outcomes" *Journal of Conflict Resolution* 51:5 (2007), p. 710.

58 Dan Reiter and Allan C. Stam, *Democracies at War* (Princeton: Princeton University, 2002), p. 167.

59 D. Scott Bennett and Allan C. Stam, "The Declining Advantages of Democracy: A Combined Model of War Outcomes and Duration" *Journal of Conflict Resolution* 42:3 (1998), pp. 344-366.

이와 같은 베트남 전쟁 경험은 1991년 걸프전쟁을 앞둔 미국에게 중요한 교훈으로 받아들여졌다. 따라서 이라크를 상대로 한 미국의 군사작전 계획에서 우선적으로 검토된 조건 중의 하나는 단기간의 전쟁 수행이었다. 당시 미군 합참의장 파월 대장은 이라크를 장기적으로 무력화시켜나가는 전략보다는 신속하고 압도적인 승리를 가져올 수 있는 전략이 더 중요하다고 발언한 바 있었다.[60]

둘째, 전쟁의 인명 손실에 대한 민감성으로 인해 민주국가는 전투 인명 손실을 감소시키며 전쟁을 수행하는 방법을 선호하는 성향이 있다. 민주국가는 전투 인명 손실에 대한 민감성 때문에 전쟁에서의 인력 소요를 자본과 기술 소요로 대체하려는 동기를 갖는다. 민주주의 체제에서는 사회의 다수 집단이 여론의 압력과 선거를 통해 집권 정부에 대해 영향력을 행사할 수 있다. 따라서 민주국가에서 집권 정부의 정책 결정은 사회 다수 집단의 선호를 반영하는 경우가 많다. 일반적으로 민주국가의 사회 다수 집단들은 동료 사회 구성원들의 생명을 요구하는 전쟁보다는 세금 등의 자본 부담을 더 요구하는 전쟁을 보다 선호한다.[61] 민주주의 사회에서는 자본의 손실과 인명의 손실이 상호 완벽한 대칭적 보완 관계가 아니기 때문에 민주주의 유권자들은 국가로부터의 자본 차출(세금 등)을 인명 차출(징병 등)보다는 더 쉽게 견뎌내는 것으로 알려져 있다.[62] 즉 민주국가 사회 구성원들은 군사력을 건설하거나 운용할 때 필요한 인력 소요를 자본과 기술로 대체하기를 바라는

---

60 Dan Reiter and Allan C. Stam, *Democracies at War* (Princeton: Princeton University, 2002), p. 176.

61 Jonathan D. Caverley, "The Myth of Military Myopia: Democracy, Small Wars, and Vietnam" *International Security* 34:3 (2010), pp. 127-129.

62 Jonathan D. Caverley, "The Myth of Military Myopia: Democracy, Small Wars, and Vietnam" *International Security* 34:3 (2010), pp. 128-129.

것이다. 따라서 민주국가는 병사들을 적의 총구 앞에 노출시키기 전에 대규모 화력을 동원하여 적을 제압하고, 전차와 항공기 등 병사들을 보호해줄 수 있는 군사기술을 우선적으로 활용하기를 선호한다. 대표적인 민주국가인 미국의 경우 자국의 역사상 모든 전쟁을 화력과 군사기술에 의존하여 수행하였다는 평가를 받고 있다. 이러한 미국의 전쟁수행 성향은 군부의 의사결정이기보다 민간 정치 지도부의 선택 때문이라고 볼 수 있다. 미국은 베트남 전쟁에서도 화력과 군사기술 중심으로 군사력을 운용했었는데, 당시의 군사력 운용 방법은 군부가 아니라 존슨(Lyndon Johnson) 행정부의 민간 정치 지도자들에 의해 결정되어졌다.[63] 존슨 행정부의 고위급 민간인 의사결정자들은 베트남 전쟁에서 패배할 경우 집권 정부에 대한 미국 국민의 정치적 지지 역시 상실하게 될 것이라고 생각했다. 그래서 다음 선거의 승리를 보장 받기 위해서라도 베트남 전쟁에서 승리하고자 했다. 그러나 이와 동시에 미국 사회의 다수 집단들이 자신들의 동료를 계속 전쟁터에서 희생시켜야 한다면 전쟁 결과에 관계없이 행정부에 대한 정치적 지지를 철회할 수도 있다고 생각했다. 그 결과 전쟁에서 인명 희생으로 인한 정치적 비용이 대규모 화력과 최신 군사기술을 사용하는데 필요한 비용보다 더 값이 비싸다고 생각하게 되었다. 따라서 존슨 행정부도 미국의 과거 전쟁 경험처럼 베트남 전쟁 기간 동안 무차별적인 대량 화력을 사용하는 방식의 군사력 운용 방법을 선호하게 되었다.

이처럼 민주국가에게는 시간과 인명 손실이라는 두 가지 차원의 비용을 기준으로 삼아 군사력 운용 방법을 선택하는 성향이 있다. 이때

63 Jonathan D. Caverley, "The Myth of Military Myopia: Democracy, Small Wars, and Vietnam" *International Security* 34:3 (2010), pp. 155-156.

전쟁 기간이 장기화되면 인명 손실 역시 증가한다는 상관관계를 활용하여 시간과 인명 손실 중 어느 쪽이 민주국가에게 더 심각한 비용인지 비교해 볼 수 있다. 이와 같은 비교를 위해서는 전쟁이 장기화되더라도 인명 손실이 많지 않은 경우는 민주국가에게 어떤 영향을 미치는가를 살펴볼 필요가 있다. 이때 인명 손실이 증가되지 않는다면 전쟁의 장기화로 인한 전쟁 기간 증가라는 비용을 민주국가가 감내할 수 있을 것이라고 예상해 볼 수 있다. 장기화된 전쟁에서 인명 손실을 최소화하며 계속 전쟁을 수행하기 위해서는 인력 소요를 최대한 자본과 화력으로 대체해야 한다. 20세기 이후의 전쟁에서는 항공력에 의존한 군사력 운용 방법을 선택할 경우 이와 같은 대체가 가능해진다. 20세기 후반부터 군사 기술의 발전에 따라 항공력의 전투 생존성은 더 높아지고 동시에 항공력에 의한 화력 투사 범위도 확대되어졌다. 1991년 걸프전쟁 당시 미국 주도 다국적군은 지상 작전이 시작되기 전까지 1월 17일부터 2월 24일까지 항공작전을 수행한 바 있다. 이 기간 동안은 전적으로 항공력에만 의존하여 전쟁을 수행했으며, 이때 총 10만 번의 비행 소티(sortie)를 운용하였는데도 단지 44번의 전투 손실만이 있었다. 항공작전에 뒤이어 시작된 지상 작전까지 포함한 모든 형태의 전투행위가 종료될 때까지 전투 인명 손실은 불과 190명이었다. 이처럼 항공력에 의존하는 전쟁에서는 전투 인명 손실이 크게 감소될 수 있다. 이러한 현상으로부터 항공력에 의존하는 형태의 전쟁에서는 인명 손실 급증을 방지할 수 있으므로 전쟁 기간에 대한 민주국가의 민감성이 완화될 수 있다는 추론이 가능하다. 이러한 추론을 통계적으로 검정하기 위해서는 민주국가의 전쟁 사례들을 항공력에 의존하고 있는지 여부에 따라 두 개의 사례 집단으로 분류하여, 각각의 집단 간 전쟁 기간의 차이가 발생하는지를 살펴볼 필요가 있다. 이때 항공력에 의존했던 민주국가들의 전쟁 사례 집단에서의 전쟁 기간이 통계적으로 유의미한 수준으로 더 장기간이라는 결과를 얻을 수 있는지가 주요 관심 대상이 된다. 만약 그와 같은 결론을 얻는다면, 민주국가들이 인명 손실만 크지 않다면 장기적인 전쟁 기간을 견딜 수 있다는 의미가 된다. 즉 민주국가에게 인명 손실이 전쟁 기간보다 더 심각한 비용이라는 것이 입증될 수 있는 것이다.

경험적으로 1917년부터 1991년까지의 역사적 사례에서 항공력에 의존한 국가의 분쟁 기간이 항공력 이외 수단에 의존한 국가의 분쟁 기간보다 통계적으로 보다 장기간이었다는 연구가 있다.[64] 이때 사용했던 통계방법과 동일한 방식으로 항공력에 의존한 민주국가의 분쟁 기간과 그렇지 않은 민주국가의 분쟁 기간이 통계적으로 유의미한 수준으로 차이가 있는지를 검정해 볼 수 있었다. 이 검정을 위해 1917년부터 1991년까지 기간 동안 민주국가들만으로 모집단을 다시 구성하였다. 그리고 분쟁 기간의 증감에 영향을 미칠 수 있는 국내외적 요인들을 통계적으로 통제하였다. 분쟁 당사국간의 상대적 국력 차이, 제3국의 중재 또는 개입, 동맹국의 역할 등의 요인들은 항공력 사용 여부와 관계없이 분쟁 기간을 증감시킬 수 있는 요인이었다. 이와 같은 주요 요인들을 통제 변수로 처리하여 콕스(Cox) 통계 모델에 포함시켜 분쟁 기간이 증가될 확률을 검정하였다. 통계 분석 결과는 항공력에 의존한 민주국가들의 분쟁 기간이 항공력에 의존하지 않은 민주국가들의 분쟁기간에 비해 통계적으로 유의미한 수준으로 장기간이었던 것으로 나타났다. 다음 [그림 3-1]은 통계 분석에서 사용된 콕스 통계

64 Kwang-Jin Kim, *The Stages of the Development and the Termination of Wars between States: A Strategy for Conflict Management* (Lewiston: Edwin Mellen, 2008), p. 171.

모델의 생존 함수 검정 방식의 그래프이다. 이 그림은 항공력에 의존한 민주국가들과 그렇지 않은 민주국가들의 분쟁기간(콕스 모델에서는 생존기간을 의미)이 통계적으로 유의미한 차이가 있음을 그래프 형식으로 보여주고 있다.

[그림 3-1] 항공력에 의존한 민주국가와 다른 수단에 의존한 민주국가간 분쟁기간의 비교

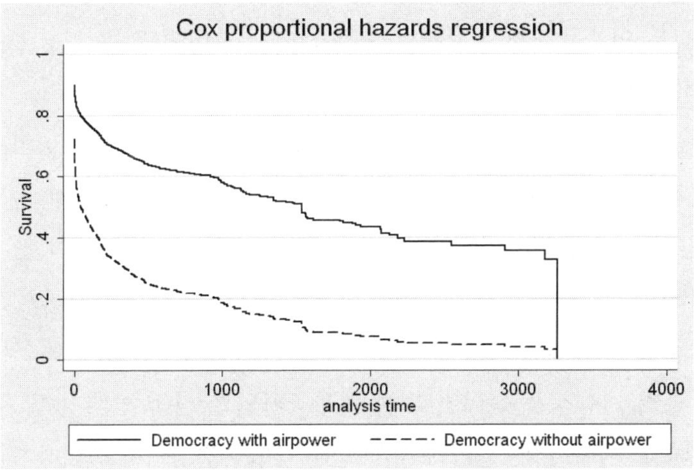

위의 [그림 3-1]에서 세로축은 누적 생존 확률, 즉 분쟁 기간이 장기화될 수 있는 확률을 의미하고 가로 축은 관찰 기간을 의미한다. 그래프에서의 위쪽 실선은 항공력에 의존한 민주국가들의 분쟁 기간이 장기화될 확률을 나타내고 있다. 그리고 아래쪽의 점선은 항공력에 의존하지 않는 민주국가들의 분쟁 기간이 증가되어질 확률이다. 그래프에서 실선이 점선보다 위쪽에 위치하고 있음은 항공력에 의존한 민주국가들의 분쟁이 더 장기화될 확률이 높다는 것을 의미한다. 그리고 통계분석 결과는 이와 같은 차이가 통계적으로 유의미하다는 것을 알려주

었다. 이와 같은 검정 결과는 항공력에 의존한 민주국가들은 전쟁에서의 인명 손실 비용이 적기 때문에 전쟁 기간 장기화라는 비용 증가를 보다 잘 감당할 수 있다는 것을 보여준다. 즉 민주국가는 전쟁기간과 인명 손실에 모두 민감하지만, 인명 손실 비용을 감소시킬 수 있다면 또 다른 비용 형태인 전쟁 기간의 증가는 감내할 수 있다는 뜻이기도 하다. 민주국가에게는 전쟁 기간 증가라는 비용보다 인명손실 증가가 더 심각한 비용이라는 것이다.

이것은 민주국가가 전쟁에서 자본을 더 투자하여 전투 인명 손실을 대체하는 것이 국내정치적으로 수용 가능성이 높은 선택이기도 하다는 것을 보여주고 있다. 이렇듯 민주국가가 군사력 운용시 인명의 손실을 자본의 소모로 대체한다면 국내정치적 수용성이 높아져서 국가-사회 간 긴장 방지에도 도움이 될 것이다. 민주국가가 국가-사회 간 긴장을 방지할 수 있다면 전쟁 승리 가능성 역시 높아진다. 따라서 전투 인명 손실을 회피하려는 민주국가의 군사력 운용 방법 선택 성향은 전쟁 승리 가능성을 높이기 위한 민주국가의 합리적 선택이 될 수 있다. 그리고 이와 같은 논리에 따라 민주국가는 전쟁에서 승리하기 위하여 인명 손실을 최소화하는 위험 회피 방식의 군사력 운용 방법을 선호할 것이라고 추론할 수 있게 된다.

3) 민주국가의 군사력 운용 방법 선택 성향

(1) 군사력 운용 유형 구분

민주국가가 국내정치적으로 수용 가능한 군사력 운용 방법을 선택하는 성향을 살펴보기 위해서는 우선 군사력 운용 유형을 구분해 볼 필요가 있다. 이때 군사력 운용은 국가 안보에 기여할 수 있는 목적 달성을 위한 군사력 사용 계획이라고 정의된다.[65] 군사력 운용 유형을 군사작전이 지향하는 목표에 따라 구분하면 '기동(maneuver)', '소모(attrition)', '처벌(punishment)'로 분류될 수 있다.[66] '기동'은 군대의 신속한 이동 속도에 중점을 둔 군사력 운용 유형이다. 그리고 군사적으로 지향하는 목표는 전장에서의 신속한 돌파와 전과확대를 통해 적이 전열을 가다듬기 전에 마비시키고 무력화시키는 것이다. '소모'는 군대의 대량 화력 사용에 중점을 둔 군사력 운용 유형이다. 이때의 군사적 지향점은 대량 화력을 동원하는 전투를 통해 적의 군사력을 체계적으로 파괴해나가는 것이다. 이처럼 '기동'과 '소모'는 적의 전쟁 수행 능력 파괴에 주안을 두고 있다고 할 수 있다. 반면 '처벌'은 적의 전쟁 수행 능력보다는 전쟁 수행 의지를 파괴하는데 중점을 둔다. 그래서 군사적 지향 목표도 군사력 자체보다는 정치 지도부 또는 국민의 사기 등 적의 전쟁 수행 의지를 저하시킬 수 있는 대상들의 파괴이다.

군사력 운용 유형의 실례로 '기동'의 경우는 제2차 세계대전 당시 독일군 전격전의 주창자 중의 한명인 구우데리안(Heinz Guderian) 장군이 남긴 '오직 기동만이 승리를 가져올 수 있다'라는 표현 속에서 그 원칙을 발견할 수 있다.[67] 제2차 세계대전 당시 독일군은 고속 기동부

65 B. H. Liddel-Hart, *Strategy* (New York: Praeger, 1967), pp. 333-346 ; Barry R. Posen, *The Sources of Military Doctrine: France, Britain, and Germany between the World Wars* (Ithaca : Cornell University Press, 1984), pp. 13-14.

66 Geoffrey P. R. Wallace, "Alliances, Institutional Design, and the Determinants of Military Strategy" *Conflict Management and Peace Science* 25:3 (2008), pp. 225-226 ; Avi Kober, "From Blitzkrieg to Attrition: Israel's Attrition Strategy and Staying Power" *Small Wars and Insurgencies* 16:2 (2007), pp. 217-218 ; Dan Reiter and Curtis Meek, "Determinants of Military Strategies 1903-1994, A Quantitative Empirical Test" *International Studies Quarterly* 43:2 (1999), pp. 363-387 ; Allan C. Stam III, *Win, Lose, or Draw : Domestic Politics and the Crucible of War* (Ann Arbor : University of Michigan Press, 1996), pp. 51-53 ; John Mearsheimer, *Conventional Deterrence* (Ithaca: Cornell University Press, 1983), pp. 33-42.

대로 적의 측면을 역습하거나 적의 후방 제대를 와해시키기 위하여 깊숙한 종심에 군사력을 투사하는 방식을 즐겨 사용했다. 이와 같은 형식은 대표적인 '기동' 유형이라 할 수 있다. 그리고 '소모' 유형의 대표적 실례로는 제1차 세계대전 중반 서유럽에서의 대규모 인력을 동원한 공격 사례를 들 수 있다. 이때 '소모'의 목표는 영토를 확대하고 적에게 대규모 인명 피해를 입힘으로 달성할 수 있게 된다. 또한 '처벌'의 사례로는 제2차 세계대전 당시 독일과 일본에 대한 연합군의 전략 폭격의 예가 있다. 당시 연합군은 대규모 공중폭격으로 대규모 인명 피해와 함께 산업시설을 파괴하여 독일과 일본의 전쟁 수행 포기를 강요하려고 했었다.

그리고 군사력 운용 유형은 군사작전의 지향 목표 뿐 아니라 힘의 행사 방식으로도 구분된다. 전쟁 목표를 군사적으로 달성하려는 힘의 행사 방식은 '참수(decapitation)', '거부(denial)', '처벌(punishment)', '점진적 위협 강제(gradual risk)'의 네 가지로 구분한다.[68] 이때 '참수'는 적 군사력의 지휘통제 핵심을 먼저 제거하는 방식이다. 즉 최전선에서 만나게 되는 상대방 군사력부터 순차적으로 공격하는 대신, 전선을 뛰어넘어 적 지도부 또는 지휘통제 시스템을 먼저 파괴하는 것이다. 이렇게 지휘부가 제거될 경우 적은 전쟁 수행 자체가 불가능해지거나 적어도 효과적인 전쟁 수행이 곤란해지게 된다. 이와 같은 '참수' 방식은 앞서 논의했던 '기동'에서의 군사적 지향점과 유사하다. 한편 '거부' 방식은 적의 군사적 목표 달성을 좌절시키려는 노력에 초점을 맞춘다.

---

67 Dan Reiter and Curtis Meek, "Determinants of Military Strategies 1903-1994, A Quantitative Empirical Test" *International Studies Quarterly* 43:2 (1999), pp. 365-366.

68 Robert A. Pape, *Bombing to Win: Airpower and Coercion in War* (Ithaca: Cornell University Press, 1996), pp. 18-19.

'거부' 방식의 작전들이 성공하면 적은 원래의 정치와 군사적 목표를 달성할 수 없음을 인식하게 되어 전쟁을 계속 수행하려는 야심을 포기하게 될 수 있다. '거부' 방식은 앞서의 '소모'와 유사한 군사적 목표를 지니고 있고 '참수' 방식과 함께 기본적으로는 적의 전쟁 수행 능력을 파괴하는 노력이다. 그리고 '처벌' 방식은 적의 군사력보다 국민들에게 피해를 부과시키는 것을 주요 목적으로 삼는다. 군사력을 통해 적 국민에 대한 직간접적 피해를 증가시킨다면 적 국민들의 전쟁 수행 의지가 감소되고 그 결과 적의 전쟁 수행 능력 역시 쇠퇴하게 될 것이라는 것이 '처벌' 방식에서의 기본 가정이다. 그리고 '점진적 위협 강제' 방식은 적 국민의 손실을 증가시켜 전쟁 수행 의지를 감소시킨다는 점에서는 '처벌' 방식과 동일하다. 그러나 적의 저항과 대응 수준에 따라 손실을 부과하는 수준과 범위를 조절하며 단계적으로 확대시켜 나간다는 점에서 '처벌' 방식과는 차이가 있다.

한편 군사력 운용을 공격과 방어 기준으로 분류하면 '공세(offense)', '방어(defense)', '억제(deterrence)'로 구분할 수 있다.[69] 여기서 '공세'는 적의 군사력을 완전히 무력화하기 위해 공격적으로 군사력을 운용하는 유형이다. 그리고 '방어'는 적의 군사적 목표 달성을 거부하기 위한 군사력 운용이다. 그러므로 '공세'와 '방어'는 모두 전쟁 수행 능력 파괴를 위한 군사력 운용이다. 이에 비해 '억제'는 전쟁 수행 의지 파괴를 지향한다는 점에서 앞서 두 가지 군사력 운용 유형과는 차이가 있다. '억제'는 적의 군사력을 무력화시킬 정도는 아니지만 상당히 심각한 손실을 가하여 적의 전쟁 수행 의지를 저하시키는 것을 군사력 운용

69 Barry R. Posen, *The Sources of Military Doctrine: France, Britain, and Germany between the World Wars* (Ithaca : Cornell University Press, 1984), pp. 13-14.

목표로 하고 있다.

지금까지 살펴 본 군사력 운용 유형들은 공통적으로 '전쟁 수행 능력 파괴'와 '전쟁 수행 의지 파괴'라는 두 가지 목표의 차이점에 따라 재분류될 수 있다. 이와 같은 재분류에서 지금까지 살펴보았던 모든 군사력 운용 유형들에서 전쟁 수행 능력 파괴는 공통적으로 두 가지 형태로 구분되어왔다는 것을 고려할 필요가 있다. 즉 기존의 유형 분류법들은 전쟁 수행 능력 파괴를 지향하는 유형으로 '소모'-'기동' 구분, '공세'-'방어' 구분, '거부'-'참수' 구분 등으로 두 가지 형태들을 제시해왔던 것이다. 이와 같은 특징을 모두 고려하면 지금까지 살펴 본 모든 군사력 운용 방법들은 다음 [그림 3-2]의 오른쪽 편 재분류 결과와 같이 '거부 및 압도'형, '마비'형, '처벌'형이라는 세 가지 유형으로 분류 될 수 있다.

[그림 3-2] 군사력 운용 유형의 재분류 결과

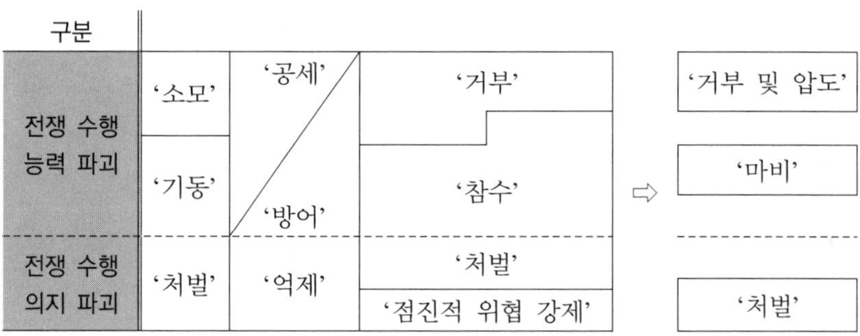

위의 [그림 3-2]에서 '거부 및 압도'형은 '소모'와 '거부'의 특징들을 담고 있는 군사력 운용 유형이다. 여기서는 군사력과 화력의 집중으로 적의 군사적 중심을 타격함으로써 전쟁 수행 능력을 파괴하는 방식이 강조된다. 그리고 '마비'형은 '기동'과 '참수'의 연장선상에 있다. 즉

전선에서 마주치는 적의 최전방 군사력은 우회하고 대신 후방의 적 지휘부를 마비시켜 전쟁 수행 능력을 저하시키는 운용 유형인 것이다. 마지막으로 '처벌'형은 전쟁 수행 의지 파괴를 위한 군사력 운용 유형들을 모두 포괄하고 있다.

(2) 민주국가의 선호

앞서 재분류된 군사력 운용 유형들 중 한 가지를 전쟁에서 선택하고자 할 때, 민주국가에 있어서는 전쟁 기간과 인명 손실에 대한 민감성이라는 문제가 개입하게 된다. 민주국가의 전쟁 수행 능력은 국민의 정치적 지지에 상당히 의존하고 있기 때문에 전쟁 기간의 증가로 인한 국민적 지지 감소는 전쟁 수행 능력 약화를 초래하게 된다. 이와 같은 특성으로 인해 전쟁기간이 장기화될수록 민주국가가 전쟁에서 실패할 확률 역시 높아진다.[70] 그러므로 민주국가는 전쟁에서 승리하기 위해서는 전쟁기간을 감소시키기 위해 노력해야 하는 것이다. 또한 전쟁에서의 전투 인명 손실 증가도 국민의 부담으로 직결되므로 민주국가에서의 전쟁에 대한 국민의 정치적 지지를 저하시키게 된다. 즉 전투 인명 손실의 증가 역시 민주국가가 전쟁에서 패배할 확률을 증가시키는 것이다. 따라서 민주국가는 전투 인명손실을 최소화할 수 있는 군사력 운용 방법을 선택해야 전쟁 승리 확률을 높일 수 있다.

그러므로 민주국가는 전쟁에서 시간과 인명 손실이라는 두 가지 형태의 비용을 기준으로 가장 유익한 군사력 운용 방법을 선택해야 한다. 우선 시간 비용 측면에서는 적의 전쟁 수행 능력 파괴 방법이 전쟁

70 Scott D. Bennett and Alan C. Stam, "The Declining Advantages of Democracies: A Combined Model of War Outcome and Duration" *Journal of Conflict Resolution* 42:3 (1998), p. 363.

수행 의지 파괴 방법보다 더 유익하다. 전쟁 수행 의지를 파괴하기 위해서는 상대방 국민들이 지칠 때까지 지속적으로 군사적 압박을 해야 하는 만큼 많은 시간이 소모된다. 경험적으로 전쟁 수행 의지에 해당되는 국민의 사기 붕괴를 목표로 하는 '처벌'형이 가장 많은 시간이 소요되는 군사력 운용 방법이라고 알려져 있다.[71] 그리고 전쟁 수행 능력 파괴 방법 중에서 '마비'형은 적 군사력을 직접 공격하는 대신 지휘 거점만 공격하여 무력화시키기 때문에 적 군사력과 직접 충돌해 순차적으로 격파해나가는 '거부 및 압도'형보다는 시간이 덜 소요된다. 그러므로 다음 [그림 3-3]과 같이 시간 손실 비용 측면에서 민주국가에서는 '마비'형, '거부 및 압도'형, '처벌'형 순으로 시간 손실 비용이 증가하게 된다.

[그림 3-3] 민주국가의 군사력 운용 방법 선택에 따른 시간 손실 비용 증가 경향

<시간 손실 비용>

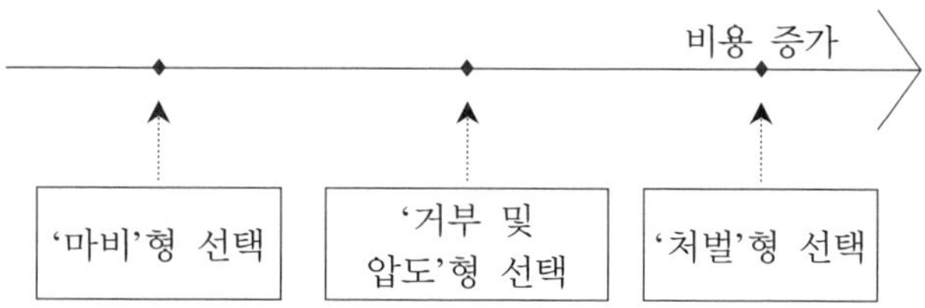

한편 인명 손실 비용 차원에서는 기술과 자본으로 인력 소요를 대체할 수 있는 군사력 운용 방법을 선택한다면 인력 소요를 감소시킬 수 있다. 이 경우 '처벌'형처럼 적의 군사력 대신 전쟁 수행 의지 파괴를 위해 후방의 국민 또는 국가기반시설을 공격하는 군사력 운용 방법이

71 Allan C. Stam III, *Win, Lose, or Draw : Domestic Politics and the Crucible of War* (Ann Arbor : University of Michigan Press, 1996), p. 53.

전투 인명 손실 증가 가능성이 가장 적다. 항공력에 의한 군사강압 방식이 대표적인 '처벌'형 군사력 운용 방법이라 할 수 있다. 국가가 전쟁에서 활용 가능한 수준의 항공력을 건설하고 유지하기 위해서는 많은 자본과 기술투자가 필요하다. 그러나 이렇게 건설된 항공력 중심으로 전쟁을 치룰 경우 대규모 지상전으로 인한 전투 인명 손실을 감소시킬 수 있고, 적의 항공력으로부터 당할 수 있는 부수적 인명 피해 역시 줄일 수 있다. 그러므로 인명 손실 차원에서는 전쟁 수행 의지를 파괴하는 '처벌'형이 가장 비용이 적은 군사력 운용 방법이 된다. 이에 비해 전쟁 수행 능력 파괴를 위한 군사력 운용 방법은 본질적으로 지속적인 인명 손실이 요구된다. 그럼에도 불구하고 전쟁 수행 능력 파괴라는 동일한 지향 목표를 지닌 '마비'형과 '거부 및 압도'형 사이에도 차이점이 존재한다. '마비'형에서는 고도의 기동성과 적 후방 지휘부에 대한 선별적 공격 능력이 요구되기 때문에 군의 기계화 등 자본과 기술로 인력 소요를 대체하는 측면이 비교적 강하다. 반면 '거부 및 압도'형은 직접 적의 군사적 중심을 격파하는 결정적 전투가 요구되기 때문에 '마비'형에 비해서는 상대적으로 인력 소요가 많이 요구된다. 그러므로 다음 [그림 3-4]에서 나타난 바와 같이 인명 손실 비용 차원에서 민주국가에게는 '처벌'형, '마비'형, '거부 및 압도'형 순으로 손실 비용이 증가하게 된다.

[그림 3-4] 민주국가의 군사력 운용 방법에 따른 인명 손실 비용 증가 경향

<인명 손실 비용>

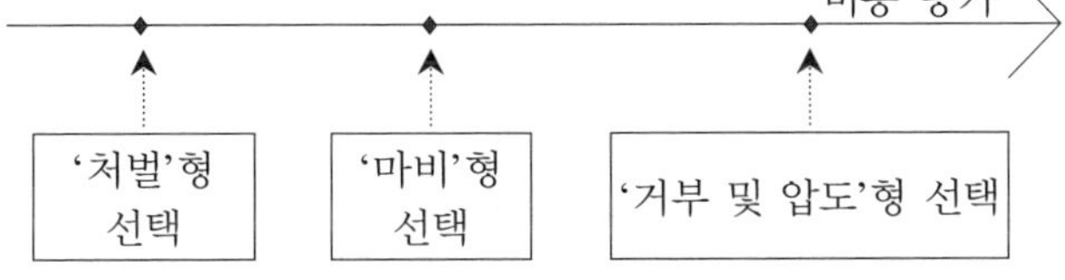

그런데 앞서 [그림 3-1]의 항공력에 의존한 민주국가와 다른 수단에 의존한 민주국가간 분쟁기간 비교에서 살펴 본 바와 같이 민주국가에서는 전쟁의 시간 손실 비용보다는 인명 손실 비용이 더 심각하게 받아들여진다. 이와 같은 현상을 바탕으로 인명 손실과 전쟁 기간이라는 두 가지 차원의 비용을 동일한 가중치라는 전제 하에 하나의 평면에서 통합하는 것이 가능해진다. 다음 [그림 3-5]는 전쟁의 시간과 인명 손실 비용의 두 개의 축으로 만들어진 평면에 민주국가가 선택 가능한 군사력 운용 유형을 배열한 것이다.

[그림 3-5] 시간과 인명 손실 비용 차원에서 민주국가의 군사력 운용 유형

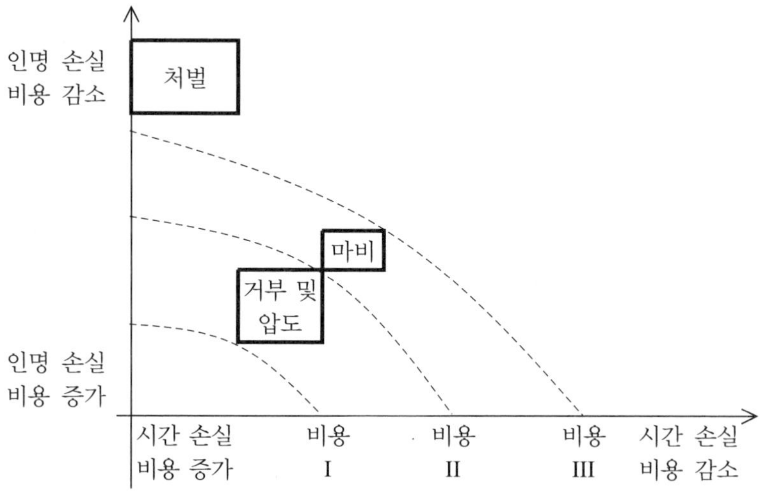

위의 [그림 3-5]에서 가로축은 전쟁 기간이 연장됨에 따라 인해 생겨나는 시간 손실 비용 차원이고, 세로축은 전쟁에서 인명 손실 변화를 의미하는 인명 손실 비용의 차원이다. 시간 손실 비용 차원에서는 가로축을 따라 오른쪽부터 '마비', '거부 및 압도', 그리고 '처벌' 전략 순으로 손실 비용이 증가하는 것을 보여주도록 각각의 유형들이 배열되어

졌다. 이것은 앞서 [그림 3-3]의 민주국가의 군사력 운용 선택에 따른 시간 손실 비용 증가 경향과 동일하다. 그리고 인명 손실 비용 차원에서는 세로축을 따라 위에서부터 '처벌', '마비', '거부 및 압도' 순으로 손실 비용이 증가됨을 보여줄 수 있도록 배열되어졌다. 이것 역시 앞서 살펴 본 [그림 3-4]의 민주국가의 군사력 운용 선택에 따른 인명 손실 비용 증가 경향과 같다. 그리고 시간 손실과 인명 손실의 합계인 손실 비용 I, II, III이 각각 점선으로 구분되어져 나타나 있다.

개념적으로 특정 민주국가에서 전쟁 기간과 인명 손실을 모두 합친 총 비용 손실의 값이 [그림 3-5]에서의 손실 비용 III 미만이라면, '처벌'형만이 국가의 손실 감내 한계 이내에 위치한 군사력 운용 방법이 된다. 이 경우에 만약 민주국가가 '처벌'형 이외의 군사력 운용 방법을 선택하면 전쟁에서 국가가 감내할 수 있는 한계를 초과하는 손실 비용을 지불해야 할 가능성이 커진다. 즉 민주국가는 전쟁에서 '처벌'형을 선택하였을 경우에 비해 더 많은 전투 인명 손실을 직면하게 될 것이고, 그 때문에 국내정치적 저항이 증가할 확률 역시 높아진다. 이러한 상황에서 전쟁을 계속 수행할수록 집권 정부의 정치적 지위는 악화된 여론으로 인해 더 큰 위협에 노출될 것이고 국가-사회간 긴장 가능성은 높아진다. 이때 전쟁의 총 손실 비용의 증가로 인해 민주국가의 손실 가해 능력도 약화된다. 이 상황에서 민주국가에게는 전쟁 지속보다는 불만족스러운 휴전 조건을 수용하고 전쟁을 포기하는 것이 더 이익이 될 수 있다. 이것은 민주국가의 전쟁 패배 확률이 높아졌다는 것을 의미한다. 이처럼 민주국가에 있어 손실 비용 III 미만 영역에서의 군사력 운용 방법 선택 기준은 비교적 명확하다.

그런데 [그림 3-5]에서 손실 비용 II 미만 영역에서는 '마비'형과 '처벌'형이 모두 선택 가능한 군사력 운용 방법이 된다. 이때는 앞서 논의했던 바와 같이 민주국가에서의 시간 손실 비용은 인력 손실 비용에 종속된다는 현상을 다시 떠올릴 필요가 있다. ‘마비’형에 비해 ‘처벌’형이 인명 손실이 적은 군사력 운용 방법이기 때문에 ‘처벌’형 선택은 민주국가에 있어 국가-사회 간 긴장을 방지할 수 있는 위험 회피 성향 군사력 운용 방법 선택이 된다. 그리고 손실 비용 I 미만 영역에서는 ‘거부 및 압도’형까지 포함한 모든 군사력 운용 방법이 선택 대상이 될 수 있다. 이때는 ‘마비’형이 ‘거부 및 압도’형보다는 민주국가에 있어서의 위험 회피 성향 군사력 운용 방법이 된다. 민주국가가 군사력 운용 유형을 선택할 때 위험 회피 성향 방법을 채택하는 것은 인명 손실을 최소화하여 국가-사회 간 긴장 가능성을 방지하겠다는 의미이다. 이렇게 민주국가가 국가-사회 간 긴장을 예방할 수 있다면 해당 국가의 손실 가해 능력 유지가 용이해져서 전쟁 승리 가능성이 높아지기 때문이다. 그러므로 민주국가가 인명 손실 비용을 감소시킬 수 있는 위험 회피 성향 군사력 운용 방법을 선택하는 것은 궁극적으로 전쟁 승리를 위한 노력이다. 그리고 이때 위험 회피 성향 군사력 운용 방법의 일반적 특징은 인력 소요를 자본과 화력 등 기술집약적 군사 소요로 대체하는 것이라 할 수 있다. 다음 절에서는 미국의 대 이라크 전쟁 사례를 통해서 민주국가의 군사력 운용 방법 선택 과정을 살펴보겠다.

2. 국가 차원의 사례 : 미국의 대 이라크 전쟁, 1992~2007년

1) 민주국가의 국력이 비대칭적으로 우월했던 전쟁 사례

1992년부터 2007년까지 미국의 이라크에서의 전쟁 수행 사례는 압도적으로 우세한 국력을 지닌 민주주의 국가의 군사력 운용 방법 선택 과정을 살펴보는데 적합하기 때문에 선택되었다. 미국과 이라크 사례처럼 민주국가가 비대칭적으로 국력이 우세한 상황에서는 민주국가의 군사력 운용 방법 선택에 국제적 힘의 구조 요인이 개입할 가능성이 적다. 따라서 군사력 운용 방법 선택에 대한 민주주의 정치 체제 특성의 영향만을 살펴보는 것이 용이해진다. 또한 비대칭적 국력 차이라는 환경에서는 강대국의 일방적인 전쟁 포기 결정이 곧 강대국의 패전을 의미한다. 그러므로 민주주의 강대국의 전쟁 승패는 민주주의 정치체제의 손실 감내 한계로 인해서만 결정되는 경우가 많아 사례 연구 대상으로 적합하다. 1990년대부터 지구상에 유일한 초강대국으로 남게 된 민주국가인 미국이 이라크를 상대로 한 군사력 운용 방법 선택을 살펴보는 것에는 이러한 유익함이 있다.

역사적으로 강대국이 먼저 전쟁을 포기하게 되는 이유 중의 하나는 전쟁 수행 의지의 변화였다. 국가의 전쟁 수행 의지가 강할수록 손실 감내 한계 역시 높다. 비대칭적 국력의 차이라는 환경의 전쟁에서도 약소국의 전쟁 수행 의지가 강대국보다 더 많은 손실을 감내할 수 있을 정도로 강하다면 장기적인 저항이 가능하다. 일반적으로 국가의 손실 감내 한계점은 단 한명의 인명 손실도 용납할 수 없는 최저 수준의 한계로부터 총력전도 불사하는 최대 수준 사이 어느 한 지점에 위치하게 된다. 그리고 전쟁과 연관된 국가 이익이 중요할수록 국가의 손실 감내 한계점 역시 최대 수준 방향으로 이동하게 된다. 따라서 약소국의 전쟁 수행 의지가 강하고 강대국의 사활적 이익이 전쟁에 결부되어 있지 않다면, 통상 손실 감내 한계 측면에서 약소국이 상대적으로 우월해질 수 있다. 이 경우 약소국은 강대국에 비해 국력의 열세임에도 불구하고 전쟁을 오래 지속할 수 있게 되고, 강대국은 손실 비용이 누적되어 손실 감내 한계에 접근하게 되면 전쟁을 일방적으로 포기할

가능성이 커진다.[72]

이와 같은 상황을 손실 가해 능력에 기초한 전쟁 종결 과정으로 설명하면 다음과 같다. 전쟁에서 국가는 상대방 국가에게 손실을 부과하기 위해 노력하지만, 그 과정에서 파생되는 손실 비용도 감수해야 한다.[73] 이때의 손실 비용은 국내 정치 경쟁 세력의 부상, 국내 반대 여론의 확산, 국제기구 또는 우방국의 지지 철회 등 국제 공조 약화를 통해 발생한다. 전쟁에서 한쪽 국가가 감수하는 총 손실은 상대방이 부과하는 손실과, 스스로의 전쟁 수행 노력으로 유발되는 손실 비용의 총 합계이다. 전쟁 수행시 파생되는 손실 비용이 계속 증가되면, 손실 가해 능력이 감소됨과 동시에 국가의 손실 감내 한계점에도 접근하게 된다. 비대칭적으로 국력의 차이가 심한 국가 간 전쟁에서도 강대국이 먼저 감내 한계점에 접근하면서 손실 가해 능력이 감소되고, 약소국은 여전히 손실 가해 능력을 유지하는 상황이 있을 수 있다. 이 경우 강대국은 불만족스러운 휴전 조건을 수용하더라도 전쟁 중지가 계속적인 전쟁 수행 보다 이익이기 때문에 일방적으로 전쟁을 포기할 수 있다. 민주국가의 경우 비민주주의 국가보다 발생 가능성이 높은 국가-사회 간 긴장이 손실 가해 능력 변화의 주요 원인이 된다. 그러므로 민주주의 강대국이 비민주주의 약소국과의 전쟁에서 승리하기 위해서는 국가-사회 간 긴장을 방지하기 위해 국내정치적으로 수용 가능한 군사력 운용 방법 선택이 중요하다. 이때 인명 손실을 최소화하며 전쟁 목표를

72 Andrew Mack, "Why Big Nations Lose Small Wars: The Politics of Asymmetric Conflict" *World Politics* 27:2 (1975), pp. 175-200 ; Zeev Maoz, "Resolve, Capabilities, and the Outcomes of Interstate Disputes, 1816-1976" *Journal of Conflict Resolution* 27:2 (1983), pp. 196-229.

73 Branislav Slantchev, "The Power to Hurt : Costly Conflict with Completely Informed States." *American Political Science Review* 97:1 (2003), pp. 123-133.

달성할 수 있는 위험 회피 성향의 군사력 운용 방법이 국내정치적으로 수용 가능성이 높다. 1992년부터 2007년간 미국의 대 이라크 전쟁 사례는 민주주의 강대국인 미국의 위험 회피 성향 군사력 운용 방법 선택을 잘 보여주고 있다.

2) 미국의 대 이라크 전쟁 시기 구분

1992년부터의 미국과 이라크 간 충돌은 미국의 전략 목표에 따라 세부적인 기간 구분이 가능하다. 미국의 전략 목표는 억제와 봉쇄, 사담 후세인(Sadam Husein) 정권의 교체, 후세인 정권 붕괴 후 이라크 국가 재건 순으로 변화되었고 군사력 운용 방법의 선택에서도 변화가 있었다. 여기서는 1992년부터 2007년까지를 4개의 기간으로 구분하였다.

첫 번째는 1992년~1998년간의 기간이다. 이때 미국은 1991년 걸프전쟁 종전에 이어서 이라크를 억제하고 봉쇄하는 것을 전략 목표로 삼았다. 이와 같은 목표 달성을 위해서는 우선 경제 제재와 결합된 항공강압 등 이라크의 저항 의지를 파괴하기 위한 군사력 운용 방법이 선택 가능했다. 또한 제한적 침공 등 이라크의 능력을 파괴하는 군사력 운용 방법 역시 목표 달성에 기여할 수 있었다. 당시 미국은 이 두가지 형태의 방법 중 하나를 선택했어야 했다. 두 번째 기간은 1999년~2001년이다. 이때부터 미국의 전략 목표는 이라크 후세인 정권의 교체로 전환되었다. 그러나 미국의 전략 목표 변경에도 불구하고 미국 내에서 전면적인 침공과 같은 형태의 군사력 운용 방법이 수용될만한 여건은 형성되지 않은 상태였다. 따라서 미국이 선택 가능한 군사력 운용 방법들은 첫 번째 시기와 큰 차이가 없었다. 세 번째 시기는 2001년 뉴욕 무역센터 빌딩에 대한 9.11 테러 발생 후 미국이 테러와의 전쟁을 시작한 때부터이다. 당시 미국은 9.11 테러에 대한 분노로 인해 국내정치적으로 전쟁 수행 의지가 확대되었고 그 결과 미국은 이라크 정권 교체를 위해 전면 침공을 결정할 수 있었다. 이때 미국은 이라크 전면 침공을 위해 대규모 화력과 병력에 기초한 '거부 및 압도'형과 고속 기동과 기습에 의존하는 '마비'형 사이에서 군사력 운용 방법을 선택해야 했다. 마지막 네 번째 시기는 2003년 6월 이후 미국의 전략 목표가 이라크 국가 재건으로 사실상 전환되고 이라크 무장단체들과의 투쟁이 격화된 시기이다. 그리고 2007년에 미국은 안정화 작전(Counterinsurgency Operation, COIN)을 강화하기 위해 증파(Surge)를 결정한다. 미국이 증파를 결정하기 전에 선택 가능했던 방법들은 전쟁 조기 종결, 미국 내 동원을 수반하는 군사력 증파, 제한된 군사력 증파 등이 존재했었다. 이제 각각의 전쟁 시기별로 미국이 선택 가능했던 군사력 운용 방법들과 그 선택 과정을 살펴보겠다.

(1) 1992년~1998년

미국은 1991년 걸프전쟁을 통해 이라크의 쿠웨이트 합병을 좌절시켰으나 중동에서 이라크가 여전히 위협적이라고 생각했다. 그래서 미국은 1992년부터 1998년에 걸쳐 이라크의 주변국에 대한 군사적 도발을 억제하고 장기적으로 이라크를 봉쇄하는 것을 전략 목표로 설정했다. 이 당시 미국의 억제와 봉쇄 전략에 담겨져 있는 정치적 의도는 이라크가 미국 주도의 국제 질서에 순응하도록 만드는 것이었다. 이렇게 되기 위해서는 중동지역에서 이라크가 쿠웨이트, 사우디아라비아, 이스라엘 등 친미 주변국을 위협할 수 있는 능력과 의지를 제한시켜야 했다. 이러한 목표를 달성하기 위해서는 다음 두 가지 종류의 군사력 운용 방법이 가능했다. 첫 번째는 이라크가 미국의 요구에 불응할 때마다 군사 강압을 시행하는 것이다. 이 방법은 이라크 지도자 후세인으로

하여금 미국에 도전할 때마다 예상되는 이익을 초과하는 손실을 입게 될 것이라는 인식을 갖게 하기 위하여 고안되어졌다. 군사 강압이 반복되면 결국 후세인은 미국에 대한 도전을 영원히 포기하게 될 것이라는 기대를 바탕에 둔 것이기도 했다. 이와 같은 의도로 미국은 경제 제재와 결합된 항공 강압 형태의 군사력 운용 방법을 계획했는데 이것은 '처벌'형 유형에 속하는 방법이었다. 두 번째 가능한 방법은 '처벌'형보다는 대규모의 군사력을 사용하여 제한적인 침공 등 이라크 군사력을 직접 약화시킬 수 있는 방안이다. 이것은 '마비' 또는 '거부 및 압도'형 군사력 운용 방법의 하나로 볼 수 있다.

1990년대 미국의 대 이라크 억제와 봉쇄 노력은 유엔(UN)을 통한 외교적 압박 조치와 함께 시작되었다. 미국 주도로 유엔 안보리 결의안 687호가 1991년 4월에 결의되었고, 이것을 근거로 이라크의 탄도미사일 능력과 대량파괴무기 제거를 위한 국제 사찰과 경제 제재가 이어졌다. 이어서 유엔특별위원회(United Nations Special Commission on Iraq, UNSCOM)가 구성되어 이라크에 대한 무기 사찰이 시작되었다. 그리고 이라크 북부의 쿠르드(Kurds) 족의 분리운동과 남부의 시아 이슬람(Shiite Islam) 계열 정파의 반정부 운동에 대한 이라크의 무력 탄압을 저지하기 위한 유엔 안보리 결의안 688호가 결의되었다. 이 결의안을 근거로 미국 주도 다국적군은 이라크의 북위 36도 이북과 북위 33도 이남 지역에 비행금지 구역을 설정하였다. 그리고 미국은 경제 제재를 지속하였고, 이라크의 식량 수입을 위한 석유수출 프로그램(Oil for Food Program) 외에는 이라크 석유 판매를 제한하는 방식으로 이라크를 계속 압박해 나갔다. 그러나 이라크는 경제 제재를 당하고 있으면서도 유엔 사찰에 대한 불응과 비행금지 구역 침범 등으로 미국이 주도하는 질서에 여러 차례 도전했다. 이와 같은 이라크의 도전에 대응하기 위하여 미국은 그때마다 군사력 운용 방법을 선택해야 했다. 그 대표적인 사례로는 다음의 네 가지 사건이 있다.

첫 번째 이라크의 도전은 1993년 1월에 지대공 미사일을 남부 비행금지 구역으로 이동시키고 유엔 사찰단이 이라크 정부의 통제하에서만 활동할 수 있다고 선포함으로써 시작되었다. 이때 미국은 1월 6일에 영국, 프랑스, 러시아로부터 이라크 내 비행금지 구역 설정 근거이기도 한 유엔 결의안 688호의 공동 이행 협력 방안 합의를 이끌어냈다. 그리고 1월 13일에 미국, 영국, 프랑스 항공기의 공습을 시작으로 미 해군의 토마호크 크루즈 미사일 발사에 이르기까지 바그다드 소재 주요 시설에 대한 항공 강압 공격을 실행했다. 그 결과 후세인은 1월 19일에 일방적인 휴전을 선언하며 유엔 사찰 활동을 받아들였다.

두 번째 이라크의 도전은 1994년 10월에 이라크 공화국 수비대 소속 2개 기갑사단이 쿠웨이트 국경지대에 접근하여 주변국에 대한 위협을 고조시키고, 이와 동시에 이라크 정부가 유엔 무기 사찰단을 추방하겠다고 위협함으로써 시작되었다. 이 시기에 미국은 항공 강압 대신 무력시위를 선택하여 쿠웨이트에 36,000명의 미군 병력과 100대의 항공기를 파견하는 작전(Operation Vigilant Warrior)을 실시했다. 이때 영국과 프랑스의 해군도 호르무즈(Hormuz) 해협으로 파견되었다. 그리고 유엔 안보리에서는 10월 15일부로 이라크 남부로부터 모든 이라크군이 철수하고 재진입을 금지하는 결의안이 의결되었다.[74] 이와 같은 미국의 무력시위 조치에 뒤이어 이라크군은 쿠웨이트 국경지대로부터 철수하였고 유엔 사찰단에 대한 추방 위협 역시 중단되었다.

---

74 Peter L. Hahn, *Mission Accomplished? The United States and Iraq since World War 1* (Oxford: Oxford University Press, 2012), p. 121.

세 번째 도전은 1996년 8월 이라크 북부 쿠르드 족 거주 비행금지 구역 내 쿠르드 조직 간의 무장 투쟁에 이라크군이 개입하면서 발생했다. 당시 쿠르드 민주전선(Kurdistan Democratic Party, KDU)은 쿠르드 애국연합(Patriotic Union of Krudistan, PUK)과의 투쟁을 위해 이라크군의 지원을 요청했다. 그리고 후세인이 이 요청을 수용함에 따라 이라크군은 북부 비행금지 구역 내 이르빌(Irbil)로 진주하여 쿠르드 애국연합을 직접 공격하였다. 이것은 북부 비행금지 구역에 이라크 군부대 진입을 금지하고 있던 미국 주도 국제적 규제에 대한 도전 행위였다. 이 사건에 대응하여 미국은 9월에 이라크 북부와 남부 비행금지 구역 일대에 크루즈 미사일 공격을 포함한 항공 강압 공격을 실행했다. 미국의 항공 강압 공격에 이어 이라크 군은 이르빌 지역에서의 군사 목표를 달성하자마자 곧바로 이르빌로부터 철수하였다.

네 번째 도전은 1997년부터 이라크 정부가 이라크 내에서 무기사찰 활동을 해온 유엔특별위원회(UNSCOM)의 활동 중지를 요구하면서 시작되었다. 이어서 이라크 정부와 아난(Kofi Annan) 유엔 사무총장 간 사태 수습을 위한 협상이 시작되었고 여기서 몇 차례의 잠정 합의가 도출되기도 했다. 그럼에도 불구하고 이라크는 1998년 8월에 유엔 무기사찰 중단을 선언했다. 그러자 11월 14일 미군의 항공 강압 공격이 실시되었고, 뒤이어 11월 18일 이라크가 승복함에 따라 무기 사찰이 재개되었다. 그러나 12월 15일에 유엔특별위원회 위원장은 또 다시 이라크의 사찰활동 불응 사례를 보고하였다. 당시 미국은 과거보다 한층 강화된 항공 강압 공격을 재개할 것인지 아니면 직접 침공을 단행할 것인지의 선택에 직면했다. 이때 미국과 영국은 12월 17일부터 4일간 1991년 걸프전쟁 이후 최대 규모의 항공 강압 공격 작전인 '사막의 여우' 작전(Operation Desert Fox)을 실행하였다. 동시에 미국은 유엔안보리 결의안 1284호를 통과시키며 유엔특별위원회(UNSCOM)를 보다 권한이 강화된 유엔사찰위원회(UN Verification and Inspection Commission, UNMOVIC)로 재편하였다. 이 당시 '사막의 여우' 작전이 종결된 이후 이라크는 무조건적인 유엔 사찰활동을 다시 수용하였다.

이처럼 네 차례에 걸친 이라크의 주요 도전에 대해 미국은 경제 제재와 결합된 항공 강압 공격과 무력시위 등의 '처벌'형 군사력 운용 방법을 선택해왔다. 1993년 1월의 미국 클린턴(Bill Clinton) 행정부 출범 당시부터 국무장관이었던 올브라이트(Madeleine Albright)는 후일 당시의 선택을 다음과 같이 술회하였다. "경제 제재, 사찰, 군사적 압박, 항공 강압의 조합으로 [후세인을] 가두어 놓을 수 있다고 보았다."[75] 1990년대에 이라크 억제와 봉쇄라는 제한적인 목표 속에서 미국 국민들의 전쟁 수행 의지는 강하지 않았다. 그러므로 이라크와의 전쟁 수행시 예상되는 손실 비용 감내 한계 역시 크지 않았다. 따라서 이라크 국경을 돌파하는 직접 침공과 같은 적극적인 군사개입으로 인해 발생될 손실 비용을 감수할 수는 없었다. 미국이 직접 이라크 국경내로 지상군을 투입하였을 경우 발생 가능한 전투 인명 손실과 국제사회의 반발 등의 손실 비용은 미국이 감내할 수준 이상이었던 것이다. 따라서 미국은 특정 기간과 목표를 제한하는 형식의 항공 강압 공격을 선택했던 것이다. 즉 미국에게 있어 제한적 침공에 비해 항공 강압 공격은 위험 회피 성향 군사력 운용 방법에 해당되었다.

당시 미국은 군사력 운용으로 인한 인력 소요를 기술과 자본으로 대체할 수 있는 위험 회피 성향 방안을 선호하였고, 그 결과 모든 군사

---

75 Peter L. Hahn, *Mission Accomplished? The United States and Iraq since World War 1* (Oxford: Oxford University Press, 2012), p. 119.

작전은 항공력에 의해 실행되었다. 미국의 항공력은 레이더에 탐지되지 않으며 침투할 수 있는 스텔스 능력과 정밀공격 능력 등으로 대표되는 현대 군사기술을 갖추고 있었다. 그래서 미국은 항공 강압 공격을 선택할 경우 과거 다른 전쟁에 비해 전투 손실을 최소화하며 원하는 표적 파괴를 달성할 것이라고 예상할 수 있었다. 미국은 항공력에 의존한 군사작전이 전투 인명 손실과 부수적 민간 피해를 방지할 수 있다고 믿었다. 이와 같은 생각의 연장선에서 항공 강압 공격 중 가장 대규모였던 '사막의 여우' 작전에서도 폭격 기간은 1998년 12월 17일부터 4일간으로 한정되어졌고, 이라크의 군사 능력을 총체적으로 감소시키려는 계획은 세워지지 않았다. 미국은 이처럼 '처벌'형에 해당하는 위험 회피 성향의 군사력 운용 방법을 선택하여 미국 내 국가-사회 간 긴장과 같은 전쟁 수행에 부정적인 사태 발생을 방지하고자 했다.

그리고 1990년대에 미국은 이와 같은 위험 회피 성향 군사력 운용 방법으로도 이라크의 도발을 원상 복귀시킬 수 있었다. 미국과 다국적군은 항공 강압 공격으로 이라크의 주요 군사시설과 연구시설을 파괴하였고, 그때마다 후세인 정부는 유엔사찰단, 주변국, 국내 반란세력에 대한 위협을 중단하고 도발 이전 상태로 복귀하였다.[76] 미국의 항공강압 공격과 경제 제재 시행은 미군의 전투 인명손실을 거의 동반하지 않았기 때문에 미국 내 국내정치적 손실 비용은 증가되지 않았다. 또한 이라크에 대한 항공 강압 공격은 모두 유엔 결의안에 의한 사찰 수용과 비행금지 구역 준수 강제라는 명분을 지니고 있었으므로, 국제사회가 다국적군으로 폭 넓게 참여하며 지지했다. 1993년과 1994년에 영국과

76 Jon B. Alterman, "Coercive Diplomacy against Iraq, 1990-98" in *The United States and Coercive Diplomacy* edited by Robert J. Art and Patrick M. Cronin (Washington D.C.: USIP Press, 2003), pp. 302-304.

프랑스는 미국과 함께 항공 강압 공격에 참여하였고, 영국은 1998년 '사막의 여우' 작전에도 적극 동참하였다. 그리고 러시아와 중국은 유엔 결의안 작성에 협조하였다. 이처럼 미국은 국내정치와 국제공조 차원의 손실 비용이 크지 않았으므로, 이라크에 대한 손실 가해 능력 역시 지속적으로 유지될 수 있었다.

그러나 미국의 대 이라크 전략 목표인 억제와 봉쇄의 성공 여부를 평가할 때는 이라크가 더 이상 미국 주도 질서에 도발하지 않고 온전히 순응하게끔 하려는 미국의 정치적 의도가 충족되었는지를 살펴 볼 필요가 있었다. 그런 측면에서 1992년부터 1998년까지 미국이 선택한 군사력 운용이 전략적 성공에 기여하였는지에 대해서는 이견이 있을 수 있다. 미국의 위험 회피 성향 군사력 운용 방법은 후세인의 도발을 다시 원상으로 복귀하도록 하였으나 반복적인 도발을 방지하지는 못했다. 그리고 오랜 기간 지속된 경제 제재와 항공 강압 공격으로 인해 국제공조 차원의 손실 비용도 서서히 증가되었다. 사실상 1990년부터 시작된 경제 제재는 이라크 국민의 삶을 피폐하게 만들었으나, 후세인 정권의 권력을 약화시키는 것에는 거의 기여하지 못했다고 평가되었다. 오히려 이라크에서 유아 희생률이 대폭 증가하는 등 민간인 피해가 심각해지고, 그 때문에 국제사회와 아랍 국가들의 동정심이 유발되어 많은 국가들이 경제 제재 공조로부터 이탈하기 시작했다.[77] 실제로 1998년에 유엔 안보리 결의안 1284호를 통해 유엔특별위원회가 유엔사찰위원회로 재편될 때 프랑스, 중국, 러시아는 경제재제에 불참하기 시작했다. 이와 같은 국제공조 측면 손실 비용의 지속적인 발생과 함께

77 John R. Ballard, *From Storm to Freedom: America's Long War with Iraq* (Annapolis: Naval Institute Press, 2010), pp. 89-91.

후세인의 반복적인 도발로 인해 미국 내에서는 대 이라크 전략 목표의 타당성에 대한 의문 역시 커져 갔다. 결국 이러한 상황으로 인해 1998년 12월 '사막의 여우' 작전 이후로 미국은 전략 목표를 변경하게 된다.

(2) 1999년~2001년

미국은 이라크의 반복적인 유엔 사찰 불응과 경제 제재에 관한 국제 공조 약화를 계기로 보다 근본적으로 이라크 문제를 해결해야 할 필요를 느끼게 되었다. 그 결과 1998년 '사막의 여우' 작전 종료 이후 미국의 대 이라크 전략 목표는 후세인 정권의 교체로 전환되었다. 당시 미국의 클린턴 민주당 행정부 내에서도 후세인 정부가 미국 주도 질서에 순응할 가능성이 없다는 평가가 만연하였다. 그리고 1998년부터 공화당이 다수당인 의회에서도 행정부의 이라크 정권 교체 노력을 지원할 수 있는 법안이 만들어지기 시작했다. 같은 해 10월에 미국 의회에서 후세인 정권이 교체되어야 함을 명시한 이라크 자유법(Iraq Liberation Act)이 통과되었다. 이러한 미국 내 초당적 지지를 기반으로 클린턴 행정부는 이라크 정책 목표를 이라크 정권 교체로 변화시켰다. 클린턴 대통령이 이라크 자유법에 서명한 것은 미국이 전략 목표를 변경했다는 증거로 볼 수 있었다.[78] 당시 미국이 이라크 정권 교체라는 목표 달성을 위해 선택 가능한 군사적 방안들은 지속적인 봉쇄, 이라크 내부의 봉기를 지원하기 위한 특수작전, 신속 기동부대의 소규모 침공을 통한 정권 교체, 대규모 군사력을 활용한 전면 침공 등 이었다.

미국의 전략 목표 전환은 이라크의 반복적인 도발을 억제와 봉쇄라

---

78 Peter L. Hahn, *Mission Accomplished? The United States and Iraq since World War 1* (Oxford: Oxford University Press, 2012), p. 132.

는 이전의 전략 목표로는 막을 수 없었다는 반성으로부터 나온 것이었다. 그렇지만 과거 이라크의 도발은 대부분 원상 복귀의 수순을 밟았고 이라크가 도발에 이어 위기를 확전시키며 위협을 가한 적은 없었다. 그리고 1999년에 미국의 대 이라크 전략 목표가 변경되는 시점에서도 이라크의 행위가 과거에 비해 극단적으로 더 악화되었다고 할 만한 상황은 없었다. 따라서 미국 국민들의 전쟁 수행 의지 역시 1999년 이전에 비해 더 증가될 이유가 없었다. 이런 미국 내 상황은 대통령 선거를 통해 클린턴 민주당 행정부를 부시(George W. Bush) 대통령의 공화당 행정부가 대신하게 된 2001년 1월에도 계속되었다. 부시 행정부는 정권 인수와 함께 대 이라크 정책을 검토하며 두 가지 대안을 고려하였다. 첫 번째 대안은 스마트 제재(smart sanction)였다. 이 방안은 그동안의 경제 제재가 후세인 정권의 약화에는 기여하지 못하고 이라크 민간인들의 고통만 가중시켰다는 반성으로부터 기인하였다. 스마트 제재는 후세인 정권을 실제로 약화시킬 수 있는 분야에 제재를 집중하여, 경제 제재의 원래 목표는 달성하되 이라크 일반 민중에 대한 고통은 경감시켜 국제적 공조를 재확보 한다는 것이 골자였다. 그리고 두 번째 대안은 이라크의 반체제 망명 인사들을 지원하여 후세인 정부에 대한 내부 봉기 등을 유도하여 이라크 정권을 교체시킨다는 것이다. 두 번째 대안은 제한적이지만 직접적인 군사개입까지 요구하는 것이었으므로 미국 내 여론의 지지가 필요했고 아울러 이라크 침공으로 인한 국제공조 측면의 손실 비용이 예상되었다. 따라서 두 가지 대안 중에서는 스마트 제재가 위험 회피 성향 방안이라고 할 수 있었다.

부시 행정부는 2001년 5월까지는 국제공조 강화를 주요 목표로 삼고 스마트 제재를 시도하였다.[79] 그리고 스마트 제재의 일환으로 이라크가 비행금지 구역 조치를 위반하거나 또는 유엔 사찰단을 위협할 때마다 항공 강압 공격을 감행하였다. '사막의 여우' 작전 이후로 항공 강압 공격은 클린턴 행정부에서부터 부시 행정부에 걸쳐서 최소 6회 이상 시행되었다. 1999년 1월 25일에는 미 공군이 이라크 바스라(Basra) 지역을 공격했고, 2월에는 이라크 북부 모술(Mosul) 지역의 파이프 라인을 파괴하는 공습을 실행했다. 7월에는 미국과 영국 공군이 이라크 남부를 공격한 것에 이어 7월말에는 미 공군이 단독으로 이라크 북부를 공격하였다. 그리고 부시 대통령이 취임한 2000년 1월에는 '사막의 여우' 작전 이래 최대 규모의 공습이 이라크 남부에 실행되었고, 2월에는 미국과 영국 공군이 바그다드(Baghdad) 인근 방공기지를 공격했다. 이러한 일련의 항공 강압 공격은 1998년 이전의 항공 강압 공격과 형태는 유사했지만, 이라크가 명백한 도발 행위를 하지 않았을 때도 공습을 실행했다는 차이가 있었다. 이러한 변화는 미국의 전략 목표가 후세인 정권 교체로 변경되어졌기 때문이기도 하다. 그러나 전략 목표의 변화에도 불구하고 미국이 선택했던 스마트 제재와 항공 강압 공격의 혼합은 적극적인 군사개입에 비해서는 '처벌'형에 해당되는 위험 회피 성향 군사력 운용 방법이었다.

그리고 2001년 이후부터 미국이 스마트 제재와 혼합된 군사력 운용 방법으로 변경된 전략 목표를 달성할 수 있겠는가라는 의문이 많이 제기되었다. 경제 제재로 후세인 정권을 몰락시킬 정도의 효과를 얻기 위해서는 상당한 시간이 필요하며, 항공 강압 공격으로 정권 교체를 이루기 위해서는 보다 조직적이고 대규모의 작전 계획이 요구되었다. 그러나 1999년부터 2001년간의 비교적 짧은 기간 동안 경제 제재 효과

79 Jon B. Alterman, "Coercive Diplomacy against Iraq, 1990-98" in *The United States and Coercive Diplomacy* edited by Robert J. Art and Patrick M. Cronin (Washington D.C.: USIP Press, 2003), p. 291.

를 거두기도 어려웠고, 일련의 소규모 항공 강압 공격들도 이라크 정권 교체에 필요한 강제력을 충족시킬 수 없었다.

그리고 1998년 '사막의 여우' 작전 이후로 국제 공조 측면에서의 손실 비용은 계속 증가하고 있었다. 프랑스는 국제적 경제 제재에서 완전히 이탈하였고, 이것을 계기로 1991년 걸프전쟁 이후부터 유지해 왔던 미국 주도 다국적군에서의 중추적 역할 역시 완전히 포기했다. 프랑스의 결정은 실질적으로는 이라크와의 경제 관계 유지를 위한 것이었지만, 대외적으로는 국제 경제 제재가 실효성 없이 이라크 민간인 피해만 증가시키고 있다는 것을 명분으로 내세웠다. 그리고 유엔 안보리에서 러시아와 중국으로부터의 협조도 종료되었다. 미국의 전략 목표가 후세인 정권 교체라는 보다 급진적인 내용으로 전환됨에 따라 유엔과 국제사회에서의 공감을 확보하기가 어려워졌고, 그 결과 국제 공조 차원에서 손실 비용이 증가되어졌다. 이라크는 미국 주도 유엔 사찰의 협조에 반복적으로 불응했고, 경제 제재로 인해 발생한 민간인 피해 참상을 정치적 선전 도구로 활용하였다.[80] 그 결과 2001년 5월에 이르러서는 스마트 제재가 이라크 정권 교체라는 목표 달성에는 적합하지 않다는 평가가 확산되어졌다. 이러한 배경 속에서 2001년 9월 11일 뉴욕 테러 발생은 미국의 군사력 운용 방법 선택 기준이 극적으로 전환되어지는 계기가 되었다.

(3) 2001년~2003년

2001년 9월 11일에 알카에다(Al-Qaeda)로 판명된 테러 조직이 민간

80 John R. Ballard, *From Storm to Freedom: America's Long War with Iraq* (Annapolis: Naval Institute Press, 2010), pp. 89-91.

항공기를 납치하여 뉴욕 무역센터 쌍둥이 빌딩을 파괴하며 다수의 미국 민간인 인명피해가 발생하였다. 미국은 9.11 사태를 1941년 12월 진주만 공격 이후 최초로 미본토가 직접 공격받은 사건으로 간주하였다. 테러 공격으로 인한 미국민 전체의 놀라움은 곧 분노로 변화되었고, 이것은 미국 내의 전쟁 수행 의지가 확대되는 결과를 낳았다. 9.11 사태 이후 미국 의회는 대통령에게 테러와의 전쟁을 수행할 수 있는 권한을 부여하였고, 곧 부시 대통령은 범세계적인 대 테러 전쟁을 시작했다. 전쟁의 첫 상대는 알카에다를 지원하고 있다고 알려진 아프간의 탈레반(Taliban) 정권이었다. 미국은 아프간 북부의 반정부 단체인 북부동맹(Northern Alliance)의 조직화된 지상군 세력과 협력하여 공군력과 특수군 만으로 탈레반 정권을 수도 카불(Kabul)과 주요도시에서 몰아내는데 성공하였다. 이와 같은 아프간 전쟁에서의 일차적인 성공으로 인해 미국은 대 테러 전쟁의 일환으로 대 이라크 전쟁도 개시할 수 있는 여건을 마련하였다. 결국 후세인이 9.11 사태와 같은 방식의 테러를 시도할 가능성을 사전에 차단해야 한다는 등의 이유로 인해 미국의 이라크 침공이 결정되어졌다. 이라크에 대한 미국의 전략 목표는 이미 1999년 말부터 후세인 정권의 교체로 정해져 있었으나, 9.11사태를 계기로 미국의 전쟁 수행 의지가 대폭 확대되고 나서야 직접적인 이라크 침공이 가능해졌던 것이다. 이어서 미국은 이라크 침공을 위한 군사력 운용 방법을 선택해야 했다.

당시 미국이 선택할 수 있는 방안으로는 기습과 우회 기동의 조합으로 이라크 군사력을 신속히 붕괴시키는 '마비'형 방안과 압도적인 화력과 대규모 재래식 군사력에 의존하는 '거부 및 압도'형 방안이 있었다. 기습과 기동 형태의 방안은 군사변혁(Military Transformation)의 주창자인 럼스펠드(Donald Rumsfeld) 국방장관과 당시 중부사령관 프랭크스

(Tommy Franks) 장군이 지지했다. 압도적 화력과 대규모 재래식 공격 형태의 방안은 전(前) 중부사령관 진니(Anthony Zinni) 장군이 준비해왔던 침공계획과 일치하였으며, 신세키(Eric Shinseki) 육군 참모총장이 지지했다.[81] 기습과 기동 방안을 지지하는 측에서는 미국의 기술 우세로 인해 이라크 침공에 대규모 병력이 불필요하며, 공군력과 신속기동부대를 바탕으로 한 화력과 속도를 조합하면 이라크 군을 압도할 수 있다고 보았다. 특히 럼스펠드 국방장관은 대규모 병력이 전개되는데 소요되는 시간으로 인해 기습 효과가 상실될 것을 우려했다. 따라서 럼스펠드는 중부사령부가 1999년에 구상했던 40만 명의 병력 전개 대신 15만 명의 병력으로 침공 계획을 세울 것을 프랭크스 장군에게 요구했다.[82] 이것은 적 군사능력을 직접 격파하기보다 기습과 우회 기동으로 무력화시켜야 한다는 '마비'형 군사력 운용 방법을 의미했다. 반면 압도적 재래식 군사력 운용 방안을 지지하는 입장에서는 1991년 걸프전쟁과 같이 일정기간의 항공작전을 통해 이라크 군을 고착시키고 무력화한 후, 대량 병력으로 적을 압도해야 한다고 보았다. 1991년 걸프전쟁 당시 합참의장으로 참전했던 파월 국무장관은 대량 병력의 필요성을 주장했고, 신세키 육군참모총장은 이를 위해 약 50만 명의 병력이 필요하다고 언급하였다. 이와 같은 논리는 결정적 전투로 적 군사력을 파괴한다는 '거부 및 압도'형 군사력 운용 방법을 의미하였다.

미국은 이와 같은 두 가지의 가능한 방안 중에서 결국 '마비'형을

81 Dan Caldwell, "Military Strategy in Afghanistan and Iraq" in *U.S. Policy in Afghanistan and Iraq* edited by Seyom Brown and Robert H. Scales (Boulder : Lynne Riennen, 2012), p. 75.

82 Peter L. Hahn, *Mission Accomplished? The United States and Iraq since World War 1* (Oxford: Oxford University Press, 2012), p. 148.

선택하였다. 당시 미국의 군사력 운용 방법 선택에는 여러 가지 요인이 개입하였다. 우선 럼스펠드 국방장관을 필두로 하는 군사변혁 지지자들의 정치적 영향력이 신세키 육군 참모총장 그룹보다는 상대적으로 우세했다. 또한 대규모 병력을 사전 전개하며 시간을 소비할 경우, 이라크에 대한 기습공격이 불가능해진다는 주장이 보다 논리적인 것처럼 받아들여졌다. 그리고 1991년 걸프전쟁 당시와는 달리 유엔이나 아랍권의 지지가 없었으므로, 1991년처럼 사우디아라비아 영토에 사전 전개 기지들을 구축할 수 있는 이익을 누릴 수도 없었다. 전쟁 전에 미리 병력과 군수물자를 주둔시킬 수 있는 곳은 쿠웨이트로만 제한되었으므로, 대규모 군사력을 미리 전개할 수 있는 충분한 공간이 부족한 상태였다. 이러한 이유들과 함께 민주국가 특유의 손실 민감성은 결정적 전투시 발생 가능한 전투 인명 손실을 감소하고 아울러 전쟁 기간도 단축시킬 수 있는 군사력 운용 방안을 지지하도록 했다. 신세키 참모총장 그룹은 기동과 기습에 주로 의존하는 방식을 선택할 경우 불충분한 병력과 제한적인 군수지원으로 인한 작전적 수준에서의 위험을 크게 감수해야 한다고 예상했다. 그러나 럼스펠드 국방장관 그룹은 작전적 수준의 위험을 감수하더라도 그와 같은 군사력 운영 방법이 미국 내 국가-사회 간 긴장을 예방할 수 있는 위험 회피 성향 방안으로 이해하였다. 결국 미국이 선택한 군사력 운용 방법은 작전적 수준에서는 위험 감수 방안이었고 그보다 더 높은 전략적 수준에서는 위험 회피 성향의 방안이라 할 수 있었다.

따라서 이라크 침공은 1991년 걸프전쟁에 비해서는 상대적으로 소규모인 145,000명의 지상군 전력만이 투입된 상태로 압도적인 항공작전과 함께 2003년 3월 19일부터 시작되었다. 항공작전에서는 1991년 걸프전쟁 당시와 유사한 규모의 전력이 투입되었으나 총 투하 폭탄에서 정밀 유도 무기가 차지하는 비율은 더 높아져서 68퍼센트까지 증가하였다.[83] 그리고 직접적인 목표 달성에는 실패했지만 개전 수 시간만에 F-117 스텔스 폭격기가 지하 깊숙한 곳까지 관통할 수 있는 벙커버스터(bunker buster) 폭탄을 후세인의 거처로 알려진 곳에 투하하여 이라크 리더십 제거를 시도하였다.[84] 그리고 1991년과는 달리 전쟁 개시와 함께 항공작전과 지상군 기동이 동시에 시행되었다. 항공작전은 이라크 방공작전 능력의 최우선적 제거 이후, 이라크 중앙 지휘부와 전선의 야전군간의 지휘통신체계 차단에 집중되었다. 그리고 다음 단계의 항공작전으로 바그다드 남부에 배치된 공화국 수비대를 타격하여 이라크의 장갑 및 기동 차량의 대부분을 파괴하면서 전투 능력을 현저히 감소시켰다. 동시에 지상 작전에서도 이라크 군의 방어진지를 우회하며 고속으로 기동하여, 이라크 군사력 파괴 보다는 바그다드를 신속히 장악하여 이라크 군 지휘부를 제거하여 후세인 정권에 치명타를 가하는 것에 중점을 두었다.[85] 이라크 지상군은 당시 40만의 병력과 4,000여대의 전차를 보유하며 양적 우세를 지니고 있었으나, 미 지상군의 기동방향과 속도를 전혀 예측하지 못했었다. 따라서 미 지상군은 신속하게 바그다드 진군에 필요한 주요 거점을 점거해 나갈 수 있었다. 그리고 항공작전의 주요 목표가 이라크 공화국 수비대 공격으로 전환된 이후부터 지상 작전과의 시너지 효과도 더욱 커졌다. 미 지상군의 압력으로 공화국 수비대 주요 부대들이 집결할 경우는 손쉽게 공군력의 표적이 되었고, 항공 공격으로 인해 이라크군이 소부대로 산개되어

---

83 Timothy Garden, "Iraq: The Military Campaign" *International Affairs* 79:4 (2004), p. 708.

84 Peter L. Hahn, *Mission Accomplished? The United States and Iraq since World War 1* (Oxford: Oxford University Press, 2012), p. 151.

85 이근욱, 『이라크 전쟁: 부시의 침공에서 오바마의 철군까지』, 한울아카데미, 2011, p. 106.

졌을 경우는 미 지상군에게 신속하게 무력화되어지는 현상이 발생했다.[86] 당시 후세인은 미국의 침공 목표가 정권 붕괴에 있다는 것을 인식하지 못한 상태였기 때문에 미군의 바그다드 진격 의도 역시 인지하지 못했었다. 또한 이라크 군 지휘관들은 쿠데타 방지를 위해 오랫동안 강력한 중앙통제에 길들여져 있었으므로, 즉각적이고 창의적인 군사조치에 능숙하지 못하였을 뿐 아니라 군사적 전문성이 부족한 후세인 친족들의 지휘를 받고 있었다.[87] 따라서 이라크 정규군은 조직적인 저항을 하지 못하고 예상보다 빨리 괴멸되었고, 대부분의 군사적 저항은 페다인 후세인(Fadayeen Hussein)과 같은 비정규군에 의해 주도되었다. 그 결과 미군은 2003년 4월 7일에 이르러서는 바그다드 중심부를 장악할 수 있었고, 부시 대통령은 5월 1일에 임무 완수를 선언하게 되었다. 그리고 바그다드를 떠나 피신했던 후세인이 6월에 체포되면서 미국의 후세인 정권 교체 목표는 사실상 달성되었다.

이와 같이 예상보다 빠른 전쟁 진행은 미국의 군사력 운용 방법이 1991년 걸프전쟁 당시에 비해 많이 달라졌다는 것에도 기인한다. 1991년과 같은 비교적 장기간의 사전 항공작전은 생략되었고 기습에 기초한 지상군 기동이 항공작전과 동시에 시작되었다. 그 결과 1991년 당시와 같은 전쟁을 예상하고 있던 이라크 정규군은 시간과 전략적 주도권을 상실하고 조직적인 저항을 하지 못한 체 급속도로 붕괴하고 말았다. 전쟁 기간은 예상보다 짧았으며, 전투 중 발생한 미군의 전투 인명손실 역시 적었다. 따라서 미국의 여론은 대테러전쟁을 계속 지지할 수 있었고, 미국 내의 국가-사회 간 긴장 역시 예방될 수 있었다. 국제

---

86 Robert A. Pape, “The True Worth of Air Power” *Foreign Affairs* 83:2 (2004), p. 128.

87 John R. Ballard, *From Storm to Freedom: America's Long War with Iraq* (Annapolis: Naval Institute Press, 2010), p. 101.

공조 측면에서 유엔 안보리 결의안 확보에는 실패했지만 미국은 여러 동맹국들과 함께 다국적군을 구성하여 이러한 문제를 보완하고자 했다. 이런 상황을 대비하여 미국 중부사령부는 이미 1997년부터 다국적 태스크 포스 팀을 구성하여 영국, 아르헨티나, 호주, 뉴질랜드, 체코, 헝가리, 폴란드, 루마니아, 쿠웨이트와의 협력을 조성해왔었다.[88] 그 결과 이라크 침공시 유엔 결의안을 확보하지 못하였음에도 불구하고 비교적 신속히 다국적군이 형성될 수 있었다. 따라서 이라크 침공 기간 동안, 미국은 전쟁 지속에 필요한 손실 가해 능력을 유지할 수 있었다.

그러나 후세인 정권이 몰락한 이후에도 이라크에서의 폭력 사태는 종결되지 않았다. 이라크 정규군이 급속히 붕괴되고 있을 때 후세인 정권에 충성도가 높은 페다인 후세인 등의 친위부대들은 비정규전으로 전환하여 저항을 시작하였다. 또한 후세인 정권 몰락 이후 전후 처리 과정에서 미국은 이라크 정규군들을 일시에 해체시켜 제도권에서 배제시켰기 때문에 상당수의 이라크 군 병력이 저항활동 중인 무장 단체로 흡수되어졌다. 더구나 미군과 다국적군은 남부 이라크를 관통하며 바그다드를 점령하는 과정에서 지나쳐간 주요 도시들의 치안과 통제에 필요한 충분한 병력을 남겨두지 않았기 때문에 저항세력의 활동이 용이했다. 그 결과 2003년 여름부터 이라크 내 무장단체의 저항활동은 보다 조직화되었고 다국적군의 살상과 이라크 전역의 불안정한 환경 조성을 목표로 하는 무장투쟁이 증가하기 시작했다.[89] 따라서 미국은 후세인 정권을 붕괴시켰음에도 불구하고 즉각적인 철수를 할 수

---

88 John R. Ballard, *From Storm to Freedom: America's Long War with Iraq* (Annapolis: Naval Institute Press, 2010), pp. 89-91.

89 John R. Ballard, *From Storm to Freedom: America's Long War with Iraq* (Annapolis: Naval Institute Press, 2010), p. 156.

없는 상황에 직면했고, 이에 따라 미국의 전략 목표도 이라크 안정화와 친미 정부 수립을 통한 국가 재건으로 전환되어졌다.

(4) 2003년~2007년

2003년 여름 이후부터 이라크 전쟁은 안정화작전이 요구되는 분란전 상태로 변모되었다. 미국이 미리 예상하지 못했던 것 중의 하나는 후세인 정권 붕괴 이후 이를 대체할 정치적 세력이 마땅치 않다는 것이었다. 오래전부터 이라크로부터 망명해 해외에서 활동해왔던 반 후세인 세력은 정치적으로 무능력하다는 것이 드러났다. 그리고 이라크 국내에서는 수니 이슬람(Sunni Islam), 시아 이슬람(Shiite Islam), 쿠르드 간의 분열을 통합하고 후세인 정권을 대신할 만한 정치적 대안 세력도 없었다. 또한 미국이 전후 처리 과정에서 후세인 세력을 철저히 배제하기 위해 과거 집권 바트(Baath)당과 군부를 완전히 해체해 버렸기 때문에 행정적으로 실무를 집행할 관료집단 역시 사라지고 말았다. 더구나 1990년대부터 계속된 경제 제재로 인해 이라크 주민들의 생계와 치안을 위한 사회 인프라는 심각한 수준으로 훼손되어져 있었다. 그러므로 미국은 이라크의 정치적 안정과 주민의 생계 보장을 맡길 적절한 정치적 대안 세력을 찾을 수 없었고, 모든 것을 직접 책임져야 하는 상황이 되었다. 이때부터 미국의 전략 목표는 이라크 국가 재건으로 사실상 전환되어졌다. 그러나 이라크 침공 작전 마지막 단계부터 출현한 무장단체들에 의한 분란 상황은 확대 일로였고, 다국적군의 인명 피해 역시 꾸준히 발생하고 있었다. 2004년부터 다국적군 사령관으로 부임한 케이시(George W. Casey) 장군은 이라크내 분란 상황 해결을 위해 이라크 보안군을 창설하고 강화시켜 나갔고, 따라서 다국적군의 주요 임무는 이라크 보안군의 훈련과 육성이 되었다. 이와 같은 상황에서 2006년

2월 시아 이슬람의 성지인 사마라(Samarra)에서 일명 골든 모스크(Golden Mosque) 폭발로 불리는 알 아스카리 모스크(Al-Askari Mosque) 폭파 사고는 이라크 내 시아 이슬람과 수니 이슬람간의 전면적인 종파 내전 상황을 유발시켰다. 그리고 시리아 국경 등을 통한 알카에다 조직의 침투와 이란의 시아 이슬람 무장단체 지원으로 인해 분란전 상황은 더 확대되었고, 다국적군의 인명 손실도 증가되었다.

2006년 시점에서 다국적군의 전투 인명 손실 증가로 인해 이라크 전쟁에 대한 미국내 여론의 지지는 2003년에 비해 악화되었다. 그러나 미국의 반전 여론 형성은 전투 인명 손실에 의해서만 결정되는 것이 아니라 전쟁의 승리 가능성과 전쟁 개전의 명분에 의해서도 이루어지기 때문에 2006년 말까지도 심각한 반전 운동은 등장하지 않았다.[90] 이와 같은 이라크 상황 속에서 재선에 성공한 부시 대통령은 미국의 새로운 대 이라크 전략 목표 달성을 위한 군사력 운용 방안을 선택해야 했다.

2006년 당시 미국이 친미 이라크 재건이라는 목표 달성을 위해 고려할 수 있는 군사력 운용 방법은 크게 두 종류였다. 첫 번째 방안은 2003년부터 계속 실행해온 이라크 보안군 강화를 가능한 빨리 완성시켜 미군의 작전 주도권을 이양하고 이라크 보안군 중심으로 치안을 확보하는 것이었다. 그리고 두 번째 방안은 미군을 증강시켜 안정화작전을 본격적으로 실시하는 것이었다. 미국 국방부, 합참, 다국적군 사령부, 주 이라크 미 대사관은 당시 진행 중인 이라크 보안군 훈련을 가속화하여 작전 주도권을 이양하게 되기를 바랐다. 반면 미 국무부는

90 Christopher Gelpi, Peter D. Feaver, and Jason Reifler, *Paying the Human Costs of War: American Public Opinion and Casualties in Military Conflicts* (Princeton: Princeton University Press, 2009), pp. 52-64.

미군이 안정화작전을 수행하되 치안 관련 임무를 축소시키고 다른 다국적군이 그 임무를 대체해 주기를 원했다.[91]

여기서 첫 번째 방안인 이라크 보안군으로의 작전 주도권 이양은 사실상 미군의 전면 철수를 의미했으므로, 당시 미국은 미군 철수와 전쟁 지속 사이에서 선택을 우선적으로 해야 했다.[92] 만약 미국이 전면 철수를 선택한다면, 베트남 전쟁에서 철군 선택 후 결국 전쟁에서 패전했듯이 이라크 전쟁에서도 패전하였다는 평가를 받게 될 수 있었다. 민주국가에 있어서는 인명과 시간 손실에 대한 민감성만큼이나 패전에 대한 민감성 역시 강하다. 그러므로 이라크 분란전 상황 대책으로의 미군 전면 철수는 민주국가의 패전 민감성으로 인해 당시로서는 정치적으로 곤란한 선택이었다. 그 결과 미국은 전면 철수 대신 군사력 증강에 의한 안정화작전을 선택하게 되었다.

그러자 이어서 군사력 증강을 어떤 방식으로 할 것인가라는 논쟁이 뒤를 이었다. 효과적인 안정화작전을 위해서는 5개 중(重)전투여단(Heavy Brigade Combat Team) 수준의 증파(Surge)가 요구되었다. 미군의 해외 전개 절차에 의하면 5개의 중전투여단이 이라크에 추가 증파될 경우 해당 전력을 교체해줄 예비 전력까지 포함하여 총 3배 규모의 15개 중전투여단이 요구되었다. 이와 같은 병력 증강을 위해 미 합참과 육군은 미 본토의 예비군 동원을 요구했다. 반면에 부시 행정부의 고위급 관리들은 추가적인 미 본토 예비군 동원은 미국 내 국가-사회 간 긴장을 유발할 것으로 예상했고, 그보다는 한반도 등 다른 분쟁 가능

91 Peter D. Feaver, "The Right to Be Right: Civil-Military Relations and the Iraq Surge Decision" *International Security* 35:4 (2011), p. 104.

92 Peter L. Hahn, *Mission Accomplished? The United States and Iraq since World War 1* (Oxford: Oxford University Press, 2012), p. 187.

지역에 배치된 미군 부대의 활용을 원했다. 이에 대해 합참은 한반도와 같은 분쟁 가능 지역에서 전투부대를 차출할 경우 북한 등 해당 지역의 위협에 대한 억제와 대비태세가 약화될 것을 우려했다.[93] 이처럼 행정부 고위급 관리들은 예비군 동원 없는 병력 증파를 국내정치적으로 수용 가능한 위험 회피 방안으로 간주하였지만, 미 합참은 타 분쟁 가능 지역에서의 위험을 감수하는 방안으로 이해했던 것이다. 결국 많은 내부 논쟁 끝에 미군의 증파는 베트남 전쟁 당시와는 달리 미국의 추가 징병 또는 예비군 동원을 동반하지 않고 실행하는 것으로 결정되었다.

이것은 작전적 수준에서의 위험 감수를 무릅쓰고라도 전략적, 정치적 차원에서 위험 회피 방안이 선택되었음을 의미했다. 물론 미군의 증파 결정에는 미국내 정치적 지형 변화가 복합적으로 영향을 미쳤다. 2006년 중간선거에서 민주당이 의회 다수당이 되면서 부시 공화당 행정부는 이라크 전략을 재검토하라는 압력에 직면하게 되었다. 그리고 이라크 침공 이후로 군사작전을 주도해왔던 럼스펠드 국방장관이 중간선거 결과를 계기로 사임하자, 부시 대통령에게는 상대적으로 과거의 전략을 변경하기에 용이한 환경이 주어졌다. 그 결과 2006년 12월 부시 대통령은 이라크 군사작전이 안정화작전으로 전환되었음을 선언할 수 있었다. 그리고 미군 증파의 방법과 규모의 결정에는 미국의 국내정치적 안정을 우선적으로 고려해야 한다는 입장이 반영되어졌다. 따라서 미군 증파 병력의 규모와 파견 기간은 엄격히 통제되어졌으며, 이와 같은 조치는 증파가 위험 회피 방안으로 선택되었음을 의미했다.

93 Peter D. Feaver, "The Right to Be Right: Civil-Military Relations and the Iraq Surge Decision" *International Security* 35:4 (2011), p. 108.

공식적인 증파는 2007년에 결정되었고, 그 결과 30,000명의 5개 중 전투여단이 파병되었다. 작전 목표는 이라크 국민의 치안 유지로 선정되어졌다. 증강된 미군 병력들은 바그다드 인근 지역부터 무장세력들을 직접 타도하며 주거 밀집지역의 치안을 확보해 나가기 시작했다. 이와 함께 시리아와 이란 국경으로부터의 지원 세력 유입을 저지하고 알카에다와 이라크 내 무장단체 간 연계를 차단하려는 노력도 시행되었다. 전술적으로는 미군이 주둔기지 내에 안주하지 않고 직접 이라크 거주지로 투입되는 변화가 있었고, 작전적으로는 미군의 주 임무가 이라크 보안군의 훈련이 아니라 이라크 보안군과의 공동 작전으로 변경되어졌다. 또한 시아 이슬람 무장단체로부터 위협받던 수니 이슬람 세력에 대한 보호를 군사적으로 지원하여, 이라크 내 수니 정파와 시아 정파 간 세력 균형을 회복시켰다. 그 결과 양 세력 간의 상호 안보가 보장되어지면서 무력 충돌 대신 대화가 가능해졌다. 그리고 거주지역의 치안이 회복됨으로 인해 각 종파들이 스스로의 안전보장을 위해 알카에다 등 외부 무장 세력과 연대하려는 동기도 감소될 수 있었다. 따라서 이때부터 이라크 내 종파 투쟁 상황은 현저하게 안정적 상황으로 변모하기 시작했다. 2007년 말부터는 이라크 전역에서의 분란 활동과 다국적군의 전투 인명 손실이 동시에 대폭 줄어들었고, 결국 2008년에 이르러 미국은 2012년까지 이라크 전쟁을 완전히 종결하겠다는 계획을 발표할 수 있었다.

3) 이라크 전쟁에서 민주국가의 군사력 운용 요약

1992년부터 2007년까지 이라크에 대한 미국의 군사력 운용 방법들은 미국 내 국가-사회 간 긴장 악화를 방지하고 전투 인명 피해를 최소화할 수 있는 위험 회피 성향 방안들이었다고 할 수 있다. 이것은 민주국가가 전쟁에서 승리하기 위하여 국내정치적으로 수용 가능한 군사력 운용 방법을 더 선호할 것이라는 이론적 주장과 합치한다. 1992년부터 1998년 기간에 미국의 전략 목표는 대 이라크 봉쇄와 억제였으며, 가능한 군사력 운용 방법은 경제 제재와 항공 강압 공격을 결합한 방안과 제한적인 침공 방안이 있었다. 이때 경제 제재는 유엔의 명분하에 국제공조 차원에서의 손실 비용을 최소화할 수 있었고, 항공 강압 공격은 전쟁에서의 인적 자원 요구를 기술과 자본으로 대체할 수 있어 국내의 국가-사회 간 긴장 방지에 유용하였다. 미국은 이라크의 반복적인 도발에 대한 대처로 경제 제재와 결합된 항공 강압 공격 방안을 선택하였다. 이것은 제한적인 침공 방안에 비해 위험 회피 성향의 군사력 운용 방법이었다. 이와 같은 위험 회피 방안 선택을 통해 미국은 전투 인명 손실을 최소화하며 국내정치적 손실 비용을 감소시켜 대 이라크 억제와 봉쇄를 지속하는데 필요한 손실 가해 능력을 유지할 수 있었다.

1999년 이후에 미국의 전략 목표는 후세인 정권의 교체로 변화되었으나, 미국 내의 전쟁 수행 의지에는 1998년 이전과 비교하여 변화가 없었다. 그 당시 가능한 군사력 운용 방안으로는 정권 교체를 위한 전면 침공과 스마트 제재가 있었다. 미국은 국내에서 미처 고조되지 않은 전쟁 수행 의지를 고려하여 위험 회피 성향 방안을 선택하여 스마트 제재와 항공 강압 공격을 지속적으로 실행하였다. 그 결과 미국은 전투 인명 손실이나 부수적 민간 피해 없이 대 이라크 제재 조치를 계속 시행할 수 있었다.

그러나 2001년 9.11 테러 사태를 계기로 미국 내에서는 대 테러 전쟁 수행 의지가 고양되어졌고, 그 결과 2003년에 이라크 직접 침공이 결정되었다. 이때 미국은 기습과 우회 기동에 의존한 상대적으로 소규모 병력을 운용하는 방안과 대규모 재래식 침공 방안 사이에서 선택을 해야 했다. 이때 기습과 기동 방식의 군사력 운용은 기습이 실패할 경우 작전적 수준에서의 위험성이 컸지만, 인력 자원 소요와 인명 손실 가능성이 상대적으로 낮기 때문에 전략적 수준에서는 위험 회피 성향 방안이었다. 미국은 국내정치적 수용성을 고려하여 국내정치적 손실 비용이 적을 것으로 기대되는 기습과 기동 중심 군사력 운용 방법을 선택하였다. 미국은 기습과 기동 중심의 군사력 운용 방법으로 이라크 군을 성공적으로 기만시켜 후세인 정권의 교체라는 목표를 신속하게 달성할 수 있었다. 그러나 2003년 여름 이후 이라크 상황이 분란전으로 변모되고 이슬람 분파 간 종파 투쟁까지 심화되자 미국의 목표는 친미 이라크 정부 재건과 안정화로 재설정되어졌다.

2006년에 미국은 이라크 분란 상황에 대처하기 위해 이라크 보안군으로의 작전 주도권 이양이라는 사실상의 미군 철수 방안과 미군 증강이라는 두 가지 대안 중에서 선택을 해야 했다. 이때 미국은 민주국가의 패전 민감성으로 인해 미군의 철수 대신 미군 증강을 선택한다. 그러자 이어서 미군의 증강 방법을 선택해야 했다. 첫 번째 대안은 예비군을 동원하여 병력을 증강하는 것으로 이 경우 국내정치적 부담이 동반될 것이 예상되었다. 두 번째 대안은 미국 내 동원 없이 해외의 다른 분쟁 가능지역의 미군을 이라크로 차출하는 것으로, 이때는 다른 분쟁 가능지역의 대비태세 약화라는 위험 부담이 있었다. 결국 미국 부시 행정부는 국내 정치적 차원에서 위험 회피 성향 군사력 운용 방안을 선택하여 추가 징병 또는 예비군 동원 없이 한반도에서의 군사력 차출 등의 방안으로 5개 중전투여단을 이라크에 증파하였다. 이 선택은 기타 분쟁 가능지역에서의 위험은 증가하지만 미국의 국내정치적 수용성을 충족시킬 수 있는 병력 증강 방안이기도 했다. 따라서 미국은 국내정치적 손실 비용을 최소화할 수 있어 2007년부터 본격화된 안정화작전 기간 중에 손실 가해 능력을 유지할 수 있었다.

1992년부터 2007년까지 미국의 군사력 운용 방법 선택에는 전장 전투 성과보다는 국내정치적 수용성을 더 고려한 위험 회피 방안 선택 경향이 존재하였다. 미국은 이라크에 비해 월등한 국력의 우위를 점하고 있었으므로 이라크와의 전쟁을 일방적으로 시작하고 종결할 수 있었다. 따라서 미국의 입장에서는 전장 전투 성과 보다는 전쟁 지속 가능성을 결정해주는 국내 정치적 수용성이 더 중요할 수 있었다. 그 결과 미국은 군사력 운용 방법을 선택해야하는 매 시기마다 전장 전투 성과를 극대화시키기 위한 방안보다는 국내 정치적 손실 비용 감소에 기여할 수 있는 위험 회피 성향 방안 선택을 선호하였다. 그 결과 미국은 전쟁 전 기간 동안 손실 가해 능력을 유지할 수 있었고 지속적인 전쟁 수행 역시 가능했다.

제4장
민주동맹의 집단적 군사력 운용 방법 선택

제4장
민주동맹의 집단적 군사력 운용 방법 선택

1. 동맹 차원의 이론적 논의

1) 민주 동맹과 전쟁 승리 확률

지금까지는 개별 민주국가의 정치 체제 특성으로 인해 위험 회피 성향 군사력 운용 방법이 선택되는 과정을 살펴보았다. 여기서부터는 민주주의 국가들로 이루어진 민주동맹의 집단적인 군사력 운용 방법 선택에 개입하는 민주주의 정치 체제의 특성을 탐구해보고자 한다. 전쟁 중 민주주의 국가들 간의 동맹은 효과적이고 신뢰할만하기 때문에 민주동맹은 전쟁에서 상대적 우월함을 누릴 수 있다고 알려져 있다. 전시 민주국가간 협력이 비(非)민주주의 국가와의 협력보다 더 신뢰할 수 있다는 것은 다음 세가지 민주주의 정치 체제 특성 때문이다.

첫째, 민주국가의 정책결정은 비민주주의 국가에 비해 상대적으로 많은 제도적 견제 장치 속에서 이루어지고 있다.[94] 민주주의 체제에서 행정부가 기존의 동맹을 파기하려고 할 때는 의회의 동의 절차가 필요하다. 이 과정에는 집권 정부에 대한 경쟁 정당의 반대 등 제도권 내의 압력과 함께, 언론과 시민 단체 등 제도권 외부 행위자들까지 관여한다. 따라서 민주국가는 전쟁 중에 동맹을 파기하려 할 때 다양하고 복잡한 견제에 직면할 수 있다. 비민주주의 국가의 지도자는 자신의 추종세력과의 담합을 통해 신속하게 정책 결정을 할 수 있지만, 민주국가는 상대적으로 복잡한 정치적 과정이 필요하다. 그 결과 민주국가에서의 동맹 공약 파기에 필요한 정치적 비용은 비민주주의 국가보다 높아져서, 결국 민주국가가 동맹을 파기할 동기는 상대적으로 약해지게 된다. 민주국가들은 서로 이와 같은 제도적 제한을 지니고 있음을 공감하기 때문에 국가 간의 동맹을 상호 신뢰할 수 있게 된다. 그러므로 전쟁 중 민주국가간 협력은 비민주주의 국가와의 협력보다 더 신뢰성이 있는 것이다.

둘째, 민주국가의 외교 행위는 비민주주의 국가에 비해 국내 정치적으로 더 많은 감시를 받는다는 특징이 있다.[95] 민주국가의 국민들은 투표권을 행사하고, 정책 결정과정에 비민주주의 국가 국민보다 상대적으로 큰 영향력을 지니고 있어 감시 역할이 가능하다. 따라서 민주국가의 외교 정책 변화에는 국내정치 감시자들로부터의 보상 또는 처벌이라는 결과가 따라오게 된다. 이와 같은 민주국가의 국내정치적 환경에서는 동맹 공약 파기와 같은 정치적 비용이 큰 외교정책 변화를 시도

94 Ajin Choi, "Democracy Synergy and Victory in War, 1816-1992" *International Studies Quarterly* 48 (2004), pp. 666-667 ; Ajin Choi, "Fighting to the Finish: Democracy and Commitment in Coalition War" *Security Studies* 21:4 (2012), pp. 628-629.

95 Alastair Smith, "To Intervene or Not To Intervene: A Biased Decision" *Journal of Conflict Resolution* 40:1 (1996), pp. 16-40 ; Douglas M. Gilber and Scott Wolford, "Alliance, Then Democracy: An Examination of Relationship between Regime Type and Alliance Formation" *Journal of Conflict Resolution* 50:1 (2006), pp. 129-151.

하는 것 자체가 쉽지 않게 된다. 그 결과 민주국가들 간의 동맹 공약은 비민주주의 국가의 동맹 공약에 비해 상대적으로 변화될 가능성이 적은 것이다. 따라서 전쟁 중에 민주국가들이 비민주주의 국가보다는 동맹 공약을 계속 유지할 가능성이 커진다. 이와 같은 민주주의 정치제도의 특징으로 인한 민주주의 동맹국 간의 전쟁 중 공고한 협력의 실례로는 제1차 세계대전 중 영국이 독일의 단독 평화협상 제안을 거부했던 것을 들 수 있다.

"[1917년] 영국은 [소모전으로 인한 전투 인명 손실, 러시아의 전열 이탈 가능성, 독일의 무제한 잠수함 작전으로 인한 피해 증가 등] 많은 우려 때문에 전쟁 목표를 점진적으로 축소해 나가며, 전쟁 승리가 아닌 평화 자체의 가능성을 재고하기 시작했다. 당시 영국 수상 로이드 조지(Lloyd George)는 평화 협상에 대해 심각하게 숙고하고 있었던 것으로 보인다. [……] 그때 1917년 9월 18일, 독일은 영국에게 단독 평화 협상을 제안하였다. 독일 수상 퀼만(Richard von Kuhlmann)은 벨기에에 대한 영국의 요구를 만족시킬 수만 있다면 영국도 종전을 원하게 될 것이라고 생각했었다. 실제로 교황 베네딕트 15세(Benedict 15)가 같은 해 8월에 영국과 독일간의 평화 협상을 제안했을 때, 영국은 벨기에 독립을 보장할 수 있는지 여부와 독일의 최종 전쟁 목표를 문의한 바가 있었다. 따라서 독일은 최초 협상 제안에서 벨기에 독립 회복과 함께 독일로부터 알자스-로렌 지방의 분리, 세르비아의 독립 회복, 이탈리아에 대한 영토 양보, 영국에 대한 식민지 양보 등을 제시하였다. 이미 영국의 로이드 조지는 수상 취임시 독일로부터 분명한 승리를 쟁취해낼 것이라고 공식적으로 선언한 바 있었다. 그러나 그 당시 서부전선에서의 교착 상태는 계속되고 있었고 독일의 제안은 영국의 국익을 만족시킬 수 있었으므로 로이드 조지는 평화 협상 시작을 내심 바라고 있었다. 따라서 로이드 조지 수상은 1917년 9월 24일에 독일의 제안을 영국 전시 내각에 공식 전달하였다. 그러나 영국 전시 내각은 독일의 제안을 검토한 후 영국 수상의 생각에 동의하지 않았다. 그때 독일이 제안한 것은 영국과의 비밀 협상이었고, 이 때문에 영국 전시 내각은 다른 동맹국들에 대한 협력과 투명성 유지 원칙이 시험대에 오르게 되었다는 인식을 갖게 되었다. 특히 영국 외교장관 발포어(Arthor Balfour)는 연합국 간의 동맹이 분열될 위험을 지적하며 독일의 비밀 제안을 다른 동맹국들에게도 알려야 한다고 주장했다. [……] 영국 전시 내각 각료들 대다수는 독일의 국력이 변함없이 강력하게 유지되어 미래의 위협으로 계속 남게 되는 상황을 동반하는 평화를 수용할 수 없었다. [전시 내각 내 주요 정치인이기도 한] 밀너(Alfred Milner)는 독일에게 점령된 러시아 영토가 독일령으로 확정되어 향후 독일이 더 강력해지게 될 가능성을 경고하였다. 그리고 영국이 독일과 단독 평화를 선택할 경우 러시아는 더 이상 독일과의 전쟁을 지속하지 않을 것이라고 예견했다. [……] 그 당시 영국 수상은 전시 내각 각료들을 설득하여 독일과의 평화 협상을 시작하고자 했다. 그러나 대다수 전시 내각 각료들은 동맹국의 희생을 담보로 한 평화를 받아들이려고 하지 않았다. 그 결과 영국은 독일의 평화 협상 제안을 다른 동맹국들에게도 공개하고 말았다. 그 해 10월 4일에 발포어 영국 외교장관은 워싱턴으로 해당 사실을 알렸고, 10월 6일에는 프랑스, 미국, 일본 대사와 이탈리아, 러시아 대사 권한대행을 호출하여 독일의 제안을 설명해주었다."[96]

이처럼 민주주의 정치체제 특성은 민주국가가 전략 환경이 변화했

96 Ajin Choi, "Fighting to the Finish: Democracy and Commitment in Coalition War" *Security Studies* 21:4 (2012), pp. 645-648.

다는 이유만으로 전쟁 중에 협력 약속을 손쉽게 번복하는 것을 방지하는 역할을 할 수 있다. 또한, 민주국가간에는 제도적 동질성도 존재하지만 비민주주의 국가보다는 제도적 투명성이 강하고 이 때문에 민주국가끼리 상호 공감에 기초한 공고한 협력이 가능하다.[97] 민주국가들은 의사결정 제도가 유사하고 투명하기 때문에 서로 상대방의 정책에 대한 예측 가능성이 커진다. 이와 같은 예측 가능성은 국가 간 상호 신뢰 형성에 기여할 수 있고 신뢰가 누적되면서 상호 동질감을 갖게 해준다. 실제로 제2차 세계대전 이후부터 민주국가들은 비민주주의 국가와 구별되는 외교정책상의 유사성을 많이 보여주었다. 그 결과 민주국가들 사이에는 비민주주의 국가와 구분되는 상호 동질감을 지니게 되었다. 이러한 동질감을 바탕으로 민주국가들 간에는 안보 분야의 공동체 의식도 발전될 수 있었다. 이와 같은 동질감과 공동체 의식을 바탕으로 민주국가간의 동맹은 비민주주의 국가와의 동맹보다 더 신뢰할 수 있게 된다.

민주국가간의 상호 공감에 기초한 협력 사례로는 프랑스의 나토(NATO) 탈퇴 상황을 들 수 있다. 1958년 당시 프랑스의 드골(Charles de Gaulle) 대통령은 제2차 세계대전 후 결성된 나토 동맹이 미국과 영국 두 나라만의 특수한 협력관계에 의해 주도되는 것을 반대했었다. 따라서 1958년 9월 17일에 드골 대통령은 아이젠하워(Dwight D. Eisenhower) 미국 대통령과 맥밀란(Harold Macmillan) 영국 수상에게 미국, 영국, 프랑스 3국이 나토 동맹을 주도할 수 있는 협의 기구 결성을 제안하는 각서를 보냈다. 그러나 미국과 영국의 대답이 불명확하자, 드골 대통령

97 Dan Reiter and Allan C. Stam, *Democracies at War* (Princeton: Princeton University Press, 2002), pp. 85-86 ; Charles Lipson, *Reliable Partners: How Democracies Have Made A Separate Peace* (Princeton: Princeton University Press, 2003), pp. 77-78.

은 독자적인 프랑스 방위라는 결정을 내리게 된다. 따라서 1959년 2월에 프랑스는 나토 사령부로부터 프랑스 지중해 함대를 철수시키고, 프랑스 영토 내 모든 외국군 핵무기 배치를 금지하는 결정을 내린다. 그 후속 조치로 미국은 프랑스에 배치되었던 200여대의 군용기를 모두 프랑스 국외로 이전시키고, 프랑스 내 미군 공군기지 역시 1967년까지 모두 프랑스 정부에 반환하게 된다. 그리고 1966년에는 모든 프랑스군이 나토의 통합 지휘체계로부터 철수하고 만다. 그러나 이와 같은 공식적인 나토 동맹 탈퇴에도 불구하고 프랑스는 미국 · 영국과 민주국가 간의 상호 공감을 유지하며 사실상의 동맹을 유지하였다. 즉 프랑스는 냉전 기간 내내 서독에 프랑스군을 주둔시키며 공산권의 침략으로부터 유럽을 방위하기 위해서 동맹국으로의 의무를 다해 왔던 것이다. 실제로 나토 탈퇴 이후에도 프랑스는 미국과 일련의 비밀 협정들을 체결하여 유럽에서 분쟁 발발시 나토 지휘구조 내로 프랑스군이 편입될 것임을 약속하기도 했다.[98]

지금까지 설명한 주요 이유로 인해 전쟁 중 민주주의 국가 간 협력은 비민주주의 국가와의 협력보다 상대적으로 신뢰할 수 있으므로 민주동맹의 존재는 전쟁 승리 가능성을 높일 수 있는 요인이 된다. 그러나 반대로 민주동맹 내에서 전쟁 중 동맹국 간 협력을 저해하는

---

98 프랑스군의 나토 지휘체계 철수 후, 프랑스군 참모총장 아일레트(Ailleret)와 나토 유럽 총사령관 렘니체르(Lemnitzer)는 1968년에 비밀협정(Ailleret-Lemintzer Agreement)을 체결하여 동유럽으로부터 소련의 침공에 대비한 프랑스군과 나토 간의 군사협력체계를 준비시켰다. 이 협정은 소련의 침공시 프랑스 군의 역할을 단순히 방어로만 한정하지 않았고 공격 전환에도 포함시켰다. 그리고 이 협정은 체결 후 20년간 비밀로 유지되어 왔었다. Katia Zatuliveter, "France's Changing Role in NATO", UK Defense Forum, www.defenceviewpoints.co.kr ; Fredrik Wetterqvist, *French Security and Defence Policy, Current Development and Future Prospect* (Stockholm: National Defence Research Institute FOA-Report C-10325, 1991) p. 15.

요인이 발생할 경우는 민주동맹의 전쟁 승리 가능성은 낮아지게 될 것이다.

2) 민주동맹의 연합군 구성

민주주의 국가들로 구성된 민주동맹 회원국들이 비민주주의 동맹국에 비해서는 정치 체제의 특성상 전쟁 중 구성되는 연합군에 참여할 가능성은 더 높다고 할 수 있다. 그러나 역사적으로 모든 민주동맹국들이 전시 연합군으로 참전하지는 않았다. 이처럼 공식적 동맹 상태를 유지하면서도 전시 연합군 편성에 참여하지 않거나 제한적으로만 참가하는 경우가 있기 때문에 전쟁 사례 연구에서 동맹(alliance)과 연합군(coalition) 구성은 구분되어야 할 필요가 있다. 동맹은 소속된 회원국들이 준수해야 할 공약을 지니고, 회원국들의 주요 외교 행위들이 상호 합의되어 실행되도록 하며, 국가 간 협력을 조장하는 역할을 하고 있다.[99] 그리고 동맹은 전쟁 이전과 이후에도 회원국들의 외교적 선택과 행위를 제약하는 역할을 한다. 그러나 이와 달리 연합군의 구성은 전쟁 기간 중에만 이루어지므로 동맹에 비해 단기적이고 임시적 성격의 체제로 정의될 수 있다. 연합군이 구성될 때도 소속 국가들 간 공동의 목표와 전략이 채택되지만, 동맹과는 달리 한시적인 경우가 많다. 이러한 동맹과 연합군의 차이점 때문에 공식적 동맹국일지라도 연합군 참여에 불응하는 경우가 생겨난다. 1991년 걸프전쟁 당시 프랑스는 미국 주도의 연합군 구성에 미국의 동맹국으로써 참여했었다. 그러나 2003년 이라크 침공시 미국이 다시 연합군 참여를 요청할 때, 프랑스는

99 D. Scott Bennett, "Testing Alternative Models of Alliance Duration, 1816-1984" *American Journal of Political Science* 41:3 (1997), p. 846.

불응하였다. 하지만 프랑스의 연합군 불참이 미국과의 공식적인 동맹 관계를 단절시키거나 약화시키지는 않았다. 이와 같이 연합군 구성에 불참하는 것이 동맹의 파기를 의미하지 않을 수 있다. 연합군 구성 참여를 요청한 국가는 불참을 통보한 동맹국과의 장래 협력 가능성을 고려하여 그 동맹국의 입장을 수용할 수 있기 때문이다. 이와 같은 동맹과 연합군 구성의 개념적 차이로 인해 민주동맹의 모든 회원국들이 항상 연합군 구성에 동참하는 것은 아니다.

또한 동맹국들이 연합군 구성에 참여할 경우에도 연합 군사작전 효율성 측면에서의 차이가 존재할 수 있다. 동맹국들은 연합군의 일원으로 참여하지만 제한적인 역할만 담당하는 경우가 있기 때문이다. 그리고 연합군의 공동 목표와 전략 수립시 동맹국 간에 이견과 갈등이 발생할 수도 있다. 그리고 연합군 구성국간의 갈등이 원만하게 수습되지 못하고 공동 목표와 전략 수행에 균열이 생기게 되면 연합 군사작전의 효율성은 약화될 것이다. 민주국가들로 구성된 민주동맹도 전쟁 중 협력의 신뢰성 측면에서는 상대적 장점이 있지만 연합군 내에서 갈등을 일으킬 수 있는 구조적 요인이 있다면 연합작전은 비효율적이 될 것이다. 이때 민주주의 정치 체제의 특성으로 인해 민주동맹 내부의 회원국들 사이에는 갈등이 존재할 개연성이 있다. 전쟁에서 민주동맹 회원국인 개별 민주국가들의 국내정치적 수용성이 서로 차이가 심할 경우, 동맹국 각자가 선호하는 군사력 운용 방법이 달라져서 전쟁 중 갈등의 원인이 될 수 있다. 여기서 민주주의 국가들 간 국내정치적 수용성의 차이는 국내 정치적 견제 상황, 여론, 군 구조의 차이점이라는 개별 국가들의 구조적 특징으로부터 발생할 수 있다.[100]

---

100 Andrew Bennett, Joseph Lepgold, and Danny Unger, "Burden-Sharing in the Persian Gulf

첫째, 민주동맹 내 회원국 간 전쟁에 대한 국내정치적 수용성의 차이는 집권 정부에 대한 국내정치적 견제 상황의 상이함으로부터 비롯될 수 있다. 민주국가에서 집권 정부 엘리트들은 비민주주의 국가에 비해 국가간 공약을 이행하려는 의무감이 더 강하다. 그 이유는 선거를 통해 유권자의 심판을 받아야하는 민주국가에서 행정부가 공식적인 동맹 공약을 파기함으로 인해 국민들의 반발과 불신을 불러일으킨다면 다음 선거에서 불리해질 수 있기 때문이다.[101] 그러므로 민주국가들은 모두 국내정치적 견제에 직면하는데, 개별 민주국가별로 집권 정부에 대한 국내정치적 견제의 정도에 따라 외교안보 정책 결정의 폭이 달라질 수 있다. 즉 국가의 국내정치적 견제 상태가 약할수록 동맹의 공동 군사력 운용 방법 선택시 다른 동맹국들의 요구를 수용하는 것이 용이하다. 반면에 국내정치적 경쟁 정파가 의회 다수당이 되어 집권 정부를 견제하기 시작하거나, 정치적 연대감이 약한 정파와 연립정부를 구성할 경우에는 국내정치적 합의를 위해 많은 정치적 비용이 요구된다. 이처럼 국내정치적 견제 상태가 심각한 상태에서는 동맹국과의 협력보다 국내정치적 요구가 우선시되어 다른 동맹국들의 요구를 수용할 수 있는 능력이 저하된다. 그러므로 민주동맹 내에서도 정치적 견제 상황이 더 심각한 국가는 다른 동맹국에 비해 보다 더 위험 회피 성향

War" *International Organizations* 48:1 (1994), pp. 39-75 ; David P. Auerswald, "Explaining Wars of Choice: An Integrated Decision Model of NATO Policy in Kosovo" *International Studies Quarterly* 48:3 (2004), pp. 631-662 ; Jason W. Davidson, *America's Allies and War: Kosovo, Afghanistan, and Iraq* (New York: Palgraven Macmillan, 2011), pp. 14-25 ; Atsushi Tago, "When Are Democratic Friends Unreliable? The Unilateral Withdrawal of Troops from the Coalition of Willing" *Journal of Peace Research* 46:2 (2009), pp. 219-234.

101 Brett Ashley Leeds, "Alliance Reliability in Times of War: Explaining State Decisions to Violate Treaties." *International Organizations* 57 (2003), pp. 801-827.

이 강한 군사력 운용 방안을 선택하여 국내 정치적 요구를 만족시키려는 동기가 강화된다. 그리고 그 결과 다른 민주주의 동맹국과 공동의 군사력 운용 합의 과정에서 갈등이 발생할 수 있게 된다.

둘째, 민주국가는 정치 체제의 특성상 유권자들의 태도를 대변하고 있는 국민 여론에 대해 민감할 수밖에 없다. 예를 들어 국민 대다수가 전쟁 참전을 반대할 경우, 여론의 반대 그 자체는 집권 정부에 대한 일차적인 압력요인이다. 그리고 이와 같은 상황에서는 정치적 경쟁 정파가 국민 여론에 힘입어 집권 정부에 대한 반대 입장을 강화한다는 것도 추가적인 압력 요인이 된다. 따라서 집권 정부 입장에서는 반대 여론과 정치적 경쟁 정파의 입장을 동시에 고려하여 차기 선거에 대비해야 할 필요가 있다. 그 결과 민주국가의 집권 정부는 동맹국과의 이견 조정 보다는 국내의 선거를 우선시하게 될 가능성이 커진다. 이와 같은 상황에서는 동맹국간의 합의보다는 국내정치적으로 수용 가능한 위험 회피 성향의 군사력 운용 방안을 일방적으로 선호하게 된다. 그러므로 전쟁 중 민주동맹 내에서 회원국들 간 집권 정당에 대한 국내 여론의 지지도 차이가 클수록 동맹의 집단적 군사력 운용 방안 선택 과정에서 동맹국간 갈등이 발생할 가능성 역시 증가할 수 있다.

셋째, 민주동맹 내부 회원국 간 갈등은 군의 구조적 차이에 의해서도 발생한다. 예를 들면 같은 민주주의 국가들 사이에도 징병제와 지원병제 간의 군 병역제도의 차이로 인해 민주국가 특유의 인명 손실 민감성에 대한 차이점이 발생될 수 있다. 징병제 사회의 시민들은 지원병제 사회 시민들보다 전시 인명 손실이라는 부담을 더 많이 갖고 있다. 이 때문에 징병제와 지원병제간 군 구조의 차이점으로 인해 같은 민주국가들 사이에서도 전투 인명 손실에 대한 민감성의 차이가 존재할 수 있다. 즉 징병제도를 보유한 민주국가에서는 지원병제를 지닌 민주국가에서보다 유권자들의 관심이 상대적으로 군 병력이 동원되는 전쟁과 그로 인한 손실에 많이 집중되어져서 전투 인명 손실에 더욱 민감해지게 된다.[102] 그 결과 징병제를 지닌 민주국가는 지원병제하의 민주국가보다 전투 인명 손실을 최소화할 수 있는 위험 회피 성향 군사력 운용 방안을 더 선호하게 된다. 민주국가의 징병제도 차이로 인한 군사력 운용 방법 선호 경향의 변화는 군 내 병력 집약도를 의미하는 전력구조[103] 차이를 통해서도 나타날 수 있다. 즉 전력구조가 병력 집약형인 민주국가가 기술 집약형인 민주국가보다 전투 인명 손실에 더 민감할 수 있는 것이다. 그러므로 민주동맹을 구성하는 민주국가들은 군 구조의 차이로 인해서도 공동의 군사력 운용 방안 선택 과정에서 갈등이 발생할 가능성이 있다.

이처럼 민주주의 국가들로 구성된 민주동맹 내 회원국들이 전시 연합군으로 참여하더라도 개별 국가들의 국내정치적 견제 상황, 여론, 군 구조 등의 차이점으로 인해 각국의 위험 회피 성향이 달라질 수 있다. 그 결과 전쟁 중 연합국들 간 공동 상황 평가와 공동 목표 수립시에도 갈등이 발생할 수 있다. 예를 들어 전투 인명 손실에 대해 구조적으로 덜 민감한 민주국가는 상대적으로 위험 회피 성향 군사력 운용 방안을 선택하기보다는 전장 전투 성과를 향상시키는 공동목표를 선호할 가능성이 크다. 반면 전투 인명 손실에 상대적으로 더 민감한 민주국가는 위험 회피 성향의 군사력 운용 방안을 더 선호하게 되고, 이로 인해 연합군 내에서 동맹국간 군사력 운용 방안 선택에 관한 갈등

102 Joseph P. Vasquez III, "Shouldering the Soldiering: Democracy, Conscription, and Military Casualties" *Journal of Conflict Resolution* 49:6 (2005), pp. 849-873.

103 강병철, 『중간세력국가의 안보환경과 전력구조 : 이스라엘 · 대만 · 한국의 사례 비교 연구』, 연세대학교 박사학위 논문, 2001, pp. 27-29.

과 충돌이 야기될 수 있다. 이처럼 연합국내 민주국가들의 국내 환경의 차이는 공동 목표와 전략 수립시 갈등 조장 요인이 될 수 있다. 그리고 이로 인한 연합국간 갈등은 민주동맹내의 전쟁 중 협력을 침해할 수 있다. 또한 일단 연합국의 일원으로 참전한 동맹국일지라도 전투 인명 손실에 민감할 경우에는 연합군의 집단적 군사력 운용 방법을 따르지 않고 독자적으로 소극적인 군사력 운용을 선택할 수도 있다. 이처럼 민주동맹 내부의 개별 민주주의 회원국 간의 국내 환경 차이는 동맹 내부의 갈등과 그로 인한 집단적 합의 상실을 야기할 수 있다. 이것은 민주주의 정치 체제 특성으로 인해 민주동맹에서만 발생하는 추가적인 손실 비용이 된다. 이와 같은 추가적 손실 비용은 민주동맹의 전쟁 수행시의 총 손실을 증가시키고, 그 결과 손실 가해 능력은 저하되고 전쟁 승리 확률 역시 감소될 수 있다. 다음 [그림 4-1]은 민주동맹 내부의 발생되는 추가적 손실 비용과 손실 가해 능력, 전쟁 결과간의 관계를 보여주고 있다.

[그림 4-1] 민주동맹 내부 발생 손실 비용과 손실 가해 능력, 전쟁 결과

민주 동맹 내부의 손실 비용		손실 가해 능력 상태		국가의 결심 선호		전쟁 결과 전망
민주주의 동맹국간의 갈등 발생으로 추가 손실 비용 증가	⇨	감소	⇨	전쟁 지속 보다 불만족스러운 휴전 조건 수용 선택	⇨	승리 확률 감소
민주주의 동맹국간의 갈등 방지로 추가 손실 비용 방지	⇨	유지	⇨	예상되는 불만족스러운 휴전 조건 보다 전쟁 지속 선택	⇨	승리 확률 증가

위의 [그림 4-1]에서 같이 민주동맹을 구성하는 민주주의 회원국들이 연합군 구성을 계속 유지하기 위해 소요되는 손실 비용이 증가 할수

록 궁극적으로 민주동맹의 집단적인 손실 가해 능력이 저하되는 결과가 나타난다. 그리고 민주동맹의 집단적 손실 가해 능력 저하는 곧 전쟁 승리 확률 감소로 이어진다. 따라서 민주동맹 내부에서 발생할 수 있는 갈등과 균열을 방지하여 집단적 합의를 유지하는 것은 민주동맹의 전쟁 수행에 있어 중요한 과제가 된다.

3) 안보 공동체 성격을 지닌 민주동맹의 집단적 합의

앞서 살펴본 것처럼 개별 민주국가들은 국가-사회 간 긴장 때문에 전장 전투 성과보다 국내정치적 수용성을 고려하여 위험 회피 방법을 선택하는 경향이 있다. 그런데 이와 같은 경향은 민주국가들로 구성된 민주동맹의 집단적 합의 형성 과정에도 영향을 미친다. 민주동맹 내 회원국 간의 국내 환경 차이는 서로 다른 위험 회피 군사력 운용 방안을 선호하도록 하여 동맹국간의 집단적 합의를 어렵게 만들 수 있다.

그러나 민주동맹 내에서 민주국가들만의 독특한 관계가 강화되어질 경우 민주동맹은 공동의 위험 회피 방안을 선택함으로써 모든 동맹국들이 수용할 수 있는 집단적 합의에 도달하는 것이 용이해질 수 있다. 이와 같은 민주국가들 간의 특별한 관계 형성은 민주동맹을 구성하는 국가들이 모두 민주주의 가치와 규범을 공유하며 국내 의사결정과정이 투명하다는 특징으로부터 비롯된다. 이때 민주주의적 규범은 갈등을 비폭력적으로 해소하는 기능을 지니고 있어, 민주동맹을 통해 가치와 규범을 공유하는 국가들은 강한 연대의식을 갖을 수 있게 된다. 그 결과 민주동맹은 단순히 국가 이익을 확대한다는 일반적인 동맹의 목표를 넘어서 호혜성과 동질적인 정체성에 기초하는 안보 공동체 성격을 지니게 된다.[104] 안보 공동체 내에서 국가 간 관계는 공통적 규범과 정체성을 바탕으로 주요 현안에 대한 사전 의견 조율, 상대방 국가의 반응에 대한 폭 넓은 수용, 강제력보다 합의를 우선하는 상호작용이 가능한 관계로 규정된다.[105] 더구나 안보 공동체는 장기간에 걸쳐 성숙되어진 국가 간 상호 관계에 바탕을 두기 때문에, 비공식적 인적 네트워크가 폭넓게 형성되어져서 다양한 경로로 의견 교환과 조정을 할 수 있다는 장점도 지닌다. 그 결과 안보 공동체의 집단적 의사 결정은 국력이 강한 국가의 강제력을 바탕으로 한 일방적 결정이 아니라 구성원 모두의 입장이 조율된 합의를 통해 이루어지게 된다. 민주동맹의 경우 일정 기간 이상 동맹이 지속되면 민주주의 가치와 규범의 공유가 폭넓게 진전되면서 자연스럽게 안보 공동체에서 나타나는 공동 의사 결정 성격을 지니게 된다.

이와 같이 안보 공동체의 구성원 국가들은 개별 민주주의 국가들이 직면하고 있는 국내정치적 압력에 대해 상호 폭넓게 공감할 수 있고, 이것을 바탕으로 서로에 대한 존중과 양보가 가능해진다. 그 때문에 안보 공동체 구성원 국가가 직면하고 있는 개별적인 국내 정치적 압력은 다른 구성원 국가들이 양보해야 할 이유가 된다. 따라서 민주국가 간 집단적 합의는 개별 국가들의 국내정치적 압력을 해소하는 방향으로 이루어지게 된다.[106] 이것은 안보 공동체 구성 국가들이 모두 개별

104 Thomas Risse-Kappen, *Cooperation Among Democracies* (Princeton: Princeton University, 1995), pp. 4-32 ; Dan Reiter and Allan C. Stam, *Democracies at War* (Princeton: Princeton University Press, 2002), pp. 85-86.

105 Thomas Risse-Kappen, *Cooperation Among Democracies* (Princeton: Princeton University, 1995), p. 36.

106 Robert D. Putnam, "Diplomacy and Domestic Politics: The Logic of Two-Level Games" in *Double Edged Diplomacy: International Bargaining and Domestic Politics*. edited by Peter B. Evans, Harold K. Jacobson, and Robert D. Putman (Berkeley: University of California Press, 1993), pp. 431-468 ; Evan N. Resnick, "Strange Bedfellows: U.S. Bargaining Behavior with Allies of Convenience" *International Security* 35:3 (2010/11), p. 153.

국가들의 국내정치적 압력의 중요성을 공감하여 서로 타협할 수 있기 때문이다. 그러므로 안보 공동체 내에서는 심각한 국내정치적 압력에 직면한 약소 동맹국이 국력이 강한 동맹국보다 협상력이 더 강할 수 있다. 통상적으로 동맹국간의 협상에서 상대적으로 국력이 강하거나 다른 동맹국에 대한 의존도가 적을 경우 협상력이 더 강해진다. 그러나 안보 공동체 성격의 민주동맹에서는 동맹국의 국내정치적 압력의 정도가 동맹국간 협상에서의 협상력을 결정할 수 있다. 그러므로 동맹 내에서 상대적으로 국력이 약하고 의존도가 높은 동맹국일지라도 국내 정치적 압력이 클 경우에는 동맹 전체의 집단적 합의에 큰 영향을 미치는 경우가 발생할 수 있다.

냉전 시대의 나토(NATO)는 미국이라는 초강대국에게 유럽 동맹국들이 안보를 의존하는 형태의 동맹이기도 했지만, 미국과 유럽 국가들이 민주주의 가치와 규범을 공유하는 안보 공동체 형식의 민주동맹이기도 했다. 나토 회원국 간의 내부 협상의 역사를 살펴보면 미국의 상호호혜적 요구가 유럽 동맹국들에게 거부되는 경우가 종종 있었다. 이것은 동맹국간 국력의 차이와 동맹 내 의존도만으로는 설명할 수 없는 현상들이었다. 1979년에 미국은 이란 혁명과 소련의 아프간 개입에 따라 서남아시아에 신속 지원군을 배치하기로 결정한 바 있었다. 그런데 신속 지원군 창설이라는 결정을 이행하기 위해서는 유럽에 배치되었던 미군 전력의 일부를 서남아시아로 이동시켜야 했다. 그러나 이렇게 되면 유럽에서 미국의 군사 태세가 약화되기 때문에 서남아시아로 이동하게 될 미군 전력을 유럽 동맹국들의 군사력으로 대체해 줄 필요가 있었다. 즉 당시 유럽 동맹국들은 서남아시아 신속 지원군 창설에 필요한 전력을 직접 제공하여 미군의 이동 소요 발생을 방지해주던지, 아니면 미군이 떠난 이후 유럽에서의 공백을 스스로의 군사력 증강으로 대체해야만 했다. 그러나 유럽 동맹국들은 유럽 지역을 벗어나 걸프 지역까지 유럽의 군사력을 이동시키는 것은 나토 동맹의 목적을 벗어난다는 이유로 거부했다. 그리고 미군의 이동 전력을 대체하기 위한 유럽 동맹국들의 국방예산 증가 등의 조치 역시 거부했다. 이것은 유럽 안보를 위해 미국이 요구한 상호 호혜적 조치를 유럽 동맹국들이 일방적으로 거부하였음을 의미했다. 당시 유럽의 주요 동맹국인 영국, 서독, 네덜란드는 경제 저성장과 실업률 증가라는 심각한 국내정치적 문제에 봉착해 있었고, 국방예산 증가에 대한 국민 여론의 지지는 극히 낮았다. 이와 같은 국내정치적 압력으로 인해 유럽 동맹국들이 미국에게 안보 의존도가 높았음에도 불구하고 미국의 상호 호혜적 요구에 불응하였다. 이때 미국은 유럽 동맹국이 직면한 국내정치적 압력을 공감하고 일방적인 유럽의 입장을 수용하였다.[107] 여기서 미국의 정책 결정은 국내정치적 압력에 직면하고 있는 안보 공동체 내 다른 민주주의 회원국들에 대한 정치적 양보를 의미한다.

냉전 종식 이후에도 미국과 유럽 동맹국간의 갈등 상황에서 미국이 양보하였던 사례가 있다. 1995년 발칸(Balkan) 위기 당시 유고 연방이 해체되면서 보스니아-헤르체고비나에서 이슬람계 거주민에 대한 세르비아계 무장단체의 인종 학살이 시작되었다. 그때 미국은 즉시 발칸 반도에 군사적으로 개입해야 한다는 대내외적 압력에 직면하게 되었다. 그래서 미국은 1994년 11월에 세르비아에 대한 무기 금수 조치를 제안하였고, 1995년에는 보스니아 지역 내 세르비아 거점에 대한 항공 공격을 유럽 동맹국들에게 제의하였다. 당시 미국은 군비 제한 조치와

107 Charles A. Kupchan, "NATO and the Persian Gulf: Examining Intra-Alliance Behavior" *International Organization* 42:2 (1988), pp. 317-346.

항공 공격에 이르는 모든 방안들을 독자적으로 수행할 능력이 있었다. 그러나 미국은 나토 협의를 통해 유럽 동맹국의 입장을 최대한 존중하며 일방적 조치는 배제하고 집단적 합의를 유지하고자 했다.[108] 그러나 발칸에서 미국과 협력해야 했던 주요 유럽 동맹국인 영국과 프랑스는 모두 심각한 국내 경제 불황을 겪는 중이었으며, 보스니아에 이미 평화유지군을 파견한 상태였다. 따라서 발칸 위기를 즉시 해결하려는 미국의 입장과 달리 유럽 동맹국들은 적극적인 제재 또는 추가적인 군사조치에 대해 유보적 입장을 보였다. 결국 1980년대 서남아시아에서의 상황과 유사하게 1990년대 발칸 위기 당시에도 미국은 유럽 동맹국들의 입장을 고려하여 스스로의 요구를 완화하거나 철회하였다. 이러한 미국의 태도는 안보 공동체 성격을 지닌 민주동맹 내에서의 집단적 의사 결정은 개별 동맹국간 상대적 능력 차이에 의존하는 방식이 아닌 상호 양보에 의한 의사 결정 과정이라는 것을 잘 보여주고 있다.

이처럼 안보 공동체 성격의 민주동맹에서는 상대적으로 국력이 약한 동맹국도 집단적 의사 결정에 대한 영향력이 커질 수 있기 때문에 공동 전략은 모든 동맹국이 수용 가능한 방향으로 선택될 가능성이 커진다. 그 결과 민주동맹의 내부 협상을 통한 집단적 전략 선택은 전장 전투 성과보다는 집단적 합의 가능성 여부가 더 중요시 될 수 있다. 이때 모든 동맹국들이 수용할 수 있는 방안은 민주국가의 인명 손실 민감성에 적합한 위험 회피 성향의 군사력 운용 방법일 가능성이 크다. 다양한 국내정치적 압력에 직면하고 있는 민주동맹국들의 전쟁 중 협력을 지속 유지하기 위해서는, 모든 동맹국들이 수용할 수 있는

108 Paul A. Papayoanou, "Intra-Alliance Bargaining and U.S. Bosnia Policy" *Journal of Conflict Resolution* 41:1 (1997), pp. 91-116.

방안이 필요하다. 이때 위험 감수 방안의 경우는 이것을 수용할 수 없는 동맹국들이 존재하게 되어 집단적 합의로 채택되기 어려워질 수 있다. 따라서 안보 공동체 성격의 민주동맹에서는 개별 동맹국들이 직면하는 국내정치적 압력을 해결할 수 있는 방안으로 집단적 합의가 이루어져야하므로, 모든 동맹국들이 수용할 수 있는 군사력 운용 방법이 공동 전략으로 채택될 가능성이 클 것이다.

그러므로 안보 공동체 성격의 민주동맹에서는 모든 동맹국들이 수용할 수 있도록 인명 손실을 최소화하는 위험 회피 성향 군사력 운용 방법이 선택되는 경향이 있다고 추론할 수 있다. 이것은 민주동맹 내 개별 민주주의 국가들이 각자의 국가-사회 간 긴장을 방지할 수 있는 방법이기도 하다. 이때 위험 회피 성향 군사력 운용 방법은 민주동맹의 집단적 합의 과정에서 파생될 수 있는 갈등을 방지하고 동맹 내부의 추가적 손실 비용을 감소시키는 역할을 하게 된다. 그리고 그 결과 전쟁에서 민주동맹은 손실 가해 능력을 유지할 수 있게 되고, 전쟁 결과에도 긍정적인 영향을 미칠 수 있게 된다. 다음 그림 4-2는 안보 공동체 성격의 민주동맹이 공동의 군사력 운용 방법 선택시 전장 전투 성과와 개별 동맹국의 국내정치적 수용성 사이에서 집단적 합의를 도출하는 경향을 보여주고 있다.

[그림 4-2] 안보 공동체 성격의 민주동맹에서 집단적 합의를 위한 군사력 운용 방법 선택 경향

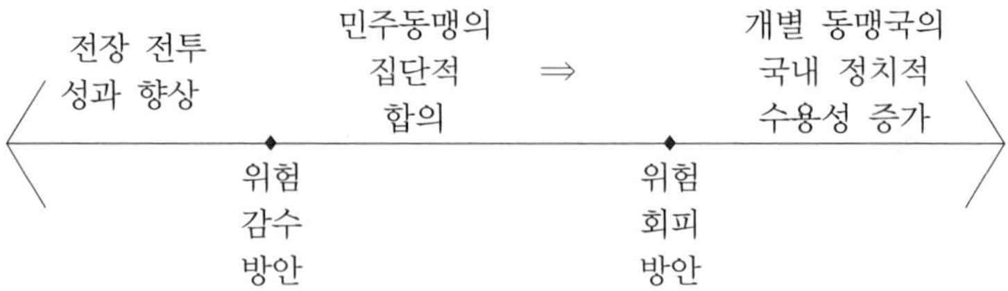

앞의 [그림 4-2]에서는 안보공동체 성격을 지닌 민주동맹에서 공동 군사력 운용 방법 선택시에 고려해야 할 요소인 전장 전투 성과와 개별 동맹국들의 국내정치적 수용성을 동일선상에 표현하여 나타내고 있다. 위의 동일선상에서 왼쪽 방향으로 갈수록 전장 전투 성과는 향상되고, 반면 오른쪽으로 갈수록 개별 동맹국의 국내정치적 수용성은 증가한다. 그리고 전장 전투 성과와 국내정치적 수용성이라는 특성에 따라 군사력 운용 방법들이 스펙트럼 형태로 배열되어져 있다. 인명 손실에 민감한 민주주의 정치 체제의 특성상 전장 전투 성과가 극대화되는 군사력 운용 방안일수록 예상되는 손실도 역시 증가되므로 위험 감수 성향의 방법이 된다. 따라서 스펙트럼의 왼쪽은 전장 전투 성과가 높고 위험 감수 성향 군사력 운용 방안이 위치한다. 반대로 스펙트럼의 오른쪽은 개별 동맹국들의 국내정치적 수용성이 높은 위험 회피 성향 군사력 운용 방안이 위치한다. 이때 민주동맹 내의 동맹국 일부가 국내정치적 압력으로 인해 다른 동맹국들보다 위험 회피 성향이 더 강할 경우, 집단적인 전장 전투 성과와 개별 동맹국의 국내정치적 수용성간의 대립이 발생한다. 집단적 전장 전투 성과 향상만을 주로 고려한 공동 군사력 운용 방법을 선택하려고 할 경우 민주동맹의 집단적 합의는 불안정해질 수 있고 최악의 경우 합의를 상실할 것이다. 이로부터 민주동맹 내부의 균열과 불안정성이 높아져서 전쟁에서 연합군 유지를 위한 추가적인 손실 비용이 발생하게 된다. 그 결과 민주국가가 전쟁수행을 통해 지불해야 하는 총 손실 비용은 증가하게 되고, 민주동맹의 손실 가해 능력은 저하 될 것이다. 그러나 안보 공동체 성격을 지닌 민주동맹에서는 국내정치적 압력에 직면한 동맹국의 동맹 내 협상력이 상대적으로 강하기 때문에 위험 회피 방안이 선택될 가능성이 크다. 즉 집단적 전장 전투 성과 향상 방향이 아니라 국내정치적 수용성이 강화되는 방향으로 합의가 이루어질 가능성이 더 높은 것이다. 이렇게 될 경우 민주동맹의 집단적 합의는 유지될 수 있고 전쟁에서의 추가적인 손실 비용 발생 역시 방지할 수 있게 된다. 결국 민주동맹의 안보공동체적 성격이 강화될수록 위험 회피 성향 군사력 운용 방안이 공동전략으로 선택될 가능성이 높고, 아울러 동맹의 집단적 합의 가능성도 높아져 손실 가해 능력 역시 잘 유지될 수 있는 것이다. 다음 절에서는 이와 같은 민주동맹의 집단적 합의 과정의 실례를 1999년 나토 동맹의 코소보(Kosovo) 전쟁 수행 경험을 통해 살펴보겠다.

2. 동맹 차원의 사례 : 나토 동맹의 코소보 전쟁, 1999년

1) 민주동맹의 집단적 의사결정에 대한 전쟁 사례

1999년 코소보 전쟁에서 나토에 소속된 민주주의 동맹국들은 집단적 의사결정에 의해 군사력을 운용하였다. 이 사례는 민주동맹을 구성하는 개별 민주주의 국가들 간 국내정치적 환경의 차이와 동맹의 집단적 의사결정간의 관계를 민주동맹인 나토의 공동 군사력 운용 방법 선택 과정을 통해 탐구하기 위해 채택되었다. 민주주의 국가들은 제도의 투명성과 국내 제도적 견제장치로 인해 동맹 공약을 파기할 가능성이 상대적으로 낮다. 그러므로 전쟁 중에도 민주주의 동맹 내 회원국간의 상호 협력을 신뢰할 수 있고, 이러한 현상은 군사적 승리에도 기여할 수 있다. 그럼에도 불구하고 동맹을 구성하는 개별 민주국가들의 국내정치적 상황 차이로 인해 동맹 내부의 갈등이 유발될 경우에는 민주동맹의 전쟁 중 효율성은 감소될 가능성이 있다.

이것을 손실 가해능력의 변화에 따른 전쟁 종결 과정으로 설명하면 다음과 같다. 전쟁에서 상대방 국가에게 손실을 부과하기 위한 군사력 운용은 그 과정을 통해서도 손실 비용이 발생한다. 군사작전에서의 전투 인명 손실과 전쟁의 장기화에 따른 국제사회의 지지 철회와 국내 정치적 반전 여론 등이 그 손실 비용에 해당된다. 전투 인명 손실이 커지고 전쟁이 장기화될수록 손실 비용 역시 증대된다. 그리고 민주동맹을 구성하는 개별 민주국가들은 전쟁 수행에 따른 손실 비용을 각국마다 서로 다른 국내정치 과정을 통해 직면하게 된다. 따라서 민주동맹 내부 동맹국간 손실 감내 능력에는 차이가 생겨난다. 이때 국내정치적으로 손실 감내 능력이 더 취약한 동맹국은 공동 군사작전에서의 손실 비용이 보다 더 완화되어야 할 것을 요구하게 된다. 이러한 상황에서 민주동맹 회원국들이 모두 만족할만한 집단적 합의를 이끌어내지 못한다면 동맹국의 이탈 또는 공동 군사작전의 효율성 감소 등의 추가적인 손실 비용이 발생하게 된다. 이와 같은 추가적 손실 비용은 전쟁에서의 총 비용 증가로 귀결되므로 민주동맹의 손실 가해 능력은 감소하고 전쟁 승리 확률 역시 낮아지게 된다.

나토는 오랜 동맹의 역사를 지닌 민주동맹으로서 회원국들 간의 민주주의 규범과 가치 공유를 기초로 한 안보 공동체 성격을 지니고 있었다. 1999년에 민주동맹인 나토가 세르비아에 대한 군사개입을 결정할 당시 세르비아의 지도자 밀로세비치(Slobodan Milosevic)는 나토가 군사작전으로 파생되는 손실을 오랫동안 감내해내지 못할 것으로 예상하였기 때문에 장기적 항전을 계획하였다.[109] 따라서 코소보 전쟁에서 나토는 소속 민주주의 회원국들 간의 상이한 입장들을 조정하여 집단

109 Barry R. Posen, "The War for Kosovo: Serbia's Political-Military Strategy" *International Security* 24:4 (2000), p. 52 ; Susan H. Allen and Tiffiny Vincent, "Bombing to Bargain?" *Foreign Policy Analysis* 7:1 (2011), p. 8.

적 합의를 계속 유지시켜야만 밀로세비치의 지속적인 저항에 대응할 수 있었다. 이것을 위해 나토는 국내정치적 압력에 직면하고 있는 취약한 동맹국들도 수용할 수 있는 위험 회피 성향 군사력 운용 방법을 선택하며 집단적 합의를 유지해 나갈 필요가 있었다.

코소보 전쟁 중 나토의 집단적인 군사력 운용 방법 선택은 최소 다음 세 번의 기간 동안 이루어졌다. 첫 번째는 전쟁 개전 시기로써 나토 내부에서는 전쟁 시작 전부터 군사력 운용 방법에 대한 논쟁이 있었다. 나토 회원국 중 영국 정부는 지상 작전이 포함된 군사력 운용을 선호하였고, 반면에 독일 통일 이후 최초로 해외 군사개입에 연루되기 시작한 독일 정부는 직접적인 군사력 운용에 대해 회의적이었다. 이처럼 전쟁 개전 단계에 있어 나토 회원국들의 공동 군사력 운용에 대한 입장에는 차이가 있었고, 이와 같은 상황에서 나토는 지상전투를 항공작전과 병행할 것인지 여부에 대한 집단적 합의를 만들어내야 했다.

두 번째는 개전 5일 후 밀로세비치의 저항이 예상보다 길어짐에 따라 최초 단계의 나토 항공작전을 다음 단계의 항공작전으로 전환해야 하는 시기였다. 나토는 단독 항공작전으로 회원국 간의 집단적 합의를 이루어 군사개입을 시작하였으나 전쟁이 장기화될 조짐이 보이자, 다음 단계 항공작전 목표와 표적 선정에 대해서도 집단적 합의가 필요해졌다. 대부분의 나토 회원국들은 단기간의 항공작전을 예상하였으므로 보다 장기적인 항공작전 방향에 대해서는 입장 차이가 있었다. 당시 나토는 밀로세비치가 바라고 있던 회원국 간의 갈등 증폭을 예방하기 위해서라도 다음 단계 항공작전의 확대 범위에 대한 집단적 합의를 신속히 이루어야 했었다.

마지막 시기는 코소보 전쟁이 중반 이후로 접어들면서 시작된 지상군 투입 여부에 대한 나토 회원국 간 논쟁이 표면화되었던 기간이다.

당시 영국은 여전히 강력하게 지상군 투입을 주장했고, 미국 내 일부 전문가들도 지상 작전의 필요성에 동조했다. 그러나 미국 정부는 지상 전투' 시작에 회의적이었고, 독일 정부는 확고하게 반대하고 있었다. 이탈리아 정부 등 국내정치적 지지 기반이 취약한 동맹국들은 군사작전의 잠정적 중단 등을 요구하기도 하였다. 또한 세르비아의 저항이 예상보다 오래 지속됨에 따라 코소보 전쟁 후반으로 진전 될수록 나토의 군사작전에 다양한 형태의 부수적 손실이 동반되고 있는 중이었다. 이와 같은 상황에서 나토는 지상군 개입 등의 새로운 형태로의 전쟁 수행 방법 전환에 관한 집단적 합의를 모색해야 했다.

그리고 코소보 전쟁 전 기간에 걸쳐 나토의 군사작전에 일정 수준 이상의 기여를 했던 회원국인 미국, 영국, 프랑스, 독일, 이탈리아, 터키 등 주요 동맹국들은 각각 다양한 국내정치적 환경 속에 처해 있었다. 실제로 나토의 집단적 합의가 요구되었던 세 차례의 시기마다 동맹국들의 개별적인 환경 차이로 인한 독특한 입장 차이들이 집단 의사결정 과정에 반영되어졌다. 따라서 나토의 집단적 의사결정 과정을 파악하기 위해서는 코소보 전쟁의 배경과 주요 동맹국들의 개별적인 국내정치 상황을 먼저 파악할 필요가 있다. 그리고 이어서 코소보 전쟁의 개시 단계, 개전 후 항공작전 확대 단계, 전쟁 후반 단계라는 세 가지 시기별로 나토의 군사력 운용 방법 선택에 관한 집단적 의사결정 과정을 살펴보도록 하겠다.

2) 1999년 코소보 전쟁의 배경

코소보 전쟁은 냉전의 종식과 유고슬라비아 연방의 해체 과정으로부터 비롯되었다. 유고 연방 소속 공화국들이 차례로 독립을 선언하는 과정에서 1995년에 보스니아-헤르체고비나에서 이슬람 인종에 대한 세르비아계 무장단체들의 인종 공격 행위가 있었고, 뒤이어 나토의 군사개입이 있었다. 나토 주도의 군사작전의 결과 세르비아와 보스니아-헤르체고비나 공화국 등 분쟁 당사자 간 휴전이 합의되었고, 이어서 데이턴 평화협정(Dayton Peace Agreement)이 체결되었다. 그러나 이 당시 코소보의 다수 주민인 알바니아계 이슬람 주민들 역시 자치 또는 독립을 희망했지만 이들의 입장은 무시되어졌다. 데이턴 평화협정 당사자들에게 있어 코소보는 세르비아의 일부로 간주되어졌고, 따라서 코소보에 대한 자치권도 허용되지 않았다. 당시 코소보의 알바니아인들은 1996년까지 세르비아가 주도했던 이슬람과 비(非)슬라브계 주민에 대한 인종 공격을 경험한 상태였다. 그러므로 코소보 알바니아인들은 스스로의 생존을 위해서는 폭력에 의존할 수밖에 없다는 생각을 갖고 있었다.[110] 이에 따라 코소보의 알바니아인들은 1997년부터 무장 단체인 '코소보 해방군(Kosovo Liberation Army, KLA)'을 결성했고, 세르비아 경찰과 세르비아인이 주도하고 있는 유고슬라비아 정부군과의 유혈 충돌이 뒤를 이었다. 이때부터 코소보 해방군 세력과 세르비아 보안군과의 무장 충돌과 상호 보복 행위가 증가하기 시작했다. 또한 인근 알바니아 정부가 심각한 경제 위기로 인해 전국적인 국민 시위에 직면하게 되면서 알바니아 무기 저장고의 통제 능력이 상실됨에 따라 상당수의 무기가 코소보로 유입되었다. 그 결과 1998년에 들어서서 유혈 충돌은 더욱 심화되었고 코소보 해방군이 대낮에 세르비아 경찰을 살해하는 상황까지 벌어지자, 세르비아 경찰 역시 초강경 대응을 하게 되었다. 1998년 2월경부터 세르비아는 코소보 알바니아인들의 무장폭

110 Joyce P. Kaufman, *NATO and the Former Yugoslavia: Crisis, Conflict, and the Atlantic Alliance* (Boulder: Rowman & Littlefield, 2002), p. 154.

력을 제거하기 위한 강력한 군사작전을 실시하였고, 따라서 많은 알바니아인들이 추방 또는 피난 등의 이유로 인근 산야와 숲속에서 난민생활을 하기 시작했다.[111] 이 시기부터 코소보에서 발생된 인도주의적 위기가 국제적 관심 대상이 되었다. 이어서 1998년 3월에는 미국, 프랑스, 독일 외교장관들이 코소보 폭력 사태를 해결할 필요가 있다는 것에 합의하였다. 그리고 미국, 프랑스, 영국, 독일, 이탈리아, 러시아의 6개국 간 협의체(Contact Group)가 구성되었다. 이 협의체에서는 세르비아에 대한 외교적, 경제적 제재 조치와 함께 코소보에서의 폭력 중지 방안에 대한 논의가 이루어졌다. 1998년 4월까지 나토는 코소보 사태에 대한 구체적인 입장을 내놓지 못하고 있었다. 대부분의 나토 회원국들은 1995년 보스니아 위기 당시 시행되었던 군사개입이 다시 한번 코소보에서 재현되는 것을 꺼려하였다. 따라서 6개국 협의체와 유엔(UN) 안보리 주도로 세르비아에 대한 경제 제재가 확대되었다.

그러나 세르비아의 코소보 내 알바니아인에 대한 공격이 지속되는 가운데 1998년 6월 세르비아와 코소보 알바니아간 공식 협상이 중단되자, 나토 외교장관 회의에서 코소보 사태를 주요 논의 의제로 다루기 시작했다. 이어서 나토와 6개국 간 협의체 회원국들은 모두 세르비아에게 즉각적인 코소보 내 군사력 철수, 인도적 지원 허용, 코소보 알바니아와의 대화 재개 등을 요구하고 나섰다. 이때 세르비아의 밀로세비치 대통령은 나토에 저항 의사가 없음을 밝혔다. 그러나 그럼에도 불구하고 코소보 알바니아에 대한 세르비아의 폭력 행사는 계속되었다. 그 후 1998년 10월에 나토 사무총장 솔라나(Javier Solana)는 코소보에

111 Barry R. Posen, "The War for Kosovo: Serbia's Political-Military Strategy" *International Security* 24:4 (2000), p. 43.

대한 나토의 군사개입 가능성을 최초로 시사하였다. 당시 나토는 밀로세비치에게 여러 채널을 통해 나토의 항공 공격 위협을 전달하였다. 그러자 밀로세비치는 국제적 압력에 굴복하여 코소보 알바니아인들과의 휴전에 동의하고, 1998년 10월 13일부터 세르비아 보안군을 코소보에서 감축하기 시작했다. 이때 유럽안보협력기구(Organization for Security and Cooperation in Europe, OSCE)는 감시단을 파견하여 휴전 이행 여부에 대한 감시를 시작하였다. 그러나 세르비아인들과 코소보 알바니아인들이 조직한 많은 무장단체들이 모두 휴전 합의를 준수한 것은 아니었다. 특히 코소보 해방군의 경우는 휴전 기간을 세르비아군으로부터 당했던 피해를 회복하는 시기로 활용하고자 했다. 그리고 1999년 1월부터 세르비아 경찰과 코소보 알바니아인과의 무장 충돌이 다시 시작되었다. 이 시기에 세르비아 보안군과 세르비아 준(準)군사단체가 자행한 코소보 알바니아인들에 대한 학살 현장이 공개되면서 국제사회에서도 코소보 사태에 대한 경각심이 고조되었다. 이에 따라 나토는 현재의 유혈 충돌을 방지하는 유일한 방법은 분쟁 당사자들 간의 협상을 강제적으로 시작하게 하는 것이라고 판단하게 되었다. 따라서 나토의 압력에 의해 코소보 사태 당사자들과 나토 대표단이 모여서 프랑스 파리 인근의 랑부예(Rambouillet)에서 2월부터 휴전 협상이 시작되었다.

1999년 2월 6일부터 23일까지 계속된 랑부예 협상에서 미국, 영국, 프랑스는 세르비아와 코소보 알바니아 대표단에게 협상 중재안을 제시하며 휴전을 요구했다. 협상 중재안의 주요 내용은 코소보 알바니아인에게 자치권을 허용하고, 코소보의 치안을 3년 이상 나토가 직접 담당하고, 세르비아 정규군은 국경수비 병력을 제외하고는 코소보에서 전면 철수하며, 세르비아 경찰의 코소보 주둔을 1년으로 제한하는 것이었다. 세르비아측은 이와 같은 협상 중재안을 수용할 경우 사실상 코소보가 독립하게 될 것이라고 생각했기 때문에 합의를 거부했다. 그리고 코소보 알바니아 대표단도 코소보 지역 치안을 나토가 3년간 담당한다는 조건을 코소보 독립의 유예로 이해하였기 때문에 역시 합의에 반대하였다. 이처럼 세르비아와 코소보 알바니아간의 합의가 불발되자 나토는 협상 계속을 요구하며 협상이 성공하지 못하면 군사적 조치가 따를 것이라고 위협하였다. 그러자 코소보 알바니아계 대표단은 3월 18일에 평화 제시안에 조건 없이 서명을 하게 되었다. 반면 세르비아 대표단은 나토군의 코소보 주둔을 반대하고 오직 유엔과 적십자 인원만이 코소보에 주둔하는 것을 수용하겠다고 밝혔다. 이에 따라 나토는 세르비아가 평화 제시안을 거부한 것으로 받아들이고, 세르비아에 대한 군사 개입을 선언하기에 이른다. 당시 미국은 최종 단계까지 특사를 세르비아에 파견해 밀로셰비치와 협상을 시도하였다. 그러나 최종적으로 미국이 주도했던 협상마저 결렬되었고, 결국 3월 24일부터 나토의 군사개입이 시작되었다.

당시 나토 동맹국들의 국방예산 총 합계는 세르비아 국방예산의 300배를 초과할 정도로 나토의 군사적 우세는 명확했다. 그러나 세르비아는 나토 동맹국간 분열을 정치적 목표로 삼고 나토의 군사개입에 대해 저항하고자했다.[112] 세르비아는 나토 국가들이 군사작전으로 파생될 수 있는 민간인들의 부수적 인명피해에 민감하다는 것을 잘 알고 있었다. 또한 일부 나토 국가들에는 국제 평화를 신봉하는 좌파 정당들이 집권정부와 연립정부를 구성하고 있는 상태였다. 이와 같은 나토 국가들은 좌파 정당의 반대 때문에 나토의 집단적 해외 군사개입을 적극적

112 Barry Posen, "The War for Kosovo: Serbia's Political-Military Strategy" *International Security* 24:4 (2000), pp. 51-53.

으로 지지하기 힘들었다. 그리고 세르비아는 자신들과 같은 슬라브 인종이면서 그리스 정교라는 종교적 유사성을 지닌 러시아 정부가 개입하여 적극적으로 중재해 줄 가능성도 기대할 수 있었다. 또한 세르비아는 코소보 알바니아에 대한 군사적 공세를 끊임없이 지속해야 모든 알바니아계 무장 세력들을 약화시킬 수 있었다고 믿었다. 이와 같은 상황 판단 속에서 세르비아는 나토 동맹의 내부 분열을 기대하며 나토의 군사개입에 대하여 최초 서방세계의 예상보다는 오래 저항하였다. 따라서 코소보 전쟁 기간 동안 나토는 공동 군사작전에 대한 동맹국간의 집단적 합의를 유지할 수 있는 군사력 운용 방법을 선택해야 동맹의 승리 가능성을 높일 수 있었다.

3) 주요 나토 동맹국들의 국내 정치적 환경

코소보 전쟁 기간 중 세르비아가 나토 동맹국간의 분열을 정치적 목표로 삼았을 정도로 나토 동맹국들의 국내 상황 간에는 많은 차이점이 있었다. 특히 코소보 전쟁에서 나토 군사력의 주요 제공자이면서 동시에 동맹의 집단 의사결정에서 주요 행위자 역할을 한 회원국들인 미국, 영국, 프랑스, 독일, 이탈리아, 터키의 국내 정치적 환경의 차이는 동맹의 집단적 합의 유지 여부에도 상당한 영향을 미칠 수 있었다. 이들 6개 주요 동맹국들에는 각각 나토 동맹에 대한 인식, 발칸 반도에서의 전략적 이해관계, 국내 집권 정부에 대한 정치적 견제 상황의 수준, 전쟁에 대한 국내 여론의 지지, 군 구조 측면에서 상당한 차이가 존재했다.

(1) 미국

미국은 역사적으로 나토 동맹의 창설과 유지에 많은 노력을 기울였고, 나토에 대해 높은 가치를 부여해왔다. 발칸 반도의 위기가 고조되었던 1990년대에도 미국 행정부 주요 인사들은 나토가 발칸 위기 해결을 위해 중요한 역할을 담당해야 하며, 나토의 발전은 미국의 핵심적 국가이익이라는 발언을 많이 해왔다.[113] 특히 미국은 냉전 이후 나토의 역할을 재규정하면서 동맹의 범위와 역할이 지속적으로 확대되기 위해 노력하고 있었다. 이러한 연장선상에서 코소보 전쟁은 나토 동맹의 역할을 동맹국들의 국경선을 넘어서 확대 시킬 수 있는 기회로 이해되었다. 실제 1999년 4월 워싱턴에서 개최된 나토 제50차 정상회담에서 미국은 냉전시대의 집단방위체제를 넘어선 새로운 전략 개념을 제시하였다. 미국의 입장에서는 이러한 시기에 발생한 코소보 전쟁이야말로 나토 동맹의 진화 발전 방향을 제시하고 평가할 수 있는 중요한 시험대라고 생각했다.[114] 미국은 나토 동맹의 역할 확대를 적극적으로 견인해왔기 때문에 코소보 전쟁에서도 나토 회원국 간 집단적 합의 도출을 지원할 충분한 동기를 갖고 있었다.

그러나 미국의 입장에서 발칸 반도에서 발생한 코소보 사태가 미국의 핵심적 국가이익과 직결된다고 보기는 어려웠다. 미국의 국내 이익을 우선시하는 입장에서는 코소보 사태는 유럽의 문제였다. 이러한 입장을 지닌 미국인들은 코소보 사태가 미국의 국익을 심각하게 위협할 것이라고 생각하지 않았다. 그들에게 있어 1990년대 미국의 주요 안보 관심사는 중동이었고, 이라크와 이란 문제가 미국의 핵심적인

113 Paul A. Papayoanou, "Intra-Alliance Bargaining and U.S. Bosnia Policy" *Journal of Conflict Resolution* 41:1 (1997), p. 103.

114 James Kurth, "First War of the Global Era: Kosovo and U.S. Grand Strategy" in *War Over Kosovo* edited by Andrew J. Bacevich and Eliot A. Cohen (New York: Columbia University Press, 2001), pp. 83-84.

국가이익과 결부된 것으로 생각했다. 이와 같은 여건으로 인해 코소보 전쟁 전 미국 클린턴 행정부가 나토의 군사작전에 적극 동참하기로 결정하는 것은 쉽지 않았다.[115]

그리고 미국의 정치 제도 특성상 집권 행정부에 대한 정치적 견제 능력은 의회에서 비롯되고 있다. 미국 대통령은 군 최고사령관의 지위를 갖고 있었지만 전쟁 선포 권한은 명목적으로 의회가 지니고 있었다. 그리고 당시 의회 다수당은 공화당이어서 클린턴 민주당 행정부를 정치적으로 견제할 수 있는 상태였다. 즉 클린턴 행정부는 코소보 전쟁 개입을 위해서는 의회로부터 지지가 필요했던 것이었다. 그러나 당시 의회 내에서의 코소보 전쟁 개입 여부에 대한 의견들은 일관성이 결여되어 있었다. 미 의회는 최초 코소보 항공작전을 찬성하는 결의안을 통과시킨 후에도, 행정부의 지속적인 전쟁 수행에 대한 지원은 결의하지 않았다. 그럼에도 불구하고 미 의회는 행정부의 전쟁 수행을 조직적으로 반대하지도 않았다.[116] 1999년 3월 24일 코소보 전쟁의 개전을 앞두고 미 상원은 3월 23일부로 코소보 항공작전을 승인하였다. 그러나 하원의 의결은 이후 한 달가량 연기되었고 4월 29일이 되어서야 표결이 이루어졌다. 그리고 하원은 그 시점에서도 이미 수행되고 있던 항공작전에 대한 공식적 승인은 하지 않았다. 그 대신 사전 의회의 승인 없이 지상 작전을 개시할 수 없다는 결의를 만들었다. 그럼에도 불구하고 미 하원은 같은 시기에 전쟁 지속에 필요한 예산 지원은 승인

115 Charles A. Kupchan, "Kosovo and the Future of U.S. Engagement in Europe" in *Alliance Politics, Kosovo, and NATO's War: Allied Force or Forced Allies*? edited by Pierre Martin and Mark R. Brawley (New York: Palgrave, 2000), p. 77.

116 Robert Singh, "American Perceptions" in *Kosovo, Perceptions of War and its Aftermath*. edited by Mary Buckley and Sally N. Cummings (New York: Continuum, 2001), p. 62.

하였다.[117] 이처럼 미 의회의 반응은 복잡했고 전쟁을 강력하게 지지하지는 않았으나, 공식적으로 반대하지도 않았다. 즉 코소보 전쟁 기간 동안 미 의회는 클린턴 행정부를 적극 지지하지는 않았지만 정치적으로 심각하게 견제를 한 것도 아니었다.

당시 미국내 여론은 대체로 50~60% 수준에서 미국의 코소보 군사개입을 지지했으며 코소보 전쟁을 정당한 전쟁으로 이해했다.[118] 그러나 미국 국민들은 발칸 반도가 미국의 핵심적 이익 지역이 아니라고 생각했으며 여론 조사에서 40% 정도의 응답자가 코소보 전쟁은 잘못된 정책이라고 답변하였다. 즉 미국 정부의 코소보 군사개입에 대한 여론의 지지는 반대자들보다 다소 우세한 정도였다. 그리고 1999년 4월 미국 ABC 뉴스의 여론 조사에 의하면 미국 국민의 상당수가 전투 인명 피해가 발생할 수 있는 지상작전 개시에는 반대하고 있음이 드러났다. 미국 여론은 코소보에서의 인도주의적 군사작전에 대해서만 제한적 수준의 지지만을 보내고 있었다.[119] 그리고 군 구조 측면에서 미국은 완전 지원병제도를 유지하고 있었고 전 세계에서 유례가 없을 정도의 기술 집약형 전력구조를 지니고 있었다. 이와 같은 군 구조는 전쟁에서의 전투 인명 손실에 대한 민감성이 징병제와 병력 집약형 전력 구조를 지닌 동맹국에 비해 크지 않음을 의미한다. 따라서 다른 나토 국가에 비해 미국에서는 상대적으로 전투 인명 손실로 인한 국가-사회 간 긴장 발생 가능성이 적었으므로, 미국 행정부는 다른 동맹국보

117 Ivo H. Daalder and Michael E. O'Hanlon, *Winning Ugly: NATO's War to Save Kosovo* (Washington D.C.: Brookings Institution, 2000), p. 161.

118 David P. Auerswald, “Explaining Wars of Choice: An Integrated Decision Model of NATO Policy in Kosovo” *International Studies Quarterly* 48:3 (2004), p. 641.

119 Robert Singh, “American Perceptions” in *Kosovo, Perceptions of War and its Aftermath*. edited by Mary Buckley and Sally N. Cummings (New York: Continuum, 2001), pp. 68-69.

다 군사 개입 결정에 덜 민감할 수 있었다.

코소보 전쟁 기간 중 미국은 개전 초 488대의 항공기를 투입시키며 사실상 항공작전을 주도하였고, 전쟁 후반기에는 731대까지 투입 항공기 전력 규모를 증가시켰다. 미국은 전체 항공작전 소티의 62%에 해당되는 23,208소티를 수행하였으며, 전체 폭격 임무의 53%에 해당하는 작전을 수행하였다. 미국은 나토 동맹의 맹주 역할을 담당하고 있었고 나토의 역할 확대와 발전을 열망하고 있었다. 그리고 전면 지원병제로 구성된 군 구조와 일정 수준 이상의 국내 여론의 지지 등은 군사개입 촉진 요인들이다. 반면에 민주당 행정부가 의회 다수당인 공화당의 지지를 자동적으로 받을 수 없는 상황에서 의회의 지원 의지가 불확실했으며, 발칸 반도에서 미국의 국가이익에 대한 국내적 합의가 부족했다는 점은 미국의 군사개입을 저해하는 요인들이었다. 그 결과 미국은 전쟁 기간을 통해 가장 많은 항공기를 제공하며 나토의 군사개입을 주도하였지만 지상 작전 개시에 관한 논쟁에서는 소극적인 태도로 일관하였다.

(2) 영국

영국은 냉전시기부터 나토 동맹 강화를 지지해왔다. 그래서 미국을 제외한 유럽 국가들만의 독립적인 연합 군사력 창설보다는 나토 동맹의 군사대비태세 강화가 더 중요하다는 태도를 보일 정도였다.[120] 영국은 특히 미국과의 지속적이고 특수한 안보협력 관계가 나토 동맹을 통해 더 강화될 수 있다고 보았기 때문에 냉전 이후에도 나토의 가치를

120 David P. Auerswald, "Explaining Wars of Choice: An Integrated Decision Model of NATO Policy in Kosovo" *International Studies Quarterly* 48:3 (2004), p. 638.

높게 평가하였다.[121] 이와 같은 여건 속에서 영국은 코소보에 대한 나토의 군사개입에 대해 대단히 적극적으로 지지했다. 또한 영국의 국가이익 측면에서 코소보 전쟁은 두 종류의 기회였다. 첫째, 코소보 전쟁을 통해 영국은 그동안 표방해 온 인도주의적 가치를 국제적으로 실현할 수 있었다. 코소보에서 세르비아에 의해 자행되고 있는 알바니아계 주민의 대량 학살은 인도주의적 가치에 정면으로 배치되는 것이었다. 그러므로 영국이 군사개입을 통해 인종 학살을 저지할 수 있다면, 이것은 인도주의적 가치에 대한 영국의 중대한 기여로 기록될 수 있었다. 둘째, 코소보 전쟁은 영국의 블레어(Anthony Blair) 수상이 이끄는 노동당 정부에 꼬리표처럼 붙어 있던 외교안보 분야의 비전문성이라는 이미지를 떨쳐버릴 기회이기도 했다. 노동당은 냉전시대에 핵 군축을 지지하였던 역사적 경험 때문에 오랫동안 외교안보 분야에서는 이념에 경도된 비전문적 정당이라고 비난을 받아왔었다. 특히 이와 같은 비판은 가장 강력한 경쟁 정당인 보수당에서 가장 심했었고 이 때문에 선거에서의 불이익이 있어왔다. 따라서 영국 노동당이 국제적으로 코소보 군사개입을 공론화하고 국제적 의사 결정을 주도할 경우 노동당도 외교안보 정책의 전문성을 지니고 있음을 영국의 국내정치무대에서 과시할 수 있었다.[122] 이와 같은 국내정치적 상황으로 인해 영국의 노동당 정부는 코소보 군사 개입에 적극 찬성할 이유를 갖고 있었다.

그리고 영국의 정치제도에서는 집권당에 대한 정치적 견제는 미국

121 Jason W. Davidson, *America's Allies and War: Kosovo, Afghanistan, and Iraq* (New York: Palgraven Macmillan, 2011), pp. 76-77.

122 Louise Richardson, "A Force for Good in the World? Britain's Role in the Kosovo Crisis" in *Alliance Politics, Kosovo, and NATO's War: Allied Force or Forced Allies*? edited by Pierre Martin and Mark R. Brawley (New York: Palgrave, 2000), pp. 156-159.

에 비해 강하지 않았다. 영국 수상은 전통적으로 외교안보 정책에서 독보적인 영향력을 행사해왔기 때문에 집권 정부의 권한에 도전할만한 제도적 장치는 많지 않았다. 그리고 다수당 독점 방식의 선거제도에 기초한 영국 의원내각제에서는 의회의 다수당에서 수상이 배출되고, 의회는 수상의 외교정책을 지원해왔다는 특징이 있다. 그러므로 영국의 집권 정부는 사실상 외교안보 정책에 상당한 결정 권한을 지니고 있었다. 그리고 코소보 전쟁 당시에는 경쟁 정당인 보수당도 노동당 정부에 대해 강경한 군사개입 정책을 요구하고 있었다. 보수당은 1998년 10월 나토가 최초로 세르비아에 대한 군사적 위협을 언급했던 시기에 영국이 신속하게 나토의 군사개입 결정을 이끌어내지 못한 것을 강력히 비판하였다. 또한 보수당은 1999년 2월의 랑부예 협상 기간 중에도 영국 정부가 강경책을 고수해야 한다고 요구했다.[123] 영국의 우파 정치세력들은 공통적으로 1998년부터 1999년 초까지 나토의 대응이 너무 유화적이었다고 생각했고 그 때문에 세르비아의 인종학살이 가능해졌다고 인식하고 있었다. 따라서 우파 세력들은 유화적인 외교정책이 반복되어서는 안 된다는 공감 속에서 1999년 3월부터 나토의 군사작전이 시작되는 것을 지지해왔다.[124] 또한 영국 내 중도좌파 정치세력들 역시 세르비아의 독재정권에 의해 자행되는 인종학살이 저지되어야 한다는 점에는 동의하고 있었다. 따라서 영국에서는 나토의 군사개입에 대해 거국적인 정치적 지지가 형성되어져 있었던 것이다.

123 Jason W. Davidson, *America's Allies and War: Kosovo, Afghanistan, and Iraq* (New York: Palgraven Macmillan, 2011), pp. 79-81.

124 Michael Clarke, “British Perception” in *Kosovo, Perceptions of War and its Aftermath*. edited by Mary Buckley and Sally N. Cummings (New York: Continuum, 2001), p. 86.

당시 영국의 국내 여론은 코소보 군사개입 자체에 대해서는 50% 이상의 찬성을 보여주고 있었다. 군사개입이 시작된 직후 영국 여론의 약 70%는 항공 작전만으로는 코소보에서의 인종 학살을 저지할 수 없을 것이라고 예상했다. 이것은 영국 여론이 지상 작전의 필요성을 느끼고 있었던 증거로 볼 수 있다.[125] 그리고 영국의 군 구조는 완전한 지원병제이며 미국과 유사한 수준의 기술 집약형 전력 구조를 지니고 있었다. 따라서 징병제를 지닌 다른 동맹국에 비해서는 전투 인명 손실에 대한 민감성이 상대적으로 낮았으므로 군사개입 결정에 대한 장애 역시 크지 않았다.

영국은 코소보 항공작전에서 시행된 총 38,004소티 중 1,618소티를 담당했으며, 그중에 1,008소티가 곧 공대지 공격 소티였다. 또한 나토가 동원한 총 항공전력 중에 48대의 항공 전력이 영국군 소속이었으며, 전쟁 기간 중 해군 함정의 크루즈 미사일 발사 외에도 총 1,011발의 폭탄을 투하했다. 영국의 대내외적 여건은 군사개입을 촉진하는 요소가 많았고, 그 결과 미국보다 더 적극적인 군사개입 방안 선택을 선호하였다. 영국의 블레어 수상은 1999년 2월부터 시작된 랑부예 협상 시기부터 신속한 군사개입을 주장했으며, 미국이 미온적인 반응을 보이자 미국의 태도를 질타하기까지 했다. 또한 군사개입이 결정된 이후에는 항공작전뿐 아니라 지상군 개입의 필요성까지 강조하며 군사개입 규모 확대를 주장했다.

125 Michael Clarke, "British Perception" in *Kosovo, Perceptions of War and its Aftermath.* edited by Mary Buckley and Sally N. Cummings (New York: Continuum, 2001), p. 89 ; Jason W. Davidson, *America's Allies and War: Kosovo, Afghanistan, and Iraq* (New York: Palgraven Macmillan, 2011), pp. 79-81.

(3) 프랑스

프랑스는 1999년까지도 정식 나토 회원국이 아니었다. 그러나 1996년 나토가 실행한 보스니아 항공작전에 참여한 이후부터 사실상 나토의 정식 회원국과 같은 역할을 수행해오고 있었다. 프랑스의 공식적인 나토 재가입은 2009년에 이루어졌지만 1999년에 프랑스는 이미 나토 동맹국의 일원으로 간주되고 있었다. 따라서 당시 프랑스도 나토의 발전과 역할 확대에 대해 많은 관심을 갖고 있었다. 특히 프랑스는 나토를 통한 미국과의 안보 협력 유지를 중요한 국가 이익으로 간주해왔다. 프랑스는 1990년대 후반부터 미국의 대 이라크 항공 강압 작전에는 불참하며 사안에 따라 미국과 거리를 두었지만, 전반적으로 미국 행정부의 다자주의적 협력 방식에서는 프랑스도 이익을 얻을 수 있다고 보았다. 그런 의미에서 프랑스에게 나토 동맹은 미국과 안보 협력을 강화시킬 수 있는 중요한 수단이었고, 따라서 프랑스는 나토와의 협력에 높은 가치를 부여해왔다.[126] 그리고 프랑스는 코소보에서의 국가 이익을 유럽에서의 리더십 구현 측면에서 이해했다. 그래서 나토가 코소보 위기에 군사적으로 개입하는 계기에 프랑스가 역내 긴장과 갈등 해결을 선도하는 모습을 보여주어서 유럽 내에서 프랑스의 강력한 리더십을 구축하고자 했다.[127]

한편 당시 프랑스 정부에 대한 정치적 견제 수준을 평가하기 위해서는 우선 프랑스 특유의 이원집정형 행정부 체제에 대해 이해할 필요가 있다. 이원집정형 프랑스 행정부의 가장 큰 특성은 대통령과 총리 사이

---

126 Jason W. Davidson, *America's Allies and War: Kosovo, Afghanistan, and Iraq* (New York: Palgraven Macmillan, 2011), pp. 85-86.

127 Jason W. Davidson, *America's Allies and War: Kosovo, Afghanistan, and Iraq* (New York: Palgraven Macmillan, 2011), p. 89.

의 권력 분할이다. 더구나 프랑스에서는 1997년 이후로 우파 정당과 좌파 정당 간 동거 정부가 지속되어왔는데, 1999년 당시에도 시라크(Jacques Chirac) 대통령의 중도 우파 정당은 조스팽(Lionel Jospin) 총리의 중도 좌파 정당과 함께 동거 상태에 있었다. 본질적으로 이원집정형 체제에서의 동거 정부는 대통령의 행정 권력 독점을 제약하는 측면이 있지만, 대통령과 총리간의 공동 의사 결정을 지속적으로 유지하는데 효과적일 수도 있었다.[128] 당시 중도 우파 정당은 대통령을 지지하기 위하여, 그리고 중도 좌파 정당은 총리를 지원하기 위해 모두 동거 정부를 함께 지지해야 하는 상황에 처해 있었다. 즉 동거 정부를 유지해 나가야하는 양 정당들의 입장에서는 상대 파트너 정당이 지지를 철회하는 일이 발생하면 안 되었다. 그러므로 동거 정부 차원에서 이미 합의된 공동 의사 결정을 개별 정당이 급진적으로 반대할 수는 없었다. 따라서 프랑스 좌파 정치세력은 전통적으로 해외 군사개입을 반대해왔음에도 불구하고, 중도 우파 정당과의 동거 상황 유지를 위해 코소보 군사개입 정책을 거부할 수 없었다. 그리고 대통령과 총리도 개인적인 역할 분담을 통해 프랑스 국내 정치세력들이 나토의 군사개입을 지지하도록 하기 위한 설득 노력을 했다. 시라크 대통령은 언론을 상대로 대국민 설명에 나섰고, 조스팽 총리는 의회에서 정치적 반대세력을 설득하는 노력을 했다. 이와 같은 노력은 효과적이어서 프랑스의 코소보 군사개입을 적극적으로 반대하는 국내 정치세력은 등장하지 않았다.

그리고 군사 개입에 대한 프랑스 여론의 태도는 다른 나토 동맹국들

128 Richard Mcallister, “French Perception” in *Kosovo, Perceptions of War and its Aftermath*. edited by Mary Buckley and Sally N. Cummings (New York: Continuum, 2001), p. 95.

과 비교해볼 때 중간 정도의 지지율을 보여주었다. 프랑스 국민의 40%가 개전 초기 나토의 항공공격을 지지했는데, 이것은 미국과 영국의 여론 지지율보다는 낮은 상태였고 이탈리아의 지지율보다는 높았다.[129] 그럼에도 불구하고 나토의 지상 작전 개시에 대한 여론 지지율은 나토 동맹국 중 가장 높았다. 그러나 여론은 프랑스 지상군이 코소보로 직접 전개될 가능성은 희박하다고 보았다. 결국 프랑스 여론의 지지율은 불안정한 상태라 할 수 있었고, 전반적으로 프랑스 국민이 군사개입을 강력히 지지했다고 볼 수는 없었다.

또한 프랑스의 군 구조는 미국이나 영국과는 차이가 컸다. 1999년 당시 프랑스는 징집병 제도로부터 지원병 제도로 전환 중에 있었다. 당시 징집병의 복무 기간은 평균 10개월이었고 1997년부터 시작된 군사력 개혁 계획(Loi Programmation Militaire, LPM)은 2002년 말까지 징집병 제도 폐지를 목표로 추진되는 중이었고, 실제로는 2001년 11월에 모든 징집병 제도가 폐지되었다.[130] 그러나 1999년 코소보 전쟁 당시 프랑스 군에는 미국과 영국에 비해서는 징집병 비율이 상당히 큰 규모로 남아있었다. 그러므로 프랑스에서는 미국과 영국에 비해 전투 인명 손실에 대한 민감성이 컸으며, 그 결과 지상군 개입과 같은 군사개입 확대 결정이 쉽지 않은 상태였다.

코소보 전쟁에서 프랑스는 영국과 유사한 수준으로 군사력을 제공하였다. 프랑스는 개전 초 73대의 항공기를 참전시켰고 이후 전력을 84대까지 증가시키며, 미국에 이어 두 번째로 많은 항공작전 임무를

129 Richard Mcallister, "French Perceptions" in *Kosovo, Perceptions of War and its Aftermath*. edited by Mary Buckley and Sally N. Cummings (New York: Continuum, 2001), p. 97.

130 Trevor C. Salmon and Alistair J. K. Shepherd, *Toward A European Army: A Military Power in the Making*? (Boulder: Lynne Rienner, 2003), p. 120.

수행했다. 프랑스는 상대적으로 여론 지지가 낮았고 징집병 비율이 높은 군 구조 특성상 군사개입에 대한 민감성이 높았던 것이 미국과 영국에 비해 군사개입을 제한하는 요인이었다. 그러나 프랑스는 나토 동맹의 가치를 최소한 영국과 같은 수준으로 이해하고 있었고 집권정부의 결정에 대한 국내 정치적 견제가 강하지 않았으므로 지속적인 전쟁 수행이 수월한 상태였다.

(4) 독일

독일은 통일 이후부터 나토 동맹을 외교안보 정책의 주요 무대로 인식하고 있었다. 또한 나토 동맹에 유럽과 미국 간 안보협력을 이룰 수 있는 유용한 연결 고리라는 가치도 부여하고 있었다. 따라서 독일은 나토의 발전과 확대에 대해서 강한 열망을 지니고 있었다. 그와 같은 맥락에서 나토가 코소보 위기 해결을 위해 세르비아에 대해 압력을 행사하는 행위 자체는 긍정적으로 평가되었다. 그러나 독일은 나토의 군사개입을 지지하는 것과 독일이 직접 동참하는 것을 분리하여 생각했다. 독일은 제2차 세계대전 이후 세계 인권 보장을 공언하며 인권 증진 노력을 계속 해왔다. 그와 동시에 독일에는 해외 군사 개입에 반대하는 정서도 함께 존재했다. 코소보 사태는 인종 학살 등 인권이 유린되고 있는 문제였으므로 인권 문제 해결 측면에서는 독일이 적극적으로 개입했어야만 했다. 그러나 문제 해결 방식이 군사개입이 되면서부터 독일의 전통적인 해외 군사 개입 반대 정서와 충돌하기 시작했다. 그 결과 독일의 초기 입장은 중도적이었다. 나토 군사개입에 대한 논의가 시작된 초기에 독일은 유엔의 위임이 있을 경우에만 나토의 군사개입이 가능하다는 중도적인 입장을 견지했던 것이다.

그러나 독일은 코소보 개입에 불참하는 것은 전통적으로 인권 보호를 공언해온 자국 정부의 과거 입장과 배치될 수 있다고 생각했다. 이와 같은 관점에서는 독일이 코소보에서의 대량학살 중단을 위한 국제적 노력에 적극 참여해야할 필요가 있었다. 즉 독일이 나토의 군사개입에 동참하지 않고는 인권 보호 공약 준수가 불가능하였기 때문이다. 결국 독일의 입장은 코소보 군사작전을 앞두고 변화되었다. 최초 유엔의 위임이 있을 경우에만 군사개입이 가능하다는 독일의 입장은 나토의 집단적 결정만으로도 군사개입이 가능하다는 것으로 전환된 것이다.[131]

한편 코소보 전쟁 당시 독일 집권 정부에 대한 정치적 견제 수준은 의원내각제 틀 안에서 구성되어진 연립정부 특성을 통해서 평가될 수 있다. 독일 연립정부는 사회당과 녹색당이 주도하고 있었고, 기독교 민주당과 기독교 사회당이 함께 참여하고 있었다. 코소보 군사 개입에 대해서 두 기독교 보수 정당들은 정치적 통제가 가능해야 한다는 조건으로 군사개입에 찬성하고 있었다. 이에 비해 사회당과 녹색당은 전통적으로 해외 군사개입에 반대하는 정서가 강한 정당들이었다. 그럼에도 불구하고 사회당과 녹색당 모두 코소보 사태 기간 동안 미국과 유럽 동맹국들 간 신뢰성 있는 동맹관계를 입증해 보일 필요가 있다는 것에는 동의하고 있었다. 그리고 사회당의 경우 독일의 코소보 군사개입 참여는 다른 나토 동맹국들에게 자국의 기여도를 입증할 수 있는 기회인 동시에 대량학살 중단이라는 국제 인도주의적 가치에 헌신하는 것이라고 보았다. 반면 사회당보다 군사개입 반대 정서가 더 강했던 녹색당의 경우는 독일 내 정치무대에서 군사개입과 지상 작전 개시 여부에

131 Peter Rudolf, "Germany at the Kosovo Conflict" in *Alliance Politics, Kosovo, and NATO's War: Allied Force or Forced Allies*? edited by Pierre Martin and Mark R. Brawley (New York: Palgrave, 2000), p. 135.

대한 논쟁이 있을 때마다 모든 연정 파트너 정당들과 불화 관계에 빠져 들었다. 그럼에도 불구하고 녹색당은 연정 체제 유지를 희망했기 때문에 연립정부의 군사개입 결정에 공개적으로 반대하지는 않았다. 그러므로 독일 연립정부는 코소보 전쟁에 개입할 수 있는 최소한의 국내정치적 합의는 도출할 수 있었다.

코소보 전쟁에 대한 독일의 국내 여론 조사 결과 60% 수준이 군사개입에 대해 찬성을 하는 등 정부에 대한 지지 여론이 우세했다. 특히 서독 지역에서는 70% 이상의 찬성 응답이 나왔다.[132] 반면 독일의 군 구조는 징병제이고 전체 병력의 3분의 1을 상회하는 규모의 군이 징집병이었다. 독일에서는 징병제도의 필요성에 대한 여러 차례의 검토가 오래전부터 있어왔지만, 징병 제도로 인해 병력 충원 뿐 아니라 보건 등 공공 봉사 분야의 인력 수요 충족이 손쉽다는 장점이 부각되어져서 징병 제도가 계속되고 있는 중이었다.[133] 독일은 다른 동맹국들보다 높은 비율의 징집병을 보유하는 군 구조를 지니고 있었고, 그 때문에 독일 국민들은 군이 해외 분쟁 개입보다는 본국 방위 임무에 전념해야 한다는 생각을 강하게 갖고 있었다. 따라서 독일에는 코소보 군사개입에 대한 전반적인 찬성 여론에도 불구하고 독일군의 코소보 분쟁 투입에 대한 저항감도 상당히 컸었다.

코소보 전쟁기간 중 독일은 총 14대의 항공기를 참전시켰고 전체 항공작전의 1.7%에 해당되는 636소티를 담당하였다. 나토의 군사작전에 있어 독일의 군사적 기여는 크지 않았지만 통일 이후 독일이 본격적

132 Adrian Hyde-Price, "German Perception" in *Kosovo, Perceptions of War and its Aftermath*. edited by Mary Buckley and Sally N. Cummings (New York: Continuum, 2001), p. 114.

133 Trevor C. Salmon and Alistair J. K. Shepherd, *Toward A European Army: A Military Power in the Making*? (Boulder: Lynne Rienner, 2003), p. 120.

으로 해외 군사개입에 참여했다는 상징적 의미가 있었다. 독일 정부는 나토에 대한 전통적 지지를 표명해야한다는 차원에서 군사개입에 동참하였지만, 해외 군사개입에 반대하는 역사적으로 뿌리 깊은 정서로 인해 적극적으로 군사개입을 확대하자는 제안을 수용하는 데는 큰 장애가 있었다.

(5) 이탈리아

이탈리아의 나토 동맹에 대한 인식은 오래전부터 긍정적이었다. 이탈리아는 역사적으로 오랫동안 나토의 발전에 기여해왔고, 이러한 과정을 미국과의 긴밀한 안보협력 관계를 유지하는 수단으로 활용해왔다. 이탈리아 국내정치 특성상 전통적으로 좌파의 영향력이 강해서 공개적인 친미 정책은 추진되지 않았다. 따라서 이탈리아는 나토 동맹에 적극 참여하는 것으로써 미국과 유럽 동맹국들과의 안보 협력 관계를 발전시킬 수 있었다. 이런 측면에서 이탈리아는 나토 동맹의 발전과 역할 확대에 대해 높은 가치를 부여해왔다.

그러나 국가이익 측면에서 코소보 군사개입은 이탈리아에게 상당한 부담이었다. 코소보는 아드리아 해(Adriatic Sea)를 사이로 이탈리아와 지리적으로 마주보고 있었다. 이와 같은 지리적 여건 때문에 코소보에서 군사작전이 시작될 경우 아드리아 해에서의 어업 등 이탈리아의 경제 활동에 장애가 발생할 수 있었다. 또한 이탈리아의 관광산업에도 악영향이 미칠 수 있었다. 실제로 코소보 전쟁 기간 동안 나토 공군기들은 임무가 취소된 폭탄을 아드리아 해안에 5월까지 143발을 폭발 없이 투하한 바 있었다. 물론 전쟁 기간 동안 아드리아 해에서의 어업과 관광산업을 위한 해양 사용은 제한되어졌다. 또한 코소보와의 지리적 근접성으로 인해 이탈리아가 군사 개입에 동참할 경우 이탈리아

내 여러 거점들이 테러 공격의 대상이 될 수 있다는 우려도 있었다. 더구나 나토의 항공작전은 주로 이탈리아 소재 공군 기지를 활용할 예정이어서 그만큼 테러 피격 확률도 높을 것이라고 예상되어졌다. 이와 같은 우려들은 모두 이탈리아의 군사개입이 국가이익에 도움이 되지 않는다고 생각할만한 요인들이었다.[134]

또한 이탈리아 집권 정부는 독일처럼 연립정부를 구성하고 있었으므로 정책 결정 과정에서 강력한 정치적 견제에 직면해 있었다. 이탈리아의 달레마(Massimo D'Alema) 수상이 이끄는 중도 좌파 정당의 연정 파트너인 좌파 정당들은 당시 평화주의 운동을 전개하며 군사개입을 반대하고 있었다. 달레마 수상은 개인적으로 나토 동맹의 가치를 수호하기 위해 군사개입을 선호하였지만, 이것을 정책화하기 위해서는 극심한 국내정치적 견제를 돌파해야했다. 그리고 이탈리아 국내 여론의 50%는 군사개입을 반대하고 있었다. 전통적으로 이탈리아 여론에서는 가톨릭교회의 영향력이 강했지만 코소보 전쟁 기간 중에는 교회의 입장이 명확히 드러나지 않았다. 그런 가운데서도 로마 바티칸 교황은 전쟁에 반대한다는 입장을 공개적으로 언급한 바 있었다. 그러나 대규모 반전 시위가 없었다는 점에서 이탈리아 여론은 전쟁에 대해 명확히 반대한다기보다 전쟁에 대한 지지를 보류하고 있는 것으로 볼 수 있었다. 그리고 전쟁이 지속됨에 따라 이탈리아 여론은 빨리 전쟁에 피로해지는 증상을 보였는데 4월말 여론 조사에서는 42.2%가 코소보 전쟁을 부당한 전쟁이라고 응답하였다.[135]

---

134 Maruizio Cremasco, “Italy and the Management of International Crisis” in *Alliance Politics, Kosovo, and NATO's War: Allied Force or Forced Allies*? edited by Pierre Martin and Mark R. Brawley (New York: Palgrave, 2000), pp. 170-172.

135 Martin Clark, “Italian Perceptions” in *Kosovo, Perceptions of War and its Aftermath*. edited

한편 이탈리아의 군 구조는 국방개혁 계획에 따라 징병제도를 2006년까지 완전히 폐지할 예정이었으나 1999년에는 여전히 징병제가 유지되고 있었다. 2002년 기준으로 이탈리아 병력의 3분의 1은 징집병으로 충원되고 있었고 최종적으로 징병제가 폐지된 것은 2004년 12월말이었다.[136] 코소보 전쟁 당시 이탈리아 군은 완전한 지원병제로의 전환을 앞두고 지상군 병력 수를 감축하며 기동 장비를 증가시키는 개혁을 실행하고 있는 상태였다.[137] 그러므로 이탈리아의 군 구조는 아직 병력 집약형 징병제를 탈피하지 않은 상태였다. 이와 같은 이탈리아의 징병제 유지 군 구조 특징은 다른 동맹국들에 비하여 정부가 군사개입 결정에 더 민감해질 수 있는 요소였다.

그런 가운데서도 코소보 전쟁 기간 동안 이탈리아는 총 54대의 항공기를 전쟁에 동원하였다. 이탈리아의 참전 전력 규모는 영국보다도 많은 수준이었다. 이탈리아가 나토 동맹 발전에 높은 가치를 부여하고 있던 것은 군사개입 동참에 긍정적 요인이 될 수 있었다. 그러나 코소보가 지리적으로 너무 인접하여 전쟁 발생시 국가의 경제적 이익이 침해될 수 있다는 것과 집권 정부에 대한 강한 정치적 견제 상황 등은 이탈리아의 군사개입을 제한하는 요인이었다.

(6) 터키

터키는 EU 가입 등을 통해 유럽의 일원이 되려는 열망을 지니고

---

by Mary Buckley and Sally N. Cummings (New York: Continuum, 2001), p. 125.

136 Trevor C. Salmon and Alistair J. K. Shepherd, *Toward A European Army: A Military Power in the Making*? (Boulder: Lynne Rienner, 2003), p. 120.

137 Carlo Cabigiosu, "The Role of Italy's Military in Supporting the Civil Authorities" in *Armies in Homeland Security: American and European Perspectives*. edited by John L. Clarke (Washington D.C.: National Defense University Press, 2006), pp. 97-99.

있었으므로, 나토 동맹을 유럽과의 중요한 연결고리로 이해하고 큰 가치를 부여하고 있었다. 따라서 터키는 가능한 나토의 군사작전에 공동전선을 유지하고자 했다. 터키는 1999년 12월에 EU 회원국 후보로 결정되었다. 이와 같은 EU의 정치적 결정은 터키의 코소보 전쟁 참여에 영향을 받았다고도 볼 수 있다. 이런 점에서 터키는 나토의 코소보 군사작전에 참여해야 할 동기를 갖고 있었다. 그러나 터키의 국가 이익 측면에서 발칸의 이슬람 주민들과의 특수 관계가 고려되어져야 했고, 이러한 관계는 터키의 코소보 군사작전 동참을 저해할 수 있었다. 1990년대 발칸 위기에서 이슬람 거주민들이 주로 희생되어왔는데, 이들은 터키와 공통의 문화와 종교를 향유하고 있었다. 그러므로 터키는 1990년대에 걸쳐 유럽내 이슬람 주민을 보호해야한다는 입장을 계속 취해왔다. 그러나 코소보 분쟁의 확대는 특히 보스니아 이슬람 주민들의 안보를 침해할 가능성이 있었다. 보스니아 이슬람 주민들의 경우 1995년 데이턴 평화협정 이후 살얼음판 같이 취약한 상태의 평화를 간신히 누리고 있었다. 이런 상태에서 코소보 분쟁이 확대될 경우 데이턴 평화협정의 또 다른 당사자인 세르비아가 더 이상 보스니아 이슬람 주민들과의 평화 약속을 준수하지 않을 가능성이 있었다. 더구나 나토의 군사개입은 궁극적으로 세르비아로부터의 분리 독립을 추진 중인 코소보를 국제적으로 지원한다는 성격을 갖고 있었다. 그런데 어떠한 분리 독립 운동이라도 터키에서는 받아들여질 수 없었다. 터키는 자국 내에서 쿠르드 족의 분리 독립 운동을 저지하는 중이었으므로, 코소보에 대한 국제사회의 지원이 쿠르드에 대한 국제적 지원으로 연결될 가능성을 우려하였다. 따라서 터키는 나토의 군사개입이 유고 연방의 국내정치적 통합은 유지해주면서 코소보에서의 대량학살만 저지하는 쪽으로 진행되기를 희망했다.[138] 즉 터키는 대량 인종 학살에 대해서는 거부감을 드러냈지만, 세르비아의 무력 사용은 코소보 알바니아인들의 분리 독립 테러로부터 기인했다는 인식을 갖고 있었다.[139] 그래서 코소보에서 수많은 이슬람 주민의 피해가 발생되고 있음에도 불구하고 터키는 강력한 군사 개입을 적극적으로 주장하지 않았다. 터키는 인종 학살을 저지하기 위한 국제공조에는 적극 참여하였다. 그러나 소수 민족들의 분리 독립 운동을 지원하는 계기가 될 수도 있는 코소보 알바니아 자치정부 수립에 대해서는 소극적인 지지만을 표명하였다.

또한 터키 여론은 1995년 보스니아 분쟁 당시에는 위기에 빠진 이슬람 동포를 구해야 한다는 열정을 강력하게 보여주었으나, 1999년 코소보 알바니아인의 위기에 대해서는 냉담하였다. 그리고 터키 군 구조는 다른 나토 동맹국에 비해 병력 집약형 특성이 강한 전력구조였으며 광범위한 징병제에 기초한 대규모 군대를 유지하고 있었다.[140] 따라서 터키는 다른 나토 동맹국에 비해 군사개입에 대해 상대적으로 민감한 상태였다. 코소보 전쟁 기간 중 터키 정부는 21대의 전투기를 참여시키고 터키 내 군사기지를 제공했다. 그러나 당시 터키 정부는 터키 전투기는 방어 임무에만 사용되고 있다고 공식적으로 선언하였다. 터키는 나토 동맹 내에서 유럽 동맹국들로부터 동질감과 공감대를 최대한 확

---

138 Roland Dannreuthaer, "Perceptions in the Middle East" in *Kosovo, Perceptions of War and its Aftermath.* edited by Mary Buckley and Sally N. Cummings (New York: Continuum, 2001), pp. 206-207; William Hale. *Turkish Foreign Policy 1774-2000* (London: Frank Cass, 2000), pp. 262-265,

139 Sylvie Gangloff, "Turkish Policy Towards The Conflict in Kosovo: The Preeminence of National Political Interests" *Balkanologie* 8:1 (2004).

140 Fotios Moustakis, *The Greek-Turkish Relationship and NATO* (Portland: Frank Cass, 2003), pp. 74-76.

보해야 향후 EU 가입을 위해 필요한 외교적 지위를 얻어낼 수 있었으므로, 코소보 군사작전에 동참해야 할 동기가 있었다. 그러나 코소보 군사개입 자체가 터키의 국가이익과는 거리가 멀었고 더욱이 쿠르드 문제를 안고 있는 상황에서 소수 민족의 분리 독립을 지원한다는 것은 부담이 되었다. 터키는 나토 항공작전에 동참하였지만 그 참여 수준은 제한적이었다.

4) 전쟁 단계별 집단적 의사 결정

(1) 전쟁 개시 단계

코소보에 대한 나토의 군사력 투입이 논의되기 시작한 것은 1999년 1월부터였다. 1999년 1월 17일 나토 사무총장 솔라나는 북대서양 위원회(North Atlantic Council, NAC) 성명을 통해 코소보 폭력사태 중지 요구와 함께 나토의 군사개입 가능성을 언급하였다. 이 단계부터 나토 회원국들 간에 동맹의 군사개입 여부, 개입 시기, 개입 방법에 대한 논의가 시작되었다. 이 과정에서 개별 동맹국들 간 입장 차이는 나토의 군사개입 방식 결정에 영향을 미쳤다. 이 당시의 주요한 논의들은 1999년 2월 랑부예 협상 시점부터 3월의 코소보 전쟁 개전 직전까지 이어졌다.

랑부예 협상 당시 코소보 군사작전의 방법으로 단독 항공작전 방안부터 코소보 평화유지군 진주를 포함한 지상 작전까지 모든 가능한 대안들이 논의되어졌다. 그 시점에서 영국과 프랑스는 항공공격 보다는 평화유지군을 포함한 지상 작전을 선호하였으며, 자국 지상군을 파견할 수 있음을 밝히며 미국의 동참을 요구하였다.[141] 미국 정부는

---

141 Joyce P. Kaufman, *NATO and the Former Yugoslavia: Crisis, Conflict, and the Atlantic Alliance* (Boulder: Rowman & Littlefield, 2002), pp. 172-173.

평화유지군을 포함한 모든 형태의 지상 작전 방안은 미 의회의 승인이 필요한 사안임을 밝히며 공식적으로 반대하였다. 당시 미국의 국방장관 코헨(William Cohen)은 이미 보스니아에서 시행중인 평화유지군 활동에 이어서 추가적인 지상군 파견은 부담이 될 수 있으며, 코소보 평화유지 작전은 보스니아 당시보다 더 위험할 것이라고 예측하고 있었다. 이처럼 나토의 군사개입이라는 공동 목표를 시행하는 방안을 논의하는 과정에서 지상군 투입을 지지하는 영국 · 프랑스와 이에 반대하는 미국 간의 동맹 내부 이견이 존재했었다. 그 상태에서 랑부예 협상은 실패로 끝난다. 이때 세르비아에게 군사개입 경고를 이미 발표해버린 나토의 입장에서는 공약을 이행하기 위해서라도 실제 군사 행동을 시작해야 하는 상황에 직면하게 되었다.

그러나 이 시기까지 나토는 구체적인 군사개입 방안을 확정하지 못하고 있었다. 이 상황에서 나토의 공식 지휘 계통에서 제외되어있던 프랑스는 나토의 모든 군사작전이 6개국 간 협의체(Contact Group)에게 보고되어야 한다고 요구하였다. 프랑스의 이러한 주장은 나토의 집단 의사결정 과정 내에서 자국의 영향력을 확대하려는 시도이기도 했다. 이와 같은 프랑스의 요구는 최종적으로는 수용되지 않았지만 나토 동맹국내에서는 이처럼 다양한 이견이 분출되고 있었다. 영국과 프랑스는 지상 작전 방안이 선택될 경우 파견될 평화유지군에 미국도 참여할 것을 계속 요구했다. 이 때문에 미국의 클린턴 대통령은 수천명 수준의 미 지상군이 평화유지군에 참여하는 방안을 개인적으로 심각하게 고려하기도 했다. 그럼에도 불구하고 미국은 공식적으로는 지상군 개입에 대한 논의는 불가능하다는 입장을 계속 고수하였다.[142] 그러자 영국

142 Joyce P. Kaufman, *NATO and the Former Yugoslavia: Crisis, Conflict, and the Atlantic*

은 나토의 군사작전 수립에 평화유지군 뿐 아니라 지상 침공 작전도 포함되어져야 한다고 강하게 요구하고 나왔다. 영국의 블레어 총리는 코소보 군사개입을 통해 국내에서의 정치적 입지와 유럽 내에서의 리더십을 강화하기 위하여 과감한 군사개입 방안을 선호하고 있었다. 이에 대해 미국의 클린턴 대통령은 나토 군사개입 당일인 3월 24일에 이르러 코소보 전쟁의 지상군 투입은 여전히 고려하지 않고 있다는 공식 발언을 하였다.[143] 당시 미국 의회는 코소보 군사작전 예산 삭감 여부에 대한 논쟁 중이었으므로, 미국 행정부는 의회에 부정적 영향을 미칠 수 있는 지상군 개입과 같이 부담이 큰 방안이 공론화되는 것을 원하지 않았다.[144]

이와 같은 군사개입 직전의 나토 동맹국간의 복잡한 이견들을 종합해볼 때 1999년 2월 24일 랑부예에서 나토의 최종 협상 종료 시한이 경과된 시점부터 나토가 선택 가능한 군사력 운용 방안은 두 가지였다. 첫째는 코소보에서의 인도적 위기를 확실히 종식시키고 향후 분쟁 가능성을 차단하기 위해 지상군을 투입하는 방안이었다. 두 번째는 세르비아의 정치적 후퇴를 기대하며 단독 항공작전만을 수행하는 것이었다. 지상군 투입 방안은 세르비아 정규군, 경찰, 준군사단체의 무장폭력을 가장 확실하게 통제할 수 있다는 점에서 전장 전투 성과 향상에 중점을 둔 군사력 운용 방법이었다. 반면에 단독 항공작전은 세르비아의 밀로세비치가 스스로의 정치적 야심과 이익을 언젠가는 포기하게 될 것이라는 예상에 의존하고 있었으므로 나토가 정치적 목표를 언제

Alliance (Boulder: Rowman & Littlefield, 2002), p. 178.

143 White House, Office of the Press Secretary, 1999.3.24

144 Ivo H. Daalder and Michael E. O'Hanlon, *Winning Ugly: NATO's War to Save Kosovo* (Washington D.C.: Brookings Institution, 2000), p. 97.

달성할 수 있을지는 불분명했다. 그럼에도 불구하고 항공작전은 지상전과 달리 전투 인명 손실을 최소화할 수 있었으므로 모든 나토 회원국들이 국내정치적으로 손쉽게 수용 가능한 위험 회피 성향의 군사력 운용 방안이었다. 나토 동맹국 중에서 이탈리아와 그리스는 군사개입 자체에 소극적이었고 독일 정부는 중도 입장을 취하고 있었으므로 이 들 국가들이 지상군 투입 방안에 동의하리라고 보기는 어려웠다. 그리고 미국 역시 단독 항공작전을 선호하고 있었다. 그러므로 당시 동맹의 집단적 합의를 이끌어낼 수 있는 군사력 운용 방법은 위험 회피 방안에 해당되는 단독 항공작전 뿐이었다.

단독 항공작전은 나토 측의 전투 인명손실과 세르비아 내에서의 부수적 민간인 피해를 현저히 감소시킬 수 있을 것으로 판단되어졌다. 따라서 단독 항공작전은 군사작전에 소극적이거나 지상군 개입에 찬성하지 않는 동맹국들도 모두 수용 가능한 위험 회피 성향 방안이 될 수 있었다. 그러므로 이 시기에는 단독 항공작전이 나토 동맹의 집단적 합의를 유지할 수 있는 선택이었다. 결국 나토는 3월에 단독 항공작전을 군사개입 방안으로 결정한다. 따라서 랑부예 협상 시기부터 있어왔던 군사력 사용 방안에 대한 나토 동맹국 내부의 이견은 해소되어지고 동맹의 집단적 합의 역시 유지될 수 있었다. 실제로 당시 미 백악관 안보보좌관 버거(Samuel 'Sandy' Berger)는 전후 인터뷰에서 "우리는 [지상 작전 방안을] 미리 제외하지 않는 한 전쟁에서 승리할 수 없었다"라며, 지상 작전 가능성을 제외한 덕분에 나토 동맹국들이 전쟁 시작에 합의할 수 있었다는 평가를 제시했다.[145] 그 결과 3월 나토의 군사작전

145 Ivo H. Daalder and Michael E. O'Hanlon, *Winning Ugly: NATO's War to Save Kosovo* (Washington D.C.: Brookings Institution, 2000), p. 97.

개시 시점에서는 나토 동맹 내부에서의 상호 균열은 방지될 수 있었고, 민주동맹의 내부 갈등으로 인한 추가 손실 비용 역시 예방되어졌다. 따라서 나토의 단독 항공작전 선택은 동맹의 집단적 합의 유지에 기여하였으며 동맹의 전쟁 수행 중에 발생하는 총 손실 비용을 감소시킬 수 있어 손실 가해 능력을 유지할 수 있게 해주었다.

(2) 개전 후 항공작전 확대 단계

1999년 3월에 단독 항공작전이 시작된 이후부터는 공격 표적 선정에 관한 동맹국간의 논쟁이 시작되었다. 항공작전의 제1단계에서는 세르비아의 방공 시스템 무력화를 위해 세르비아의 방공망과 공군 기지를 주요 공격 표적으로 선정하였다. 그러나 밀로세비치는 코소보에서의 폭력 사태를 중단하지 않았고, 이에 따라 나토는 항공작전의 공격 표적을 보다 확대해 나갈 필요가 있었다. 나토의 계획에서는 제2단계 항공작전에서 코소보 내 세르비아 군사력과 남부 세르비아 지역의 군사지원시설들이 주요 표적이었고, 3단계에서는 베오그라드(Belgrade)를 포함한 유고 연방 전역의 국가 기반 시설과 전 세르비아 지상군이 표적이었다. 모든 표적 선정 과정에서 나토 동맹국간의 논의를 거쳐야 할 필요가 있었으므로 나토는 공동 표적 목록을 작성하였다. 그러나 나토 항공작전의 공격 표적이 확대되는 과정에서 나토 동맹국들 간의 입장 차이가 개입되기 시작했고 이에 대한 효과적인 조정이 필요해졌다. 기본적으로 나토의 고위급 의사결정자들은 항공작전이 시작되면 곧이어 밀로세비치가 신속하게 굴복할 것이라고 믿고 있었다. 나토 고위급들은 1995년과 1998년의 기억을 중요시하고 있었다. 1995년에는 보스니아-헤르체비고나를 위협하던 밀로세비치가 나토의 항공 공격이 시작하자 곧이어 바로 평화협정에 임했었다. 그리고 1998년에는 나토가 군사개입 위협만을 했음에도 밀로세비치는 경찰 병력을 코소보에서 철수시켰었다. 이와 같은 경험으로 인해 나토 고위급들은 단기간의 항공작전만을 기대했었다.[146] 이렇듯 대부분의 나토 정치 지도자들은 단기간의 군사작전을 예상하고 있었기 때문에 제1단계 항공공격의 표적도 최초 3일간의 작전에 필요한 수준 정도로만 발전되어져 있었다.[147] 실제로 나토는 개전 당시 350대의 항공기를 참전시켰는데 이는 1991년 걸프전쟁 당시 미국이 동원했던 항공기의 10% 수준이었고, 미국은 항공모함 전력도 운용하지 않았다.[148] 그러나 예상과 달리 개전 후 3일간의 계획된 표적에 대한 항공 공격이 모두 완료된 이후에도 밀로세비치는 계속 저항하였다. 따라서 나토의 항공작전은 예상보다 더 지속되어져야 했고 공격 표적들도 더 확대되어져야했다. 이 시기에 다시 나토 동맹국간에 이견이 발생하였다. 즉 제1단계 항공공격이 모두 달성되었다고 평가된 이후 제2단계 항공공격으로의 진행 여부와 규모에 대한 나토 내부의 논쟁이었다.

나토가 제2단계 항공공격을 진행하는데 필요한 전략적 지침을 미리 준비해놓지 않았다는 것은 다양한 전후 인터뷰와 당시의 작전행태를 통해서도 확인된다.[149] 나토 사무총장 솔라나는 개전 후 1주일이 지난 상태에서 향후 군사작전의 목표를 언급하는 대신 지난 1주일간의 폭격

---

146 Joyce P. Kaufman, *NATO and the Former Yugoslavia: Crisis, Conflict, and the Atlantic Alliance* (Boulder: Rowman & Littlefield, 2002), p. 189.

147 Dag Henriksen, *NATO's Gamble* (Annapolis: Naval Institute Press, 2007), pp. 19-20.

148 Ivo H. Daalder and Michael E. O'Hanlon, *Winning Ugly: NATO's War to Save Kosovo* (Washington D.C.: Brookings Institution, 2000), p. 103.

149 Ivo H. Daalder and Michael E. O'Hanlon, *Winning Ugly: NATO's War to Save Kosovo* (Washington D.C.: Brookings Institution, 2000), p. 19 ; Dag Henriksen, *NATO's Gamble* (Annapolis: Naval Institute Press, 2007), pp. 8-9.

을 통해 나토의 강력한 의지를 보여주었다고만 발언하였다. 그리고 미국의 코헨 국방장관도 항공작전으로 나토의 의지가 표현되었고 밀로세비치에게 대가를 치르게 하는 중이라고만 밝히며 향후 전쟁 목표는 언급하지 않았다. 당시 나토 고위 의사결정자들은 세르비아의 폭력 행위가 단기간 내에 중단되지 않을 경우를 대비한 별도의 대책을 전혀 언급하지 않았고, 이런 행태들은 나토 내부의 사전 합의가 없었던 것임을 암시했다.[150] 이것은 나토의 제2단계 항공작전 표적 선정에 대한 검토가 전쟁 발발 이후 최초 1단계 항공 공격이 종료된 이후에야 시작되었음을 의미한다. 그러므로 코소보 전쟁 개전 후 항공작전 표적 선정에 관한 동맹국간의 논쟁은 이때부터 본격화되기 시작한 것이다.

당시 모든 항공작전은 나토 지휘계통을 통해서 이루어지고 있었으나, 나토 최고사령관인 클라크(Wesley Clark) 대장과 남부유럽 공군사령관인 쇼트(Michael Short) 중장은 각각 미 유럽군 사령관과 유럽 공군 구성군 사령관으로서 미군 지휘체계에도 속해 있었다. 그러므로 미국 정부는 미군 지휘체계를 통해 독자적으로 나토군의 제2단계 항공작전으로의 확대를 승인할 수 있었다. 프랑스와 영국 정부는 이처럼 미국이 단독 지휘체계를 통해 항공공격을 할 수 있는 능력이 있음을 인지하고 있었으므로, 그와 같은 일이 일어나지 않도록 적극적인 표적 선정 협의를 요구해왔다. 그리고 미국 또한 나토 동맹국 정부와의 정치적 합의를 우선시했다. 따라서 항공 공격 표적은 매일 미국, 영국, 프랑스 군사대표에 의해 공동으로 검토되어졌다.[151] 그리고 차후에 독일과 이탈리아 군사대표도 표적 검토 과정에 참여하기 시작했다. 결국 주요 항공작전

150 Ivo H. Daalder and Michael E. O'Hanlon, *Winning Ugly: NATO's War to Save Kosovo* (Washington D.C.: Brookings Institution, 2000), p. 105.

151 Dag Henriksen, *NATO's Gamble* (Annapolis: Naval Institute Press, 2007), p. 21.

표적 선정은 미국, 영국, 프랑스, 독일, 이탈리아의 정기적인 검토와 승인을 받아야만 했다. 일부 전술 표적들은 신속하게 자동적으로 승인되어졌지만 중요 표적일수록 동맹국 대표 모두의 집단적 합의가 요구되어졌다. 이것은 나토의 표적 선정이 밀로세비치에 대한 압박과 함께 나토 동맹국들의 지속적인 전쟁 수행에도 기여해야만 했음을 의미한다. 이에 따라 모든 항공 공격 표적은 정치적으로 선정되어져야 했고 동맹국들 간의 표적 선정에 대한 합의 역시 중요해졌다.

나토는 개전 5일차인 3월 28일에 제1단계 항공 표적이 모두 무력화되었다고 판단했고 제2단계 표적으로의 진행 여부를 결정할 필요가 있음을 느끼고 있었다. 당시에 이미 클라크 장군은 제3단계 표적까지 항공작전을 확대할 필요가 있음을 주장하고 있었다. 이처럼 개전 이후 항공공격을 보다 강력하고 광범위한 범위로 확대하여 수행해야 할 필요가 있다는 주장이 미국 행정부와 미 국방부 쪽에서 제기되었다. 반면에 점진적으로 항공공격의 강도를 증가시켜야 한다는 입장 역시 동맹 내부에 함께 존재했다.[152]

제1단계 작전을 통해 상당수의 세르비아 방공작전 시설이 파괴되었으므로, 나토의 원래 계획대로라면 제2단계 작전을 통해 북위 44도 이남에 위치한 코소보 내 세르비아 군과 준군사단체 지원 시설을 공격할 차례였다. 그리고 코소보 전쟁에서의 정치적 목표가 밀로세비치에 대한 지속적인 압박이었던 만큼, 밀로세비치가 굴복할 때까지 계속 항공 공격 범위를 확대시킬 필요도 있었다. 이때 원래 계획에 의하면 북위 44도 이북의 유고 연방 시설은 제3단계 표적으로 분류되어져 있

152 Ivo H. Daalder and Michael E. O'Hanlon, *Winning Ugly: NATO's War to Save Kosovo* (Washington D.C.: Brookings Institution, 2000), pp. 105-106.

었다. 그러므로 항공작전 수행 차원에서는 클라크 장군의 주장과 같은 제3단계 항공작전으로의 신속 확대는 밀로세비치에 대한 군사적 압박을 극대화할 수 있어 전장 전투 성과를 향상시킬 수 있는 방안이었다. 그러나 당시 독일, 그리스, 이탈리아, 프랑스 등 나토 동맹국들은 제3단계 표적까지의 작전 확대를 거부하고 있었다. 또한 그리스 군사대표는 나토 군사위원회에서 제1단계 표적으로 볼 수 없는 지역에 대한 공격에 반대한다는 입장을 밝힌 상태였다. 그러므로 제3단계 항공작전으로의 신속한 확대는 민주동맹의 집단적 합의 유지에 도움이 되지 않을 수 있었다. 이때 동맹국들의 집단적 합의를 유지시킬 수 있는 위험 회피 성향 방안이 제시되었다. 제2단계 플러스 작전이라고 명명되어진 이 계획은 항공작전을 제2단계까지로만 진전시키되 제3단계 표적에 속하는 북위 44도 이상의 공격 목표에 대한 작전은 동맹국들 간의 추가적인 협의를 거쳐서 시행한다는 것이 주요 내용이었다.

결국 나토의 최종적인 합의 결과로 3월 30일 발표된 것은 제2단계 플러스 작전의 선택이었다. 이로써 제3단계 표적들은 관련 동맹국들과의 합의가 있어야만 공격이 가능해졌다.[153] 나토는 제2단계 플러스 작전의 시행을 통해 제1단계 작전에서는 제외되었던 밀로세비치의 거주 지역을 포함한 세르비아 지휘통제체제와 관련된 표적들을 공격할 수 있게 되었고, 추가로 세르비아 방송시설까지 공격이 가능해졌다. 그러나 북위 44도 이북 지역 표적과 기타 제1단계에서 제외되었던 표적들 중 일부는 동맹국 전체의 집단적 합의를 거쳐야만 군사적 공격이 가능해졌다. 이러한 의미에서 나토가 3월 30일에 항공작전을 제3단계가 아닌 제2단계 플러스로 전환한 것은 위험 회피 성향 방안의 선택이었

153 Dag Henriksen, *NATO's Gamble* (Annapolis: Naval Institute Press, 2007), p. 24.

다고 할 수 있다. 만약 당시에 제3단계 항공작전으로 곧바로 직행하였을 경우에는 항공작전 확대를 반대하는 동맹국들과 집단적 합의를 이루기는 어려웠을 것이다. 따라서 나토는 위험 회피 성향 방안을 선택하였고 그 결과 항공작전의 확대를 반대했던 동맹국들인 독일, 프랑스, 그리스, 이탈리아와의 집단적 합의도 지속할 수 있었고 동맹 내부의 균열을 방지할 수 있었다. 따라서 민주동맹 내부의 갈등 조정을 위한 추가적인 손실 비용 역시 예방되어졌고 나토의 손실 가해 능력도 유지될 수 있었다.

(3) 전쟁 후반 단계

코소보 전쟁이 중반 이후로 전개되었을 때의 주요 쟁점은 나토의 단독 항공작전이 지속되는 가운데서도 코소보 알바니아인에 대한 세르비아인들의 폭력행위가 중단되지 않았다는 것이었다. 이에 따라 나토가 채택할 수 있는 추가적 군사적 조치에 대한 논쟁이 시작되었다. 개전 1주일 이후 미국의 워싱턴 포스트 지는 클린턴 행정부가 군사개입에도 불구하고 코소보 알바니아인에 대한 인종 공격을 중지시키는데 실패했다고 보도하였다.[154] 이와 같은 서방 언론의 비판적 평가로 인해 미국과 유럽의 국민들 사이에서도 중단되지 않는 세르비아의 폭력 행위를 저지하기 위해서는 추가적인 군사적 대책이 필요하다는 인식이 확산되었다. 이런 상황에서 나토의 지상군이 코소보 지역에 투입될 수도 있다는 위협이 밀로세비치에게 신뢰성 있게 전달된다면 세르비아의 폭력 행위를 중단시킬 수 있을 것이라는 주장들이 등장했다. 미국의 전직 고위급 관리들인 키신저(Henry Kissinger)와 브레진스키

154 Dag Henriksen, *NATO's Gamble* (Annapolis: Naval Institute Press, 2007), p. 26.

(Zbigniew Brzezinski) 등은 미국이 전략적으로 지상작전을 고려해야만 하며, 최소한 세르비아 국경으로 지상군을 전개시켜야 한다고 주장했다.[155] 그리고 당시 미 국무장관 올브라이트 역시 지상군 개입이 미국의 세르비아에 대한 위협의 신뢰성을 높여줄 것이라고 주장했다. 이때부터 나토 동맹 내부에서는 코소보 전쟁에서 지상 작전이 개시될 필요성에 대한 논쟁이 본격화되었다.

4월 14일 영국의 블레어 수상은 프랑스의 시라크 대통령에게 세르비아에 대한 군사공격 강도를 강화시킬 것을 제의하였다. 이어서 영국의 로버트슨(George Robertson) 국방장관은 기존에 지속되고 있던 항공작전에 추가하여 지상 작전이 시작될 필요가 있음을 제의하였다. 그리고 시라크 대통령은 4월말 나토 정상회담 직전에 항공작전에 이어서 추가적인 군사적 조치가 필요하다는 언급을 하며 지상 작전의 필요성을 암시하였다. 그러나 이 시점에 프랑스가 지상 작전을 적극적으로 지지하였는지는 분명하지 않다. 프랑스는 영국에 비해서는 지상 작전에 대한 선호가 강하지 않았던 것이 분명하며, 중도적인 입장을 취했던 것으로 보인다.[156] 당시 지상 작전 시작을 위한 동맹국 내부 합의 조성에 있어 가장 큰 장애는 미국이 지상군 투입을 주저한다는 것이었다. 미 클린턴 행정부는 2월에도 평화유지군을 포함한 지상 작전에 대해 부정적이었듯이 이번에도 지상 작전을 찬성하지 않았다. 클린턴 행정부는 미 의회 등에서 국내정치적 공감이 형성되지 않는 한 지상군을 투입할 수 없다는 입장이었다.[157] 당시 미 하원은 4월 28일에 의회 동의

155 Ivo H. Daalder and Michael E. O'Hanlon, *Winning Ugly: NATO's War to Save Kosovo* (Washington D.C.: Brookings Institution, 2000), pp. 131-132.

156 David P. Auerswald, “Explaining Wars of Choice: An Integrated Decision Model of NATO Policy in Kosovo” *International Studies Quarterly* 48:3 (2004), p. 650.

없이는 대통령이 지상군을 해외로 파견할 수 없다는 결정을 내린 바 있었다. 그리고 미 행정부는 1992년부터 1993년간 소말리아 파병시 발생했던 전투 인명 손실로 인해 소말리아 작전을 포기했던 경험을 잊지 않고 있었다.[158] 따라서 지상군 투입 방안에 대한 미국의 입장은 국내정치적 합의가 이루어질 때까지 기다려야 한다는 것이었다. 더구나 상당수의 미 의회 의원들은 지상군 개입을 공개적으로 거부하는 의사를 표명하고 있었다.[159]

그 후 5월 8일에 나토의 항공작전 중 베오그라드 주재 중국대사관이 오폭되는 사건이 발생하면서 나토의 군사작전에 대한 국제적 지지가 급속히 저하되는 현상이 나타났다. 이와 같은 상황을 타개하기 위해서 5월 17일 영국의 국방장관은 EU 장관회의에서 전쟁을 조기에 종결하기 위한 지상 작전 개시 필요성을 제안하였다. 이에 대하여 독일의 쉬레더(Gerhard Schroeder) 수상은 독일 내 반전 압력을 고려하여 지상군 투입에 대한 반대 의사를 표명했다. 이탈리아 역시 좌파 정당들의 반대 입장 때문에 지상군 투입에는 반대하였다. 미국의 경우 행정부는 여전히 의회가 항공작전 수행 권한만 승인했고 지상 작전에 대해서는 승인하지 않은 상태라고 해석하고 있었다. 그래서 클린턴 대통령은 5월 18일에 지상군 개입 방안을 고려하지 않고 있다는 발언을 하게 되었다.

그럼에도 지상군 투입 논쟁은 5월말에 더욱 가열되어 영국과 미국 간의 양자 대화 횟수도 많아졌고 동맹 차원의 전략 재검토 노력도 가속

---

157 Joyce P. Kaufman, *NATO and the Former Yugoslavia: Crisis, Conflict, and the Atlantic Alliance* (Boulder: Rowman & Littlefield, 2002), pp. 191-193.

158 Ivo H. Daalder and Michael E. O'Hanlon, *Winning Ugly: NATO's War to Save Kosovo* (Washington D.C.: Brookings Institution, 2000), p. 132.

159 Ivo H. Daalder and Michael E. O'Hanlon, *Winning Ugly: NATO's War to Save Kosovo* (Washington D.C.: Brookings Institution, 2000), p. 134.

화되었다. 이런 상황 속에서 클린턴 대통령은 코소보 국경지역의 나토군 증강에 동의하였고, 공식적으로는 지상군 투입 방안이 완전히 배제되지 않았음을 밝히기에 이른다. 그리고 5월 26일에 세르비아가 나토의 항공기에 대해 30발 이상의 지대공 미사일을 발사하는 등 항공작전에 대한 저항 수준이 강화되었다고 판단할 만한 사건이 발생했다. 이에 따라 5월 27일 나토 국방장관 회담에서 다시 지상군 투입 필요성이 논의되었다. 당시 국방장관 회담에는 미국, 영국, 프랑스, 독일, 이탈리아가 참석하였었다. 이때 영국은 지상 작전을 위해 5만 4천 명의 지상군을 투입할 수 있음을 알렸고, 영국 국방부는 이를 위한 예비군 동원 준비도 갖추었다고 통보했다. 또한 5월 12일에 프랑스 국방참모총장은 나토가 합의할 경우 일정 수준의 프랑스 지상군이 참여할 수 있음을 밝힌 바 있었는데, 이러한 입장을 국방장관 회담에서 재확인하였다. 그리고 이탈리아는 나토 차원에서 지상 작전이 승인되면 영국보다는 소규모이지만 지상군 투입이 가능하다는 것을 밝혔다.

그러나 같은 시기에 독일의 쉬레더 수상이 지상 작전이 불가능하다는 입장을 전달하였다. 쉬레더 수상은 나토의 공동작전에 지상군 개입이 포함되어야 할 이유가 없다는 입장이었다. 그리고 독일 수상과 이탈리아 수상과의 면담 이후 이탈리아도 지상 작전 계획에 반대한다고 밝혔다. 미국 또한 지상군 투입 가능성에 대해 그 어떤 약속도 할 수 없다고 밝혔다.[160] 그러나 전쟁 후반부로 가면서 미국의 입장은 다소 변경되어졌다. 미 합참은 지상 작전이 시작되면 많은 사상자가 예상되지만 그럼에도 불구하고 공격 헬기 등 지상군 전력 일부가 투입될 필요

---

160 Ivo H. Daalder and Michael E. O'Hanlon, *Winning Ugly: NATO's War to Save Kosovo* (Washington D.C.: Brookings Institution, 2000), p. 158.

가 있다고 전망했다. 5월말에 코헨 미 국방장관은 여전히 지상군 개입 반대를 재확인하였지만, 6월 2일 코소보 전쟁의 종전을 앞둔 상태에서 미 백악관 안보보좌관 버거는 나토의 지상군 개입이 필요함을 다시 한번 대통령에게 건의하였고 클린턴 대통령은 이에 동의하였다.[161] 그럼에도 불구하고 종전시까지 나토의 지상 작전 개시는 합의되지 않았다. 그 대신 지상 작전 개시의 위협을 전달하기 위해 마케도니아 국경의 나토 지상군 증강 결정이 이루어졌다. 그에 따라 4월 27일까지 국경 주변 나토군은 2만 명 수준으로 증강되었고, 5월 12일까지는 2만 5천 명 수준까지 강화되었다.[162]

그리고 전쟁 후반부터는 나토 동맹국 사이에서 지상 작전 개시 논쟁과 함께 항공작전 일시 중지에 대한 논의도 함께 발생하였다. 5월 12일에 독일 녹색당은 지상 작전 반대와 함께 항공작전의 일시 중단을 제안하였다.[163] 이러한 독일의 국내정치적 상황은 쉬레더 총리의 연립정부가 군사작전을 지속하는 것에 대한 상당한 부담으로 작용할 수 있었다. 그럼에도 5월 19일에 쉬레더 총리는 지상 작전에는 반대하지만 독일이 항공작전에서 일방적 철수는 하지 않을 것임을 분명히 했다. 아울러 나토의 군사작전이 모든 동맹국의 합의 없이 변경되어서도 안 된다는 입장을 밝혔다.

비슷한 시기에 이탈리아에서는 의회가 5월 19일에 나토의 항공작전을 중지할 수 있는 방안 모색이 필요하다는 결의를 하였다. 이탈리아

---

161 David P. Auerswald, "Explaining Wars of Choice: An Integrated Decision Model of NATO Policy in Kosovo" *International Studies Quarterly* 48:3 (2004), p. 655.

162 Ivo H. Daalder and Michael E. O'Hanlon, *Winning Ugly: NATO's War to Save Kosovo* (Washington D.C.: Brookings Institution, 2000), p. 157.

163 David P. Auerswald, "Explaining Wars of Choice: An Integrated Decision Model of NATO Policy in Kosovo" *International Studies Quarterly* 48:3 (2004), p. 651.

정부는 나토의 항공작전 지속을 지지해왔지만, 이처럼 이탈리아 의회 다수파가 항공작전 중지 검토를 요구하고 나서자 정치적 부담을 느끼게 되었다. 따라서 이때부터 이탈리아 정부는 나토 지휘부에 조속한 종전을 요구하기 시작했고, 더 나아가서 폭격의 잠정 중지 또는 종전 협상 시작을 제안하게 된다. 이탈리아의 달레마 수상은 우선 항공작전을 중지한 후 종전 협상을 재개하고, 만약 협상이 실패할 경우 다시 항공작전을 시작하는 방식의 전략을 제의하기도 했다. 이와 관련 프랑스는 5월 22일에 나토의 항공작전은 오직 동맹국 정부의 공동 합의시에만 중단될 수 있다고 언급하며, 군사작전의 지속 필요성을 강조한 바 있었다.[164]

이런 상황에서 5월 30일에 나토 항공기의 남부 세르비아의 교량 공격시 민간인 열차가 피폭되며 민간인 희생이 뒤따르게 되자 국제사회의 반대 여론이 더욱 증가되었다. 이에 대해 이탈리아와 그리스는 항공공격을 잠시 중단하고 밀로세비치에게 나토의 요구안을 생각할 여유를 허용하자는 방안을 다시 제안하였다. 그러나 나토 사령관인 클라크 장군은 항공작전 중지는 세르비아군의 재배치와 증강을 허용할 것이라며 항공작전 중지 방안에 대해 강력히 반대하였다. 그럼에도 전쟁 후반부로 갈수록 동맹국들 사이에서 현재 진행 중인 항공작전을 제한해야 한다는 의견이 많이 출현했다. 독일의 경우 전쟁 후반으로 갈수록 군사작전을 제한하는 방식에 긍정적이 되어갔다. 실제로 6월 3일에 코소보 전쟁의 종전 협상이 재개되었을 때 독일 정부는 도시 주변 표적에 대한 항공공격을 보류하자는 의견을 나토 지휘부에 전달

164 David P. Auerswald, "Explaining Wars of Choice: An Integrated Decision Model of NATO Policy in Kosovo" *International Studies Quarterly* 48:3 (2004), p. 650.

한 바도 있다. 그리스의 경우 6월 2일 시점에 여론의 97퍼센트가 코소보 군사작전을 반대하고 있었다.[165] 이처럼 전쟁 후반부에는 항공작전의 일시 중지 제의가 계속 등장했고 이에 대한 나토 동맹 내부의 논쟁도 지속되어왔다.

지금까지 살펴 본 것처럼 나토 동맹 내부에서는 코소보 전쟁 중반 이후부터 지상 작전 연계라는 전장 전투 성과를 보다 향상시킬 수 있는 군사력 운용 방법과 함께 항공작전의 일시 중지라는 위험회피 성향이 강한 방안이 동시에 제기되어졌다. 지상 작전 개시는 전장 전투 성과를 향상시킬 수 있는 군사력 운용 방법이므로 장기화 조짐을 보이고 있는 코소보 전쟁을 조기에 종결시킬 확률을 높일 수 있었다. 그러나 전투 인명 손실 가능성이 많은 방안이기도 하여 항공작전의 일시 중지를 선호하는 동맹국들을 설득하여 집단적 합의를 도출해내기는 힘들었다. 그러므로 이 시기에 지상 작전 개시는 항공작전의 일시 중지를 선호하는 동맹국들로부터 동의를 얻기 힘든 방안이라 할 수 있었다. 즉 항공작전의 일시 중단이라는 위험 회피 성향 방안을 선호하는 동맹국이 존재하는 한, 전장 전투 성과를 향상시키는 방안으로 집단적 합의를 도출하는 것은 어려웠던 것이다. 결국 나토는 민주동맹의 집단적 합의가 가능한 군사력 운용 방법 선택을 위하여 단독 항공작전 계속을 선택하였다. 이때 단독 항공작전의 지속은 민주 동맹 내부의 균열을 방지하여 동맹 결속을 위한 추가적인 손실 비용 지불을 예방할 수 있는 방안이기도 했다. 결국 나토는 코소보 전쟁 종료시까지 지상 작전 개시 없이 단독 항공작전만을 지속하여 전쟁 수행에 따른 손실 비용 증가를

165 Ivo H. Daalder and Michael E. O'Hanlon, *Winning Ugly: NATO's War to Save Kosovo* (Washington D.C.: Brookings Institution, 2000), p. 161.

방지하면서 손실 가해능력을 유지할 수 있었다.

5) 코소보 전쟁에서 민주동맹의 군사력 운용 요약

코소보 전쟁은 6월 3일에 밀로세비치가 나토의 요구조건인 무장 폭력 중지, 코소보 내 세르비아 무장세력 철수, 코소보에 국제평화유지군 주둔 허용, 코소보 난민에 대한 안전 보장 및 인도적 지원 허용, 코소보 문제 해결을 위한 협상 재개를 수용하면서 종결되었다. 전쟁 기간 중 나토의 군사력 운용 방법 선택에는 크게 세 차례의 집단적 합의가 필요했었다. 첫 번째는 전쟁 개시 직전으로 단독 항공작전과 평화유지군을 포함한 지상 작전 간의 선택이 요구되었다. 두 번째는 나토가 최초 5일간의 단독 항공작전 시행 후에도 예상과 달리 밀로세비치가 지속적으로 저항함에 따라 이미 시행된 제1단계 항공작전을 어떻게 확대해나갈 것인가에 대한 것이었다. 이때 나토는 항공작전 공격 표적을 북위 44도선 이남의 세르비아 군사시설로 한정하는 방안과 북위 44도 이북의 전반적인 인프라까지 확대하는 방안 간에 선택을 해야 했다. 세 번째 선택의 시기는 전쟁의 중반을 넘어서 후반부에 접어들면서 밀로세비치의 저항이 계속되고 나토 항공력의 오폭 등으로 국제사회의 지지가 감소되면서 맞이하게 되었다. 이 시기에는 전쟁의 조기 종전을 위해 전투 인명 손실을 감수하며 지상 작전을 개시할 것인지 아니면 항공작전을 일시 중지하고 협상을 재개할 것인지에 대한 선택이 필요했다. 이와 같은 세 번에 걸친 선택의 시기에서 나토는 모두 동맹의 집단적 합의가 가능한 방향으로 군사력 운용 방법을 선택하였다. 전쟁이 개시되는 단계에서는 모든 동맹국의 전쟁 참여를 위해 지상 작전은 배제되고 단독 항공작전이 선택되어졌다. 그리고 개전 5일 이후 항공작전의 확대 단계에서는 원래 계획상 제3단계 항공작전에 해당되는 북위 44도 이상의 표적 공격은 엄격히 통제되었다. 대신 북위 44도 이남 표적 중심으로 동맹국들 간 정치적 합의를 전제로 일부 표적을 추가하는 방식의 제2단계 플러스 항공작전이 선택되어졌다. 따라서 북위 44도 이북의 인프라 시설 등 제3단계 작전에 해당되는 표적에 대한 공격을 위해서는 동맹국간의 합의가 전제되어져야 했다. 그리고 전쟁 후반부에서는 항공작전의 일시 중지를 제의하는 동맹국들과의 집단적 합의를 이루어내기 위해 지상 작전 개시는 배제되었고 단독 항공작전이 계속 선택되어졌다. 이것은 민주동맹이 전쟁에서 집단적 합의를 유지하기 위하여 모든 동맹국들이 수용 가능한 위험 회피 성향의 군사력 운용 방법을 선택한다는 이론적 주장과 합치한다.

나토가 군사력 운용 방법에 대한 집단적 합의를 이루는 과정에서 나토 동맹국 내부의 상이한 국내 정치적 환경들은 군사력 운용 방법에 대한 개별 동맹국들의 입장 차이로 나타났다. 그 결과 일부 동맹국들은 위험 회피 성향의 방안을 강력히 선호하였으므로 전장 전투 성과 향상만을 생각한다면 동맹의 집단적 합의가 손상될 수 있는 상황이 초래되었다. 이때 나토의 군사력 운용 방법 선택 경향은 입장 차이가 분명한 동맹국들로부터 집단적 합의를 이끌어 내기 위한 위험 회피 방안의 선택이라 할 수 있었다. 전반적으로 나토는 전투 인명 손실을 최소화할 수 있는 단독 항공작전을 계속 선택했고 지상 작전은 배제시키며 동맹 전체의 집단적 합의를 유지해 나갔다. 결국 나토는 1999년 6월 3일 종전시까지 위험 회피 성향의 군사력 운용 방법을 선택해왔으며, 이와 같은 선택을 통해 동맹의 결속과 연합군 유지를 위한 추가적인 손실 비용이 발생하는 것을 방지할 수 있었다. 따라서 밀로세비치가 전쟁 시작 전 정치적 목표로 삼았던 나토 동맹 내부의 분열과 갈등은 표면화되지 않았고, 나토의 손실 가해 능력은 계속 유지될 수 있었다.

제5장

결론 및 한미동맹의 정책 대안

제5장
결론 및 한미동맹의 정책 대안

1. 민주국가와 민주동맹의 위험 회피 방안 선택 경향

전쟁은 국가 군사력간의 투쟁일 뿐 아니라 정치적 목표 달성을 위해 폭력을 사용하는 고도의 정치적 행위이기도 하다. 그러므로 국가 간 전쟁에서 군사력 운용 방안을 선택할 때에는 상대방의 군사력을 무력화시킬 수 있는 전장 전투 성과 극대화도 중요하지만, 전쟁을 지속하기 위한 국내정치적 수용성 역시 고려되어야 할 필요가 있다. 국가 간 전쟁의 종결은 당사국 중 어느 일방의 손실 가해 능력이 계속 감소하여, 예상되는 불만족스러운 휴전 조건을 수용하는 것이 전쟁 지속보다 더 낫다고 판단될 때 이루어진다. 손실 가해 능력의 증감은 상대방 국가로부터 부과당하는 손실과 전쟁을 지속함으로 유발되는 국내정치적 손실 비용의 변화로 인해 결정된다. 전쟁에서 군사력 운용 방법 선택으로 인해 국내정치적 손실 비용이 변화된다면, 국가의 손실 가해 능력도 함께 변화되어 전쟁 결과에 직접적인 영향을 미치게 된다.

이때 민주주의 정치 체제에서는 비(非)민주주의 국가에 비해 국민에 대한 정치적 책임이 더 크기 때문에 전쟁으로 발생되는 손실에 대해 상대적으로 더 민감하다. 민주국가에서는 전쟁에서 발생되는 전투 인명 손실의 증가는 국민의 정치적 지지 감소를 유발시키고 국가가 전쟁 수행에 필요한 인명과 자원을 사회로부터 계속 동원하려 할수록 국가-사회 간 긴장으로 인한 국내정치적 손실 비용이 증가된다. 그러므로 민주국가는 전장 전투 성과는 높지만 전투 인명 손실이 많은 군사력 운용 방법을 선택할 경우, 누적적인 손실 비용 증가로 인해 손실 가해 능력이 지속적으로 저하되면서 상대보다 먼저 전쟁을 포기하고 불만족스러운 휴전 조건을 수용하게 될 수 있다.

이와 같은 민주주의 체제의 특징은 민주국가들로 구성된 동맹 내부의 상호 작용에도 개입하여 민주동맹의 손실 가해 능력과 전쟁 결과에도 영향을 미친다. 민주동맹의 경우 민주국가 간 전쟁 중 협력이 비민주국가와의 협력보다 신뢰성이 높다는 장점을 향유한다. 그러나 개별 동맹국들의 국내정치적 환경의 차이에 따라 국가-사회 간 긴장 발생 가능성이 다르기 때문에 군사력 운용 방법에 대한 선호 역시 차이가 발생한다. 이렇게 환경적으로 차이가 있는 민주주의 동맹국들이 모두 수용할 수 있는 군사력 운용 방안을 선택하지 않는 한 민주동맹의 집단적 합의 유지가 어려워진다. 민주동맹이 집단적 합의를 상실하게 될 경우는 전쟁 중 연합군 유지를 위해서는 추가적인 손실 비용이 지불되어야하여 궁극적으로 민주동맹의 손실 가해 능력이 저하되는 결과를 가져온다. 그러므로 개별 민주국가가 국가-사회 간 긴장을 유발하는 군사력 운용 방법을 선택할 경우 손실 가해 능력이 감소되듯이, 민주동맹이 집단적 합의를 유지할 수 없는 군사력 운용 방법 선택시에도 손실 가해 능력이 감소되고 전쟁 승리 확률이 저하된다. 다음 그림 5-1은 민주국가와 민주동맹의 특정 군사력 운용 방법 선택이 민주주의 정치 체제의 특징으로 인해 전쟁 결과에 영향을 미치는 과정을 보여주고 있다.

[그림 5-1] 민주국가 및 민주동맹의 군사력 운용 방안 선택과 전쟁 결과

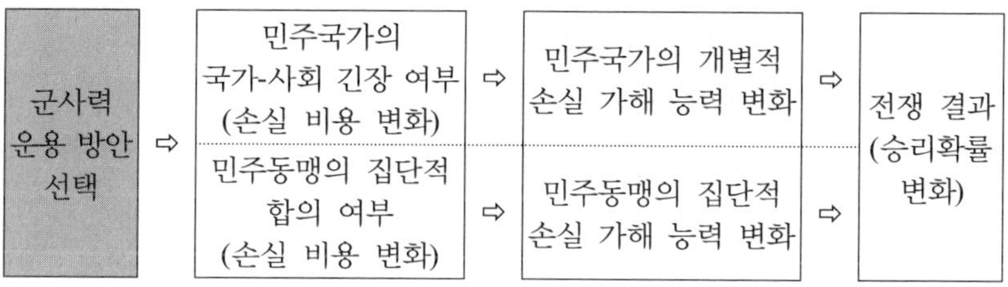

위의 [그림 5-1]에서 볼 수 있듯이 민주국가는 군사력 운용 방법 선택에 따라 국가-사회 간 긴장 발생과 동맹의 집단적 합의에 영향을 미쳐 불만족스러운 전쟁 결과를 맞이하게 될 가능성이 있다. 전쟁에서 민주국가가 상대방 국가보다 비대칭적으로 국력이 우세한 환경이거나 또는 신뢰할만한 다른 민주주의 동맹국과의 전쟁 중 협력을 이루고 있는 경우에도 군사력 운용 방안 선택 때문에 전쟁 결과가 만족스럽지 못할 가능성이 있는 것이다. 따라서 민주국가는 국가-사회 간 긴장 방지를 위해 정치적 수용성을 만족시킬 수 있도록 전투 인명 손실을 최소화하는 군사력 운용 방안 선택을 우선적으로 고려해야 할 필요가 있다. 그리고 민주동맹은 전쟁에서 동맹국들의 개별적인 정치적 수용성을 충족시켜서 동맹의 집단적 합의를 지속 유지해줄 수 있는 군사력 운용 방안 선택이 필요한 것이다. 이와 같은 관점에서 군사력을 운용하기 위해서는 전장 전투 성과 향상 능력을 일정 부분 희생하여 정치적 수용성을 만족시키는 위험 회피 방안을 선택해야 한다. 민주주의 체제

의 특성상 국가-사회 간 긴장을 방지하고 민주동맹의 집단적 합의를 유지해서, 궁극적으로 전쟁의 손실 비용을 감소시키고 손실 가해 능력을 유지해 줄 수 있는 위험 회피 방안이 전쟁 승리 확률을 더 증가시킬 수 있다. 미국이 1992년부터 2007년까지 지속했던 이라크와의 대결에서 전략 목표가 변경될 때마다의 군사력 운용 방안 선택 기준은 작전적 수준에서의 위험을 감수하더라도 전략적 수준에서는 위험을 회피하기 위한 것이었다. 그리고 1999년 코소보 전쟁에서 나토의 군사력 운용 방안 선택 기준 역시 모든 민주주의 동맹국들이 집단적으로 합의할 수 있도록 위험을 회피해야 한다는 것이었다.

이와 같은 민주국가의 국가 차원과 동맹 차원의 군사력 운용 방법 선택 경향은 오늘날 한반도 안보를 위해 한미동맹이 효과적인 대북 억제력을 준비해 나가는 과정에서도 시사하는 바가 있다. 특히 미국은 이미 한반도에서 6.25 전쟁을 통해서 자국 내의 국가-사회 간 긴장과 민주동맹의 집단적 합의와 관련된 문제점들을 직접 경험한 바 있다. 그리고 6.25 전쟁 후 한국의 민주화를 통해 한미동맹은 이제 안보 공동체 성격을 지닌 민주동맹으로 전환되고 있다. 따라서 한미동맹에 있어 민주국가의 군사력 운용 방안 선택 경향을 고려한 대북 억제 발전 방향을 살펴보는 것은 중요한 정책적 의미가 있다.

2. 한반도에서의 민주국가 그리고 민주동맹

1) 6.25 전쟁과 민주국가

1950년 6.25 전쟁 중 미국은 민주주의 체제의 국가-사회 간 긴장과 민주동맹의 집단적 합의의 어려움을 한반도 전략 환경 속에서도 경험하게 되었다. 북한의 침공으로 시작된 6.25 전쟁에 유엔의 결의로 미국이 개입하게 된 시점에서 미국의 최초 정치적 목표는 북한의 무력 침공 격퇴와 원상회복이었다. 그러나 1950년 10월에 한미 양국군과 유엔군이 38도선을 넘어 북진하게 되면서 최초의 정치적 목표는 북한 공산주의 체제의 추방과 한반도 통일로 변경되어졌다. 애초에 미국은 패배하여 도주하고 있던 북한군이 38도선 이북에서 재집결하고 세력을 복구하려는 의도를 군사적으로 좌절시키고자 했었다.[166] 그런데 이와 같은 군사적 목표는 신속한 한반도 통일이라는 정치적 목표로 전환되어졌다.

그러나 트루만(Harry S. Truman) 행정부는 중국의 개입에 대해서는 민감했기 때문에 38도선을 넘어 북진 중에도 중국 국경을 침범하지 않겠다는 보장을 중국에 전달하기 위해 노력했다. 당시 미국은 중국의 이해관계는 압록강으로부터 만주 지역의 산업 지역에만 국한되어 있다고 간주하였다. 따라서 미국은 압록강 지역 수력발전 시설의 보호와 함께 만주지역의 중국 시설들에 대한 보장을 지속적으로 중국에 전달하고자 했다. 그러나 중국의 이해관계는 만주와 압록강 지역에만 국한된 것이 아니었으므로 중국의 한반도 개입이 시작되었다.

중국의 군사개입 이후 유엔군 총사령관 맥아더(Douglas MacArthur)는 새로운 군사력 운용 방안으로 중국의 봉쇄와 원자폭탄을 포함한 항공 공격 개시, 그리고 대만의 군사력 활용 등을 제안하였다. 맥아더는 중국에게 강력한 보복 능력을 입증하여 중국의 의사결정을 번복시키고 더 나아가서는 미국의 안보위협으로 성장하고 있는 중국 공산당의 전

166 Morton H. Halperin, "The Korean War" in *Military Power and International Politics* edited by Robert J. Art and Kenneth N. Waltz (Lanham: Rowman and Littlefield, 2009), p. 204.

쟁수행 능력을 대폭 감퇴시키려고 했다. 그러나 미국의 국내정치적 환경은 한반도에서 북한 공산정권 추방을 위한 전쟁을 지속할 수는 있었으나 소련 또는 중국과의 전쟁까지 감내할 정도는 아니었다.[167]

1950년 10월까지 미국의 국내 여론은 전쟁을 지지하고 있었으나 중국의 군사개입 이후부터 여론 동향은 급격히 악화되어갔다. 또한 미국 의회의 공화당 세력은 민주당 행정부의 한국전 수행에 대해 비판적이었다. 미국 의회에서는 완전한 승리를 보장할 수 없는 제한전쟁이 장기화되는 것을 수용할 수 없다는 분위기가 팽배해졌다.[168] 이와 같은 미국 내 여론의 악화와 의회의 압력 등 정치적 반대는 트루만 행정부의 전쟁 수행에 대한 정치적 손실 비용을 증가시켰다. 그리고 유엔군의 일원으로 전쟁에 협력하고 있던 유럽 동맹국들도 중국과의 전쟁에 대해서는 회의적이었다. 이것은 미국과 유럽 동맹국간의 민주동맹 내부에서의 갈등 발생 가능성을 의미하였다. 1950년 11월 6일 당시 맥아더 장군은 유엔군 사령관으로서 압록강을 통해 증강되고 있는 중국군 세력을 차단하고자 압록강 교량 폭격 승인을 요청하였다. 그러나 교량 폭격에 대해서 미국 국방부와 CIA는 찬성하였지만 국무부는 영국과의 사전 협의가 없었다는 이유로 반대하였다. 결국 맥아더가 요구한 압록강 교량 폭격은 한만 국경 중에서 한반도 쪽으로만 제한적으로 실행하는 조건으로 승인되어졌다. 당시 미국은 중국과의 전쟁 확대로 인해 유엔에서 고립될 수 있다는 위기감을 느끼고 있었기 때문에, 주요 유럽 동맹국인 영국과 프랑스의 정치적 지지를 필요로 했다. 그러나 영국과 프랑스 국내 여론은 모두 전쟁 확대에 반대하기 때문에 영국 · 프랑스

167 Dan Reiter, *How Wars End* (Princeton: Princeton University Press, 2009), p. 79.

168 Morton H. Halperin, "The Korean War" in *Military Power and International Politics* edited by Robert J. Art and Kenneth N. Waltz (Lanham: Rowman and Littlefield, 2009), p. 201.

정부 역시 중국 본토에 대한 공격에는 강력하게 반대하였다.[169] 유엔에서의 국제정치적 지지를 유지하기 위해 유럽동맹국과의 집단적 합의를 필요로 했던 미국의 입장에서는 영국과 프랑스의 반대를 무릅쓰고 중국과의 전쟁을 확대하였을 경우의 손실 비용은 감내하기 어려웠다. 그 후 트루만 행정부는 중국과의 확전을 주장하던 맥아더 장군을 유엔군 사령관직에서 해임하고, 한반도 이내의 전쟁으로 군사력 운용을 제한하였다. 그리고 1951년 2월 미 국무장관 애치슨(Dean Acheson)은 중국 개입으로 인해 한반도 통일이 불가능해졌음을 시인함에 따라 미국의 정치적 목표가 다시 변화되었음이 공식적으로 확인되어졌다.

이처럼 미국은 한반도에서 북위 38도선 이북으로의 전쟁 목표 확대 이후에 중국의 개입을 직면하게 되었고, 따라서 군사력 운용을 중국 본토 공격까지 확대할 것인지 한반도로 제한할 것인지에 대한 선택을 강제 받게 되었다. 당시 한국 정부는 전쟁 전 기간에 걸쳐 심각한 전쟁 피해를 입었음에도 불구하고 남북통일을 목표로 전쟁을 지속하겠다는 의지를 표명하고 있었다.[170] 그러나 미국은 국내정치적으로는 의회 내 공화당 세력과 여론의 전쟁 반대에 직면하고 있었고, 미국의 유럽 민주주의 동맹국들은 중국 본토로의 전쟁 확대를 강력히 반대하고 있었다. 당시 미국에게는 국내에서의 국가-사회 간 긴장 방지와 유럽 민주주의 동맹국과의 집단적 합의에 적합한 군사력 운용 방안 선택이 필요했던 것이다.

---

169 Thomas Risse-Kappen, *Cooperation Among Democracies* (Princeton: Princeton University, 1995), pp. 47-49.

170 Norman Altstedter, "Problems of Coalition Diplomacy: The Korean Experience" *International Journal* 8:4 (1953), pp. 263-264.

2) 6.25 전쟁 이후 한미동맹의 역할 분담

6.25 전쟁이 종료되고 유엔군 소속 주요 국가들이 철수한 이후 미국은 한미동맹을 통해 한반도 안보를 위한 군사태세를 발전시켜야했다. 이때부터 한반도에서 대북 군사태세 발전에 있어 한미동맹의 역할 분담이 중요해지기 시작했다. 6.25 전쟁 이후 한미동맹의 군사태세 변화는 동맹 내부의 역할 분담을 반영하고 있기 때문이다. 미국은 이미 6.25 전쟁 후반부터 한국 지상군의 양적 증강과 훈련을 적극 지원하였다. 따라서 1952년 4월부터 한국군 증강계획이 본격화되어 한국군 2개 사단 편성 완료시 유엔군 1개 사단이 예비로 전환되는 방식으로 한국군을 10개 사단에서 20개 사단으로 증강시켜 나갔다.[171] 전쟁이 종료됨에 따라 1953년 한미상호방위조약 체결과 함께 한반도에 배치된 미국의 지상군은 점진적으로 감축되었고 그 공백을 한국 지상군이 대체해 나갔다. 1971년 미 7사단 철수를 통해 미국 지상군 병력의 대규모 감축은 일단락되어졌는데, 당시 미군은 4만 3천 명까지 축소되었다.

이러한 과정을 통해 미군의 역할 분담은 자본과 기술 집약형 군사력의 특징인 화력 지원을 담당하는 형태가 되어갔고, 한국의 역할 분담은 인력 소요를 충당하는 방향이 되어갔다. 그 결과 미국은 한미동맹의 내부 역할 분담을 통해 유사시 발생할 수 있는 미군의 전투 인명 손실을 최소화시킬 수 있었고, 나아가 미국 내의 국가-사회 간 긴장 발생 가능성도 감소시킬 수 있었다. 이와 같은 동맹 내부 역할 분담의 특징은 전 세계 최고의 군사기술을 지닌 미국이 우세한 화력 지원을 담당하고 동맹국이 인적 자원을 주로 제공한다는 것이다. 이런 방식은 평시 미군의 인력 소요를 감소시킬 수 있다는 점에서 미국에게는 매력적이

171 국방군사연구소, 『한국전쟁』, 국방군사연구소, 1997, p. 347.

므로 한반도 이외의 지역에서도 적용되어졌다.

최근 전쟁 사례에서 찾아 볼 수 있는 실례로는 2001년 아프간 전쟁 초기 1단계 작전(Operation Enduring Freedom)에서 미국의 항공력과 토착 동맹세력인 북부동맹(Northern Alliance) 지상군과의 연합작전이 있다. 아프간 전쟁 제1단계에서 미국의 정치적 목표는 탈레반 정권의 붕괴였고, 목표 달성을 위해 지상전투를 담당할 수 있는 아프간 내 토착 탈레반 반대 세력인 북부동맹과의 연합이 필요하였다. 당시 북부동맹은 지상 작전을 담당할 병력을 제공하였고 미국은 압도적인 항공공격을 지원하였다. 그 결과 미국은 지상군 인력의 추가적 소요 없이도 탈레반 정권을 전복시킬 수 있었다. 이처럼 미국은 우월한 항공력과 토착 동맹 세력이 보유한 지상군 능력간의 연합을 통해 미군의 자본과 기술집약적 군사력을 최대한 활용하여 전투 인명 손실을 최소화하며 미국 내 국가-사회 간 긴장을 예방하면서 전쟁을 수행할 수 있었다. 그리고 이러한 전쟁 수행의 전제 조건은 동맹 내부의 적절한 역할 분담이었다.

그러나 이와 같은 동맹 내부 역할 분담은 미국이 감당해야 할 인적 자원의 손실 비용이 동맹국에게 과도하게 부과되어질 가능성이 있다. 특히 미국의 동맹국도 민주주의 국가일 경우에는 과도한 국가-사회 간 긴장이 동맹국에서도 유발될 수 있었다. 1980년대를 지나면서 한미동맹에서의 큰 변화 중의 하나는 한국의 민주화가 진행되어 한미동맹이 민주동맹으로 전환되었다는 것이다. 그러므로 미국과 아프간 북부동맹간 관계와 같은 군사적 역할 분담이 한미동맹에 계속 적용될 경우에는 한국의 민주주의 사회가 과도한 국가-사회 간 긴장에 직면할 가능성이 커진다. 이렇게 되면 민주동맹 내부에서 하나의 민주주의 동맹국이 부담을 면하게 된 국내정치적 손실 비용이 또 다른 민주주의 동맹국으로 온전히 이전되는 결과를 빚게 된다. 더구나 이러한 상태는 민주동맹 내부에서 동맹국간 불균형한 분담으로 인식되어져서 동맹국간의 갈등을 야기 시키고, 이와 같은 갈등을 해소하기 위한 추가적인 정치적 비용이 발생한다. 따라서 민주동맹에 있어서는 불합리한 동맹 내부의 역할 분담이 특정 동맹국 내부에서의 국가-사회 간 긴장 뿐 아니라 동맹 내부의 갈등까지 발생시킬 수 있게 된다.

앞서 살펴본 바와 같이 6.25 전쟁 당시 한국은 막대한 전투 인명 피해 등의 손실 비용에도 불구하고 휴전 단계에서도 전쟁을 지속하려는 의지를 보였었다. 그러나 민주화 이후의 한국은 전투 인명 손실에 민감한 사회로 변화되었다. 실제로 1999년 동티모르 분쟁 관리를 위해 유엔이 국제평화유지군 파견을 한국정부에 요청할 당시 한국은 역사상 최초의 해외 평화유지 임무를 위한 지상군 파견을 검토했다. 당시는 동티모르의 내전이 종식된 지 얼마 지나지 않은 상태이어서 여전히 무장폭력의 위험이 높은 상태였고 대부분의 한국 국민들은 동티모르를 분쟁 위험이 높은 지역으로 인식하고 있었다. 따라서 한국 내 여론에서 동티모르 파병에 반대하는 목소리가 상당히 컸으며, 그 때문에 심각한 찬반 논쟁이 일어났다. 이와 같은 한국 사회에서의 치열한 논쟁은 1999년 9월 28일 동티모르 파병안이 어렵사리 국회를 통과할 때까지 지속되었다.[172] 이런 경험은 한국군의 전투 인명 손실이 예상되는 상황에 대한 한국 사회의 민감성을 잘 보여주고 있다. 한국도 민주화 이후부터는 6.25 전쟁 당시와는 달리 군사력 운용에 따른 전투 인명 손실에 대해 민감해졌던 것이다. 즉 한국에서도 전투 인명 손실 등 실제 손실 비용이 국가-사회 간 긴장으로 확산되는 민주주의 정치체제

172 1999년 9월 동티모르 전투부대 파병 동의안의 국회 가결 당시 야당 의원들이 파병에 반대하며 집단 퇴장한 가운데 160명의 의원들만이 참석해 동의안을 가결시킨 바 있다. 국가기록원 (http://contents.archives.go.kr/next/Contents/list Subject Description.do.id=002981)

의 특성을 갖게 된 것이다. 그러므로 과거 한미동맹에 적용되었던 동맹 내부의 역할 분담은 국내정치적 수용성이라는 측면에서 더 이상 효과적이지 않을 수 있다. 그보다는 민주동맹으로 전환된 이후 한미동맹이 지니게 된 새로운 성격을 활용하여 한미 양국의 집단적 합의를 유지해 나가는 것이 더 효과적인 손실 가해 능력 유지 방안이 될 수 있는 것이다.

3) 안보 공동체로서의 한미동맹

1954년에 결성된 한미동맹은 1990년대 이후 한국의 민주화가 성숙됨에 따라 민주주의 규범과 가치를 공유하며 상호 합의에 의한 공동 의사결정이 가능한 안보공동체 성격을 지니기 시작하였다. 2000년대 이후 한미 양국은 공통의 민주주의 가치와 신뢰를 기반으로 한미동맹이 강화되고 있음을 여러 차례 공식적으로 발표한 바 있다. 한미 국방부는 동맹의 미래비전에 대한 공동연구를 진행하여 2006년 '한미동맹의 비전 공동 연구(Joint Study on the Vision of the ROK and US Alliance)' 공동 문서를 작성하여 같은 해 제38차 한미안보협의회의(Security Consultative Meeting, SCM)에 보고한 바 있다. 그리고 2009년 6월 16일에 한미 양국 정상은 한미동맹 미래비전(Joint Vision for the Alliance of ROK and US)을 발표하며 군사 분야 뿐 아니라 한미동맹이 정치·경제·사회·문화 분야까지 협력의 범위를 확대하고 있으며, 이제 한미 양국이 지역 및 범세계적 차원의 포괄적 전략동맹이 되었음을 발표하였다. 그리고 2010년 7월 21일에는 최초로 한미 외교 국방 장관 간 2+2 회의가 시작되며 긴밀한 동맹관계를 과시하기도 했다. 또한 2013년 5월 7일에 한미 정상은 한미동맹 60주년 기념 공동선언(Joint Declaration in Commemoration of the 60th Anniversary of the Alliance between ROK and USA)을 통해서 다시 한번 포괄적 전략동맹으로의 지속적인 발전을 재합의하였다.

한미동맹의 안보 공동체로의 변모는 이와 같은 공동 문서와 안보 협의체 확대 뿐 아니라 한국군에 대한 미군의 인식 변화를 통해서도 나타난다. 한국군에 대한 미군의 인식 변화는 한미 양국 간 작전 통제권 관련 결정을 통해서 찾아볼 수 있다. 미군은 6·25전쟁 당시 한국군과 연합작전을 수행하고 동시에 일부 한국인들을 미군부대에 소속시키며 전쟁을 수행했다. 당시 전쟁 경험과 전후 처리과정을 통해 나타난 미국의 인식은 한국군이 미군의 전쟁수행 노력을 보완할 수 있다는 정도였다. 이러한 인식은 전후 미국 합참의 통제를 받는 유엔군 사령부가 한국군에 대한 작전통제권을 행사하는 기간 동안 작전통제권 관련 두 번의 변화를 겪으면서도 지속되었다. 첫 번째 작전통제권 관련 변화는 1968년 대간첩 침투작전 권한이 한국군에게 이양될 때에 있었다. 1968년 1월 21일 북한 특수부대의 청와대 침투 습격사건과 관련하여 당시 박정희 대통령은 모든 형태의 작전통제권 전환 필요성까지 언급하며 한국정부가 독자적인 대간첩 작전 능력을 보유해야 함을 강조하였다.[173] 미국은 한국측의 이와 같은 강력한 정치적 요구를 수용하였고, 따라서 1968년 4월 17일에 한미 정상은 공동성명을 통해 한국군으로의 대간첩작전 통제권한 이양을 발표했다. 그러나 이와 같은 부분적인 작전통제권 이양은 한국군의 능력에 대해 미군의 인식이 변화했다기보다는 한국 정부의 불만을 해소시켜주기 위한 임시적 조치라 할 수 있었다. 두 번째 작전통제권 상태 변화는 1978년 한미연합사령부 창설

173 한용섭, 「전시작전통제권 환수 문제」, 심지연 · 김일영 편, 『한미동맹 50년 : 법적 쟁점과 미래의 전망』, 백산서당, 2004, p. 73 ; 한용섭, 「동맹 속에서의 자주국방: 이론과 실제의 딜레마」, 한용섭 편, 『자주냐 동맹이냐 : 21세기 한국 안보외교의 진로』, 오름, 2004, p. 47.

이었다. 1969년부터 시작된 주한미군 철수 등 미군의 구조적 변화에 이어서 한미연합 지휘체제 필요성이 제시되었고, 그 결과 1977년 제10차 한미안보협의회의(SCM)에서 한미 양국은 한미연합사령부 창설에 합의하였다. 따라서 1978년 11월 7일에 한미연합사령부가 창설되었고 유엔군 사령부로부터의 작전통제권이 이양되어졌다. 유엔군 사령부가 미국 합참의 통제를 받았던 것과는 달리 한미연합사령부는 한미군사위원회(Military Committee Meeting, MCM)로부터 전략지시와 임무를 받는 것으로 규정되어져 있다. 이것은 작전통제권이 미국측에 의해 일방적으로 행사되는 것이 아니라 한미 양국의 공동 협의에 의해 행사되는 것으로 변화되었음을 의미한다.[174] 1978년 제11차 한미 국방장관 간 한미안보협의회의(SCM) 공동성명에서는 "노[재현] 장관과 브라운[Harold Brown] 장관은 한국 방위의 작전효율의 증진을 위하여 1978년 내에 설치될 한미 연합군사령부가 한미 군사협력의 새로운 전기가 될 것이라는 신념을 표명하면서, 양국 정부는 동 기구의 운용을 한미 간에 수시로 공동 검토함으로써 연합군사령부의 효율성을 계속 증대해 나갈 것에 합의하였다. 또한 양측대표단은 양국정부가 한미 연합군사령부의 설치와 동시에 군사위원회의 효율적인 협력과 조정을 통해 한미 연합군사령부를 강화할 것에 합의하였다."라는 표현이 명시되어져 있다. 공동성명 표현에 의하면 미국이 한미 국가통수기구 차원에서 한미 양국의 대등한 협력 관계를 인정하고 있음을 알 수 있다. 그러나 공동성명 표현은 한미연합 지휘권의 변화를 주로 강조한 것이지 한국군의 능력 향상을 직접적으로 거론한 것은 아니었다. 그러므로 최소한 이 시기까지 한국군에 대한 미군의 인식 변화에 관한 증거는 찾기 힘들었다.

174 백종천, 『한반도 평화안보론』, 세종연구소, 2006, pp. 194-195.

미군의 한국에 대한 인식 변화는 한국이 본격적으로 민주화된 이후 1994년에 평시 작전통제권 전환을 결정하면서 표면화되었다. 1990년대 탈냉전기에 접어들며 미국은 전반적인 세계 전략을 수정하며 동아시아 지역에 대해서는 '동아시아 전략구상(East Asia Strategic Initiative, EASI)'을 발표하며 주한미군 감축 방안을 제시하였다. 이 과정에서 한반도에서 미군이 담당하던 역할을 한국군으로 전환할 필요성이 제기되었고, 그 일환으로 평시 작전통제권이 1994년 12월 1일부로 한미연합사령부로부터 한국 합참으로 전환되었다.[175] 이때부터 한미 양국의 방어준비태세가 증가될 경우 한국군에 대한 작전통제권은 한미연합사령부가 행사하게 되지만, 방어준비태세 증가 이전 평시 상태 한국군에 대한 작전통제권은 한국 합참이 갖게 되었다. 이러한 변화는 미군이 한국군의 군사대비태세와 위기관리 능력을 인정했기 때문에 일어났다고 볼 수 있다. 그리고 이 시기부터 미국은 한국군이 한국 방위에 있어 중요한 역할을 담당할 수 있다는 인식을 공식적으로 표명하기 시작했다. 1992년 제24차 한미안보협의회의(SCM) 공동성명은 "양국 대표단은 미국의 한국방위 역할이 지원적 역할로 순조롭게 전환되고 있으며 또 앞으로도 계속 되어야 한다는 데 인식을 같이하였다. 양측은 한국군에 대한 평시작전통제권을 늦어도 1994년 12월 31일까지 한국에 전환하기로 합의하였다." 라고 명시하였다. 아울러 1993년 제25차 한미안보협의회의(SCM) 공동성명은 "양국 대표단은 한국이 한국 방위에 대하여 점차 주도적 역할을 담당하게 됨에 따라 미국의 한반도 방위역할이 지원적 역할로 순조롭게 전환되고 있다는데 만족을 표명하였다."

175 조성렬, 「한미동맹에 대한 도전요인과 주한미군 관련 쟁점」, 김일영 · 조성렬 편, 『주한미군 역사 쟁점 전망』, 한울, 2003, p. 201.

라고 표현하고 있다. 이 시기는 사실 한국의 민주화가 급진전되고 있던 때이기도 했다. 이와 같은 변화를 기초로 하여 2006년 10월에 이르러 한미 양국은 한국군에 대한 전시 작전통제권을 한국 합참으로 전환하기로 원칙적인 합의를 하게 된다. 이처럼 한국군의 평시 및 전시 작전통제권이 한미연합사령부로부터 한국 합참으로 전환되는 과정은 미군이 한국군에 대해 긍정적인 인식을 갖게 되고 또한 한국을 미국의 중요한 안보 동반자로 인정하게 되었음을 반영하고 있다. 실제로 2010년 3월 24일 당시의 한미연합사령관 샤프(Walter Sharp) 장군은 미국 상원 군사위원회 청문회에서 한국군의 전면전 수행능력을 다음과 같이 높이 평가한 바 있다. "한국의 지도자들은 변화하는 지역 및 범세계적 환경 속에서 그들의 군대를 주도할 수 있는 능력을 증명해 왔다. 한국 문화에서 성장해온 한국군 장교는 직무와 관련된 작전계획 수립에 능통하며, 한반도 지형에 익숙할 뿐만 아니라, 한국 국민들의 보호를 위해 최고로 잘 무장되어 있다." 이와 같은 한국군에 대한 미군의 인식 변화는 한미동맹이 안보 공동체 성격을 지닌 민주동맹으로 발전되고 있음을 보여주는 증거 중의 하나라 할 수 있다.

한미동맹이 안보 공동체 성격을 지니게 될수록 동맹의 의사결정은 한미 양국의 상호 존중과 공감대에 기초하여 이루어지게 되고, 이 과정에서 한미의 개별적인 국내 정치적 압력이 동맹 전체의 의사결정에 크게 영향을 미칠 수 있게 된다. 즉 안보 공동체 성격상 한미동맹의 집단적 의사결정은 국력과 국제적 위상 측면에서 동맹을 주도하고 있는 미국의 의지만으로 이루어지는 것이 아니고, 한국과 미국의 국내 정치적 압력에 의해서도 큰 영향을 받도록 되는 것이다. 그러므로 한미동맹이 안보 공동체 성격을 지닌 민주동맹으로 전환한 이후에도 불균형한 군사적 역할 분담이 계속된다면 동맹의 집단적 합의를 저해하는 갈등으로 이어지고, 궁극적으로는 동맹의 손실 가해 능력 감소로 귀결될 수 있다. 따라서 이제는 한미 동맹이 안보 공동체의 성격을 지니기 시작한 특성을 활용하여 동맹국 중 어느 일방에 대한 과도한 국내정치적 손실 비용을 방지하기 위한 호혜적 협의가 필요해진 것이다. 그리고 이것을 통해 궁극적으로는 양국의 집단적 합의에 의한 동맹의 역할 분담을 모색하여 한미동맹의 손실 가해 능력을 유지해 나가야 할 필요가 있다.

그리고 앞서 논의한 바와 같이 안보 공동체 성격의 민주동맹에서는 동맹국의 국내정치적 압력의 존재가 동맹 내부의 집단적 의사결정에 큰 영향을 미칠 수 있다. 그러므로 안보 공동체 성격을 지닌 민주동맹의 집단적 합의를 유지하기 위해서는 개별 동맹국들의 전투 인명 손실을 최소화하여 해당 국가 국내의 국가-사회 간 긴장을 방지해야 한다. 그 결과 안보 공동체 성격의 민주동맹에서는 국내정치적으로 수용되기 쉬운 위험 회피 성향의 군사력 운용 방법이 주로 선택되는 경향이 나타난다. 이러한 위험 회피 성향 방안 선택은 유사시 한미동맹의 집단적 합의를 유지하는데 도움이 될 것이다. 그러나 한반도 안보 환경에서는 예상되는 북한의 도발과 전면적 침공을 억제함에 있어 이와 같은 위험 회피 방안 선택 경향을 어떻게 활용할 것인지에 대한 대답이 필요하다. 기본적으로 위험 회피 방안은 전장 전투 성과 향상 가능성을 일부 희생시킬 수 있는데, 이와 같은 특징이 억제력의 신뢰성을 손상시키지 않도록 해주는 현실 정책을 마련해내야 할 필요가 있다. 즉 한미동맹의 안보 공동체 성격은 민주동맹의 집단적 합의 유지를 원활하게 해주어 군사력 운용시 민주동맹의 손실 비용 증가를 방지한다는 장점이 있으나, 위험 회피 방안 선택 경향이 존재하기 때문에 이와 관련된 억제력 강화 대안이 제시되어야 할 필요가 있는 것이다.

3. 안보 공동체로서 한미동맹의 대북 억제력 강화 방안

1) 억제력의 구성

억제란 군사적 위협으로 국익을 침해하는 상대방 국가의 공격을 예방하고 좌절시키는 것으로 정의될 수 있고, 이때 상대방의 행위를 억제하는 상황은 크게 평시와 위기시로 구분된다. 평시억제(general deterrence)는 상대 국가와의 군사적 충돌 등 위기상황 발생을 방지하는 것이 목표가 되고, 위기시의 긴급억제(immediate deterrence)는 전쟁으로의 확전 방지를 주안점으로 둔다.[176] 따라서 상대방 국가의 정치 및 군사적 요구를 좌절시키지 못한 상태로 군사적 충돌이 발생한다면 평시억제가 실패한 것이고, 전쟁으로 확전된다면 긴급억제가 실패한 것으로 정의되어진다. 그리고 억제 이론에서는 잠재적 적대국이 억제국의 위협을 무시하고 도전하여 얻을 수 있는 이익과 그 도전의 성공 가능성에 따라 행동을 선택한다고 가정한다.[177] 이런 가정에 의하면 잠재적 적대국이 침공할 경우 감내할 수 없는 손실에 직면하거나(처벌적 억제, deterrence by punishment) 또는 침공이 성공할 수 없을 것(거부적 억제, deterrence by denial)이라고 믿을 때 억제가 성공하게 된다. 처벌적 억제는 잠재적 적대국이 침공했을 때 직면하게 될 예상 손실이 클수록 성공 가능성이 높고, 거부적 억제는 잠재적 적대국이 침공을 통해 정치 또는 군사적 목표를 달성할 가능성이 낮을수록 성공 가능성이 높아진다.[178] 따라서

176 Paul K. Huth, "Deterrence and International Conflict: Empirical Findings and Theoretical Debates" *Annual Review of Political Science* 1999(2), pp. 26-28.

177 Paul K. Huth, "Deterrence and International Conflict: Empirical Findings and Theoretical Debates" *Annual Review of Political Science* 1999(2), pp. 28-29.

억제가 성공하기 위해서는 잠재적 적대국이 침공을 할 경우 목표를 달성할 가능성도 적고 예상되는 손실 역시 엄청날 것임을 믿도록 해야 한다.

이와 같은 설명에 의하면 억제국은 우선 충분한 군사능력을 갖추어서 잠재적 적대국이 어떠한 형태의 침공이라도 성공할 가능성이 적다는 것을 믿도록 해야 한다. 일반적으로 국가들은 침공을 선택할 때 장기적 소모전으로 인한 손실이 동반되는 승리보다 신속한 승리를 통해 손실을 최소화하고 이익을 최대화하려고 한다.[179] 그러므로 억제국의 군사적 능력이 잠재적 적대국의 신속한 승리를 저지할 수 있다면, 잠재적 적대국은 침공을 통해서 국익을 확보하기 어려워진다. 즉 잠재적 적대국이 침공을 통해 국익을 창출하려는 선택은 거부될 수 있는 것이다. 현실 세계에서는 억제국과 잠재적 적대국간의 군사력이 상호 균형에 가까울수록, 잠재적 적대국이 군사적 침공으로 신속한 승리를 얻기 힘들어진다. 그러므로 억제국과 잠재적 적대국간의 충분한 군사력 균형의 존재 여부는 억제를 성공시킬 수 있는 요인이 된다.[180]

그리고 억제가 성공하기 위해서는 억제국의 충분한 군사적 능력 뿐 아니라 그 능력을 반드시 사용하겠다는 의지가 신뢰성 있게 전달되어

---

178 Frank C. Zagare and D. Mark Kilgour, *Perfect Deterrence* (Cambridge: Cambridge University Press, 2000), p. 198 ; Glen Snyder, *Deterrence and Defense: Toward a Theory of National Security* (Princeton: Princeton University Press, 1961).

179 Bruce Bueno de Mesquita, James D. Morrow, and Ethan R. Zorick, “Capabilities, Perception, and Escalation” *American Political Science Review* 91:1 (1997), pp. 15-27 ; Paul K. Huth, “Deterrence and International Conflict: Empirical Findings and Theoretical Debates” *Annual Review of Political Science* 1999(2), pp. 25-48.

180 Paul K. Huth, “Deterrence and International Conflict: Empirical Findings and Theoretical Debates” *Annual Review of Political Science* 1999(2), p. 30 ; John Mearsheimer, *Conventional Deterrence* (Ithaca: Cornell University Press, 1983), p. 296.

야만 한다. 억제국이 군사력을 사용하겠다는 의지의 신뢰성은 우선 도발이 예상되는 지역 또는 관련 사안이 억제국의 국가이익에 얼마나 핵심적인지 여부에 달려있다. 억제국의 핵심 국가이익에 해당되는 지역을 잠재적 적대국이 침공하려 할 경우에는 억제국이 가용한 모든 군사수단을 활용할 것이라는 것을 쉽사리 예측할 수 있다. 이 경우 억제국이 군사력을 사용하겠다는 위협은 현실적이고 신뢰할만하다고 인정될 수 있다.[181] 즉 잠재적 적대국이 도발하려는 지역과 관련 사안이 억제국의 국가이익 측면에서 중요할수록 억제 의지는 신뢰성 있게 전달될 수 있고, 억제 성공 가능성 역시 높아진다. 이처럼 억제의 위협에 대한 근원적인 신뢰성의 존재 여부는 억제 성공의 또 다른 요인이기도 하다.

한편 억제국의 국가이익과 결부된 근원적 신뢰성과 달리 억제의 위협에 대한 신뢰성을 협상기술로 증가시킬 수도 있다. 이 경우에도 잠재적 적대국에게 전달되는 위협의 신뢰성이 증가하므로 억제 성공 가능성은 높아질 수 있다. 이때는 잠재적 적대국이 억제국의 위협을 허장성세로 여기지 않도록 하는 협상 기술이 중요한 관건이 된다. 모든 국가가 군사력을 직접 사용하여 전쟁을 시작하는 것은 값비싼 비용을 지불해야 하는 결정이다. 그러므로 억제국이 군사력을 사용하기 이전부터 값비싼 비용을 동반하는 행동을 한다면 실제 군사력 사용으로 인한 비용을 지불할 준비가 되어 있는 것으로 보일 수 있다. 이와 같은 협상기술을 적용하면 억제국의 군사력 사용 의지를 신뢰성 있게 전달해 줄 수 있다.[182] 이처럼 억제의 강화를 위해 값비싼 비용이 동반되는

---

181 Vensa Danilovic, "The Sources of Threat Credibility in Indirect Deterrence" *Journal of Conflict Resolution* 45:3 (2001), pp. 347-348.

182 Thomas C. Schelling, *Arms and Influence* (New Haven: Yale University, 1966), pp. 36-58

신호가 전달되어야 할 필요성은 무정부적인 국제사회 특성으로 인해 국가들이 서로의 의지를 실제로 알 수 없다는 문제점으로부터 기인한다. 즉 국제사회에서 국가의 능력과 의지는 기본적으로 비밀 정보에 해당되기 때문에 상대방의 실제 의지를 알기는 어렵고, 그로 인해 국가들은 비밀 정보의 특성을 기만적으로 활용하여 손쉽게 상대를 위협하려는 동기를 갖게 된다.[183] 따라서 국가 간에는 상대방의 의사 표현이 기만 정보일 가능성이 항상 존재하는 것이다. 그리고 이러한 상황은 억제국의 실제 군사력 사용 결의가 정확히 전달되는 것을 심각하게 방해하고 있다.[184] 따라서 국제사회의 불확실성이라는 환경에서는 국가의 특정 행위가 기만이 아니라 신뢰성 있는 의사전달이라는 것을 입증할 수 있어야 한다. 이때 국가의 행동에 일정한 비용 지불이 동반된다면 향후에도 그 국가가 동일한 행위를 계속 선택할 것이라는 믿음이 생겨난다. 값비싼 비용을 지불할수록 그 국가의 행위가 단순히 기만을 위해 선택되었다기에는 너무 희생이 크다고 보이기 때문에 강력한 의지가 동반되고 있음을 입증해 보일 수 있기 때문이다.[185] 이와 같이 값비싼 비용을 통해 군사력 사용 의지의 신뢰성을 증가시키기 위해서는 사전 비용보다는 사후 비용이 발생하는 공약이 더 효과가 크다.[186]

; James D. Fearon, "Signaling Foreign Policy Interests: Tying Hands versus Sinking Costs." *Journal of Conflict Resolution* 41:1 (1997), pp. 68-90.

183 R. Harrison Wagner, "Bargaining and War." *American Journal of Political Science* 44:3 (2000), pp. 469-484.

184 Alastair Smith and Allan A. Stam, "Bargaining and the Nature of War" *Journal of Conflict Resolution* 48:6 (2004), p. 784.

185 Robert Jervis, *The Logic of Images in International Relations* (New York: Columbia University Press, 1989), pp. 142-145.

186 James Fearon, "Signaling Foreign Policy Interests: Tying Hands versus Sinking Costs" *Journal of Conflict Resolution* 41:1 (1997), p. 69.

동맹국에 군사력을 미리 배치한다든지 또는 국가동원령을 발령하는 등의 사전 행동보다는 억제에 실패할 경우에는 반드시 군사력을 사용할 수밖에 없다는 돌이킬 수 없는 사후 공약을 할 때 군사력 사용 의지의 신뢰성이 더 높아진다. 특히 민주주의 체제에서는 국가의 의사결정자가 국내 유권자에 대해 직접적인 책임을 져야하기 때문에 국가 의사결정자의 대 국민 공약은 값비싼 사후 비용을 동반한다.[187] 민주국가에서의 공개적 정책 선언이 준수되지 않을 경우 국내 유권자들로부터 차기 선거에서 선택받지 못하는 등 정치적 비용이 크다. 그러므로 민주국가의 의사결정자는 스스로가 공개적으로 한 선언을 준수해야만 하며 그렇지 않을 경우 값비싼 비용을 지불해야 된다. 따라서 비민주국가에 비해 민주국가에서의 공개적인 선언은 값비싼 사후 비용이 동반되는 신호로 잠재적 적대국에게 전달될 것이고, 이로 인해 신뢰성이 높아지기 때문에 억제 성공 가능성 역시 높일 수 있다.

그리고 위기시에 긴급 억제를 성공시키기 위해서는 위기관리 능력도 중요하다. 일단 위기가 발생하게 되면 평시 억제 노력은 종료되었다고 볼 수 있고, 적대국이 위기 이전의 상태로 원상 복구하도록 하는 노력이 필요하다. 이러한 위기 상황에서는 억제국과 적대국간의 상호 의지 탐색이 중요하다. 위기에서는 양보가 불가능한 것처럼 보이게 할수록 상대에게 더 강력한 의지를 전달할 수 있게 되고 상대의 양보를 이끌어내는 것 역시 손쉬워진다.[188] 이와 같은 상황은 잠재적 적대국과

---

187 James Fearon, "Domestic Audiences and the Escalation of International Disputes" *American Political Science Review* 88:3 (1994), pp. 579-580.

188 Frank C. Zagare and D. Mark Kilgour, *Perfect Deterrence* (Cambridge: Cambridge University Press, 2000), p. 22 ; Thomas C. Schelling, *Arms and Influence* (New Haven: Yale University, 1966)

억제국 모두 전쟁을 바라지는 않지만 상대방의 양보를 바라며 위기를 지속시키며 위험 비용을 지불하는 경쟁을 할 때 나타날 수 있다[189] 이때는 위기가 고조되어 전쟁으로 치닫는 것을 더 두려워하거나 또는 상대방의 확고한 의지를 인식하는 국가가 먼저 물러서게 된다. 그리고 긴급 억제의 목표가 전쟁으로의 확전 방지인만큼 억제국의 입장에서는 적대국이 위기 고조를 포기하고 원상으로 복귀할 경우 성공한 억제라고 규정할 수 있다. 이때의 억제 성공 요인은 위기 고조의 극단적 결과를 감수하겠다는 정치적 결의를 소유했는지 여부와 이것을 신뢰성 있게 보여줄 수 있는 협상능력에 있다.

지금까지 살펴 본 억제 성공에 필요한 요인들은 다음과 같이 요약될 수 있다. 첫째는 적대국이 침공으로 신속하게 정치 및 군사적 목표를 달성하는 것을 거부할 수 있어야한다. 이것을 위해서는 적대국의 침공을 격퇴하거나 최소한 전쟁을 장기화시킬 수 있는 군사적 균형이 필요하다. 둘째는 적대국이 공격을 감행할 경우 공격으로 얻을 수 있는 모든 이익을 초과할 수 있는 비용이 부과될 것임을 신뢰성 있게 설득시켜야 한다. 이때 적대국이 도발할만한 지역과 관련 사안이 억제국의 핵심 이익과 결부되어 있다면 억제국의 위협은 신뢰성 있게 전달될 것이다. 그렇지 않을 경우에라도 억제국의 군사력을 사용하겠다는 의지가 값비싼 비용 지불 신호로서 전달될 수 있다면 역시 신뢰성은 증가한다. 셋째는 위기시 적대국에게 먼저 양보하지 않겠다는 의지를 효과적으로 전달하면서 전쟁으로의 확전을 방지할 수 있는 적절한 위기관리 기술이다. 이 경우 억제국은 단호한 양보 불가 입장을 적대국에게

189 이근욱, 『쿠바 미사일 위기, 냉전 기간 가장 위험한 순간』, 서강대학교 출판부, 2013, p. 57.

시기적절하게 전달하여 적대국이 위기 고조를 먼저 포기하게끔 설득해야 한다.

2) 한미동맹의 대북 억제 정책 대안

한국과 미국이라는 두 민주국가로 구성된 한미동맹이 대북 억제력을 강화하기 위해서는 개별 민주국가 내부의 국가-사회 간 긴장을 방지하고 민주동맹 내부의 집단적 합의 역시 유지시킬 수 있는 정책 대안이 필요하다. 앞서 살펴본 바와 같이 기본적으로 민주국가는 전쟁 수행시 국가-사회 간 긴장 가능성이 상대적으로 더 높고, 따라서 손실 가해 능력을 유지하여 전쟁 승리 확률을 높이기 위해서 위험 회피 방안을 선택하는 경향이 있다. 이런 특성을 고려하여 군사적 능력, 억제의 신뢰성 증진, 위기관리 기술 관점 별로 다음의 세 가지 한미동맹의 대북 억제 정책 대안을 제시하고자 한다.

첫째, 평시억제 상황에 적합한 억제력 향상을 위해 한미동맹은 민주국가가 손실 가해 능력을 유지시키기 위해 선택하는 위험 회피 성향 방안에 적합한 군사능력을 갖출 필요가 있다. 민주국가가 전시 국가-사회 간 긴장을 최소화하려면 전투 및 부수적 인명 손실을 최소화하고 인력 소요를 화력과 기술로 대체하는 기술 집약형 군사력이 요구된다. 민주국가가 이와 같은 형태의 군사력을 갖추게 되면 적대국의 공격에 대응하여 위험 회피 방안을 선택할 수 있게 되고, 그에 따라 손실 가해 능력을 계속 유지할 수 있게 되어 장기간의 군사작전을 지속할 수 있게 된다. 따라서 적대국은 전쟁을 통해 신속한 승리를 기대할 수 없게 되고 따라서 적대국의 침공을 통해 예상되었던 이익 역시 거부될 수 있다. 그러므로 기술 집약형 군사력을 갖춘 민주국가의 억제 성공 가능성은 증가될 수 있다. 따라서 민주국가로 진화 발전한 한국도 이제

국가-사회 간 긴장을 완화하고 전투 인명 손실을 최소화하여 손실 가해 능력을 증가시키기 위해 기술 집약형 군사력을 갖추어야 한다. 한국의 민주화라는 제도적 환경의 변화는 전쟁에서의 손실 가해 능력을 유지하기 위해 기술 집약형 군사력을 요구하고 있다. 그리고 이와 같은 기술 집약형 군사력은 대북 억제력 측면에서도 북한이 침공을 통해 신속하게 이익을 달성하는 것을 거부하는 능력을 제공하고 보복 위협의 신뢰성 역시 증대시켜주는 효과를 가져다준다. 사실 한국군의 전력 구조는 6.25 전쟁 이후 지속 변화되었는데 기술 집약형 특성은 1990년대부터 나타나기 시작하여 2000년대 초에 보다 약진하기 시작했다.[190] 이러한 변화는 한국 사회가 민주사회가 되고 동맹이 안보 공동체로 진화되는 과정 속에서 함께 나타나고 있다. 이제는 작금의 변화 추세를 더 강화시켜 한국이 민주국가로서 유사시 손실 가해 능력을 강화시킬 수 있는 역량을 구비하고 평시와 위기시 대북 억제력을 강화하는데 기여해야 할 것이다. 이처럼 위험 회피 성향 군사력 운용이 가능한 기술 집약형 군사능력을 갖추게 되면 한미동맹의 군사적 거부 능력이 증가되어 억제 성공 가능성 역시 높아질 것이다.

둘째, 평시억제 상황에서 억제의 신뢰성 증진을 위해 한미동맹의 집단적 억제력을 증가시키는 노력이 필요하다. 현재 안보 공동체의 성격까지 갖추기 시작한 한미동맹은 이제 민주동맹 내부의 집단적 합의를 지속하는데 유리한 위치에 도달해있다. 안보 공동체 내에서 비교적 원활하게 집단적 합의가 달성될 수 있다는 이유 때문에 민주동맹의 집단적 손실 가해 능력은 계속 유지되어 전쟁 승리 확률도 증가될 수

190 이성훈, 『한국 안보외교정책의 이론과 현실: 위협, 동맹, 한국의 군사력 건설 방향』, 오름, 2012, pp. 239-248.

있는 것이다. 따라서 한미동맹 내에서 양국간 집단적 합의를 손쉽게 달성할 수 있다는 특성을 대외적으로 전달함으로도 대북 억제의 신뢰성을 강화할 수 있다. 즉 한미동맹은 안보 공동체 성격을 지니고 있고 그 결과 한미 양국간 집단적 합의는 원활하게 도출될 수 있다는 것을 북한이 믿도록 하는 것이다. 따라서 한미 양국은 각각 북한의 침공시는 강력하게 보복할 것이라는 것과 위기시에는 단호한 대응을 하겠다는 것을 국내 유권자 앞에서 약속해야 하고, 이와 같은 공약을 지속적으로 확대 재생산해야 한다. 대북 억제의 성공을 위해서는 한미동맹의 군사력 사용 결의가 잠재적 침략국에게 정확하고 신뢰성 있게 전달될 수 있는가가 핵심적 문제가 된다. 그러므로 억제의 신뢰성을 증가시키기 위해 한미 양국이 민주국가라는 제도를 최대한 활용하여 한미동맹의 결의가 값비싼 신호로 전달되도록 국내 유권자들에게 공개적으로 약속되어져야 한다. 그리고 한미 양국의 개별적인 약속에 이어 동맹의 집단적 합의가 지속될 것이라는 공동 선언과 동맹 공약 강화 역시 계속 확대 재생산되어 북한에게 전달되어져야 한다. 이처럼 한미동맹의 집단적 합의가 지속될 것이라는 공약의 반복은 대북 억제력에 기여할 수 있다. 한미 양국은 이미 동맹의 심화 발전을 위해 다양한 형태의 양국 간 공동 선언을 해왔고, 2009년 양국 정상간 한미동맹 미래비전을 통해서 한미동맹이 포괄적 전략동맹임을 선언했다. 그리고 2013년 한미 정상은 다시 한미동맹 60주년 기념 공동선언을 통해 포괄적 전략동맹을 지속 발전시켜 나가기로 합의하였다. 2009년 한미동맹 미래비전은 한미동맹이 사실상 안보공동체 반열에 접어들고 있음을 공식화해주고 있으며, 2013년 공동선언을 통해 이를 재확인함으로써 동맹의 집단적 합의에 대한 대국민 공약은 확대 재생산되고 있다. 이와 같은 노력들은 한미 양국 간 높은 집단적 합의 유지 가능성을 과시하여 대북 억제에 필요한 신뢰성을 증진할 수 있다. 이처럼 한미동맹이 안보 공동체임을 대내외적으로 재확인하는 선언들은 동맹의 집단적 합의를 유지시켜 손실 가해 능력을 증가시킴과 동시에 평시 억제 성공 가능성을 높여줄 수 있다.

셋째, 긴급억제 상황에서 위기관리 기술을 통한 억제 성공 가능성을 높이기 위해 위기시 확전을 방지하는 가운데 먼저 양보하지 않겠다는 단호한 의지를 효과적으로 전달할 필요가 있다. 민주국가가 국가-사회 간 긴장을 방지하기 위해 전략적 수준에서 선택한 위험 회피 성향 방안이 작전적 수준에서는 위험 감수 방안이 되는 경우가 있다. 앞서 살펴본 바와 같이 2003년 미국의 이라크 침공 당시 럼스펠드 미 국방장관은 기동과 기습 효과를 극대화시키는 대신 불충분한 병력과 제한적 군수 지원으로 인한 작전적 위험은 감수하는 방안을 선택한 바 있다. 이처럼 민주국가는 전략적 수준에서 위험 회피 성향을 지닌 반면, 작전적 수준에서는 위험 감수 방안도 선택하는 경향이 있다. 즉 민주국가도 위기시 단호한 작전적 대응을 하는 것이 가능한 것이다. 민주국가는 작전적 수준에서 위험 감수 방안을 선택하면서 전략적 수준에서 위험 회피 목적을 달성할 수 있다. 그러므로 위기시 전쟁으로의 확전 방지라는 전략적 수준의 위험 회피 목적을 달성하기 위해서, 작전적 수준에서는 단호한 대응이라는 위험 감수 방안이 선택될 수 있는 것이다. 이때 작전적 수준에서의 단호한 대응은 위기에서 먼저 양보하지 않겠다는 의지를 효과적으로 전달해줄 수 있다. 그러므로 위기시 한미 공동의 작전적 수준에서의 위험 감수 방안이 준비되어지고 공개되어져야 한다. 그래서 한미는 확전 방지를 위해 위기를 관리하면서도, 결코 먼저 양보하지 않는다는 단호한 의지가 전달되어야 한다. 이것은 긴급 억제 성공에 필요한 요건이기도 하다. 이런 관점에서 작전적 수준에서의 한미 공동 계획들이 계속 발전되고 필요한 수준만큼 공개되어져야 한다. 작전적 수준의 공동계획 작성과 대외적 발표는 위기시 한미동맹이 먼저 양보하지 않고 단호한 대응을 하겠다는 의지에 대한 신뢰성을 증가시켜 준다. 즉 작전적 수준에서 동맹 공약의 신뢰성을 증대시킬 수 있는 한미 공동 계획들의 작성과 공개는 위기시 한미동맹이 집단적 합의를 원활하게 달성하여 여전히 손실 가해 능력을 유지할 수 있음을 전달하고, 그 결과 긴급 억제 성공 가능성을 증대시킬 수 있는 것이다. 따라서 한미는 예상할 수 있는 다양한 위기 상황을 발굴하고 이에 적용할 공동 계획을 발전시켜 필요 부분을 대외적으로 공개하는 것을 검토할 필요가 있다.

참고문헌

강병철, 『중간세력국가의 안보환경과 전력구조 : 이스라엘 · 대만 · 한국의 사례 비교 연구』, 연세대학교 박사학위 논문, 2001.

국방군사연구소, 『한국전쟁』, 국방군사연구소, 1997.

백종천, 『한반도 평화안보론』, 세종연구소, 2006.

손자, 이민수 역해, 「손자병법」, 혜원, 1995.

이근욱, 『이라크 전쟁: 부시의 침공에서 오바마의 철군까지』, 한울아카데미, 2011.

이근욱, 『쿠바 미사일 위기: 냉전 기간 가장 위험한 순간』, 서강대학교 출판부, 2013.

이성훈, 『한국 안보외교정책의 이론과 현실: 위협, 동맹, 한국의 군사력 건설 방향』, 오름, 2012.

조성렬, 「한미동맹에 대한 도전요인과 주한미군 관련 쟁점」, 『주한미군 역사 쟁점 전망』, 한울, 2003.

조한승, 「제4세대 전쟁의 이론과 실제: 분란전 평가를 중심으로」, 『국제정치논총』 50:1, 2010.

증선지, 소준섭 역, 『십팔사략』, 미래사, 1995.

폴 케네디, 이일주 역, 『강대국의 흥망』, 한국경제신문사, 1996.

한용섭, 「동맹 속에서의 자주국방: 이론과 실제의 딜레마」, 『자주냐 동맹이냐 : 21세기 한국 안보외교의 진로』, 오름, 2004.

한용섭, 「전시작전통제권 환수 문제」, 심지연 · 김일영 편, 『한미동맹 50년 : 법적 쟁점과 미래의 전망』, 백산서당, 2004.

Allen, Susan Hannah. "Estimating the Duration of Coercive Bombing Campaigns." *Journal of Conflict Resolution* 51:1 (2007) 112-133.

Allen, Susan H. and Tiffiny Vincent. "Bombing to Bargain?" *Foreign Policy Analysis*

7:1 (2011) 1-26.

Alterman, Jon B. "Coercive Diplomacy against Iraq, 1990-98." in *The United States and Coercive Diplomacy* edited by Robert J. Art and Patrick M. Cronin. Washington D.C.: USIP Press, 2003.

Altstedter, Norman. "Problems of Coalition Diplomacy: The Korean Experience." *International Journal* 8:4, (1953) 256-265.

Arreguin-Toft, Ivan. *How the Weak Win Wars: A Theory of Asymmetric Conflict.* Cambridge: Cambridge University Press, 2005.

Auerswald, David P. "Explaining Wars of Choice: An Integrated Decision Model of NATO Policy in Kosovo." *International Studies Quarterly* 48:3, (2004) 631-662.

Ballard, John R. *From Storm to Freedom: America's Long War with Iraq*. Annapolis: Naval Institute Press, 2010.

Bennett, Andrew Joseph Lepgold, and Danny Unger. "Burden-Sharing in the Persian Gulf War." *International Organizations* 48:1, (1994) 39-75.

Bennett, D. Scott. "Testing Alternative Models of Alliance Duration, 1816-1984." *American Journal of Political Science* 41:3 (1997) 846-878.

Bennett, D. Scott. "Toward Continuous Specification of Democracy-Autocracy Connection." *International Studies Quarterly* 50 (2006) 313-338.

Biddle, Stephen. "Rebuilding the Foundation of Offense-Defense Theory" *Journal of Politics* 63:3 (2001) 741-774.

Bueno de Mesquita, Bruce and David Lalman. *War and Reason.* New Haven: Yale University Press, 1992.

Bueno de Mesquita, Bruce, James D. Morrow, and Ethan R. Zorick. "Capabilities, Perception, and Escalation." *American Political Science Review* 91:1 (1997) 15-27.

Bueno de Mesquita, Bruce, Michael T. Koch, and Randolph M. Siverson. "Testing Competing Institutional Explanations of the Democratic Peace: The Case of Dispute Duration." *Conflict Management and Peace Science* 21:4 (2004)

255-267.

Cabigiosu, Carlo. "The Role of Italy's Military in Supporting the Civil Authorities." in *Armies in Homeland Security: American and European Perspectives*. edited by John L. Clarke. Washington D.C.: National Defense University Press, 2006.

Caldwell, Dan. "Military Strategy in Afghanistan and Iraq." in *U.S. Policy in Afghanistan and Iraq* edited by Seyom Brown and Robert H. Scales. Boulder: Lynne Riennen, 2012.

Caverley, Jonathan D. "The Myth of Military Myopia: Democracy, Small Wars, and Vietnam." *International Security* 34:3 (2010) 119-157.

Choi, Ajin. "Democracy Synergy and Victory in War, 1816-1992." *International Studies Quarterly* 48 (2004) 663-682.

Choi, Ajin. "Fighting to the Finish: Democracy and Commitment in Coalition War." *Security Studies* 21:4 (2012) 624-653.

Clark, Martin. "Italian Perceptions" in *Kosovo, Perceptions of War and its Aftermath*. edited by Mary Buckley and Sally N. Cummings. New York: Continuum, 2001.

Clarke, Michael. "British Perception" in *Kosovo, Perceptions of War and its Aftermath*. edited by Mary Buckley and Sally N. Cummings. New York: Continuum, 2001.

Clausewitz, Carl von. *On War*. Michael Howard and Peter Paret trans. Princeton: Princeton University Press, 1976.

Coldfelter, Mark A. "Molding Airpower Convictions : Development and Legacy of William Mitchell's Strategic Thought," in *The Path of Heaven, The Evolution of Airpower Theory* edited by Phillip S. Mellinger. Maxwell: Air University Press, 1997.

Cremasco, Maruizio. "Italy and the Management of International Crisis." in *Alliance Politics, Kosovo, and NATO's War: Allied Force or Forced Allies*? edited by Pierre Martin and Mark R. Brawley. New York: Palgrave, 2000.

Daalder, Ivo H. and Michael E. O'Hanlon. *Winning Ugly: NATO's War to Save*

Kosovo. Washington D.C.: Brookings Institution, 2000.

Danilovic, Vensa. "The Sources of Threat Credibility in Indirect Deterrence." *Journal of Conflict Resolution* 45:3 (2001) 341-369.

Dannreuthaer, Roland. "Perceptions in the Middle East" in *Kosovo, Perceptions of War and its Aftermath*. edited by Mary Buckley and Sally N. Cummings. New York: Continuum, 2001.

Davidson, Jason W. *America's Allies and War: Kosovo, Afghanistan, and Iraq*. New York: Palgraven Macmillan, 2011.

Dolman, Everett C. *The Warrior State: How Military Organization Structures Politics*. New York: Palgrave, 2004.

Diamond, Lary. *Developing Democracy : Toward Consolidation*, Baltimore: The Johns Hopkins University Press, 1999.

Fearon, James. "Domestic Audiences and the Escalation of International Disputes." *American Political Science Review* 88:3 (1994) 577-592.

Fearon, James D. "Signaling versus the Balance of Power and Interests." *Journal of Conflict Resolution* 38:2 (1994) 236-269.

Fearon, James D. "Rationalist Explanations for War." *International Organization* 49:3 (1995) 379-414.

Fearon James D. "Signaling Foreign Policy Interests: Tying Hands versus Sinking Costs." *Journal of Conflict Resolution* 41:1 (1997) 68-90.

Feaver, Peter D. "The Right to Be Right: Civil-Military Relations and the Iraq Surge Decision." *International Security* 35:4 (2011) 87-125.

Filson, Darren and Suzanne Werner. "Sensitivity to Costs of Fighting versus Sensitivity to Losing the Conflict: Implications for War Onset, Duration, and Outcomes." *Journal of Conflict Resolution* 51:5 (2007) 691-714.

Gangloff, Sylvie. "Turkish Policy Towards the Conflict in Kosovo: The Preeminence of National Political Interests." *Balkanologie* 8:1 (2004)

Garden, Timothy. "Iraq: The Military Campaign." *International Affairs* 79:4 (2004) 701-718.

Gelpi, Christopher Peter D. Feaver, and Jason Reifler. *Paying the Human Costs of War: American Public Opinion and Casualties in Military Conflicts*. Princeton: Princeton University Press, 2009.

Gelpi, Christopher and Michael Griesdorf. "Winners or Losers? Democracies in International Crisis, 1918-94." *American Political Science Review* 95:3 (2001) 634-635.

Gilber, Douglas M. and Scott Wolford. "Alliance, Then Democracy: An Examination of Relationship bewteen Regime Type and Alliance Formation." *Journal of Conflict Resolution* 50:1 (2006) 129-153.

Goemans, Hein. *War and Punishment: The Causes of War Termination and the First World War*. Princeton: Princeton University Press, 2000.

Hahn, Peter L. *Mission Accomplished? The United States and Iraq since World War 1*, Oxford: Oxford University Press, 2012.

Hale, William. *Turkish Foreign Policy 1774-2000.* London: Frank Cass, 2000.

Halperin, Morton H. "The Korean War." in *Military Power and International Politics* edited by Robert J. Art and Kenneth N. Waltz. Lanham: Rowman and Littlefield, 2009.

Henriksen, Dag. *NATO's Gamble* Annapolis: Naval Institute Press, 2007.

Hyde-Price, Adrian. "German Perception." in *Kosovo, Perceptions of War and its Aftermath.* edited by Mary Buckley and Sally N. Cummings. New York: Continuum, 2001.

Huth, Paul K. "Deterrence and International Conflict: Empirical Findings and Theoretical Debates." *Annual Review of Political Science*. 2 (1999) 25-48.

Huth, Paul K. and Bruce Russett. "Deterrence Failure and Crisis Escalation." *International Studies Quarterly* 32:1 (1988) 29-45.

Huth, Paul K. and Todd L. Allee. *The Democratic Peace and Territorial Conflict in the Twentieth Century*. Cambridge: Cambridge University Press, 2002.

Jervis, Robert. *The Logic of Images in International Relations*. New York: Columbia University Press, 1989.

Junio, Timothy J. "Military History and Fourth Generation Warfare." *Journal of Strategic Studies* 32:2 (2009) 243-269.

Kaufman, Joyce P. *NATO and the Former Yugoslavia: Crisis, Conflict, and the Atlantic Alliance*. Boulder: Rowman & Littlefield, 2002.

Kim, Kwang-Jin. *The Stages of Development and Termination of Wars between States: A Strategy for Conflict Management*. Lewiston: Edwin Mellen, 2008.

Kim, Kwang-Jin and Patrick James. "Learning from the Great War? The Origin of Democratic Peace." *Defence and Peace Economics* 21: 5-6 (2010) 487-505.

Kocher, Matthew A. Thomas B. Pepinsky, and Stathis N. Kalyvas. "Aerial Bombing and Counterinsurgency in the Vietnam War." *American Journal of Political Science* 55:2 (2011) 201-218.

Kober, Avi. "From Blitzkrieg to Attrition: Israel's Attrition Strategy and Staying Power." *Small Wars and Insurgencies* 16:2 (2007) 216-240.

Kupchan, Charles A. "NATO and the Persian Gulf: Examining Intra-Alliance Behavior." *International Organization* 42:2 (1988) 317-346.

Kurth, James. "First War of the Global Era: Kosovo and U.S. Grand Strategy." in *War Over Kosovo* edited by Andrew J. Bacevich and Eliot A. Cohen. New York: Columbia University Press, 2001.

Lai, Brian and Dan Reiter. "Democracy, Political Similarity, and International Alliances, 1816-1992." *Journal of Conflict Resolution* 44:2 (2000) 203-227.

Lambeth, Benjamin S. *Air Power against Terror*. Santa Monica: RAND Corporation, 2005.

Leeds, Brett Ashley. "Alliance Reliability in Times of War: Explaining State Decisions to Violate Treaties." *International Organization* 57 (2003) 801-827.

Levy, Margaret. *Consent, Dissent, and Patriotism*. Cambridge: Cambridge University Press, 1997.

Liddel-Hart, B. H. *Strategy*. New York: Praeger, 1967.

Lipson, Charles. *Reliable Partners: How Democracies Have Made A Separate Peace*. Princeton: Princeton University Press, 2003.

Lockyer, Adam. “How Democracies Exit Small Wars: The Role of Opposition Parties in War Termination.” *Australian Journal of International Affairs* 66:3 (2012) 381-396.

Luttwak, Edward N. *Strategy: The Logic of War and Peace*, Cambridge: Harvard University Press, 1987.

Lynn, John A. *Battle : A History of Combat and Culture*. Cambridge: Westview, 2003.

Mack, Andrew. “Why Big Nations Lose Small Wars: The Politics of Asymmetric Conflict.” *World Politics* 27:2 (1975) 175-200.

Maoz, Zeev. “Resolve, Capabilities, and the Outcomes of Interstate Disputes, 1816-1976.” *Journal of Conflict Resolution* 27:2 (1983) 196-229.

Maoz, Zeev and Randolph M. Siverson. “Bargaining, Domestic Politics, and International Context in the Management of War: A Review Essay.” *Conflict Management and Peace Science* 25:2 (2008) 171-189.

Mann, Edward. “One Target, One Bomb : Is the Principle of Mass Dead?” *Airpower Journal* 7:1 (1993) 10-19.

Mcallister, Richard. “French Perception” in *Kosovo, Perceptions of War and its Aftermath*. edited by Mary Buckley and Sally N. Cummings. New York: Continuum, 2001.

Mearsheimer, John. *Conventional Deterrence*. Ithaca: Cornell University Press, 1983.

Mearsheimer, John J. “Hitler and the Blitzkrieg Strategy.” in *The Use of Force: Military Power and International Politics* 7th ed. edited by Robert J. Art and Kenneth N. Waltz. Lanham: Rowman & Littlefield, 2009.

Merom, Gil. *How Democracies Lose Small Wars: State, Society, and the Failures of France in Algeria, Israel in Lebanon, and the United States in Vietnam*, Cambridge: Cambridge University Press, 2003.

Moustakis, Fotios. *The Greek-Turkish Relationship and NATO*. Portland: Frank Cass, 2003.

Mueller, John E. “The Search for the Breaking Point in Vietnam: The Statistics of a Deadly Quarrel." *International Studies Quarterly* 24:4 (1980) 497-519.

Murray, Williamson. "The Collapse of Empire: British Strategy 1919-1945" in *The Making of Strategy: Rules, States, and War* edited by Williamson Murray, Alvin Bernstein, and MacGregor Knox. Cambridge: Cambridge University Press, 1994.

Oneal, John R. and Bruce Russett. "The Kantian Peace: The Pacific Benefits of Democracy, Interdependence, and *International Organization*s, 1885-1992." *World Politics* 52:1 (1999) 1-37.

Papayoanou, Paul A. "Intra-Alliance Bargaining and U.S. Bosnia Policy." *Journal of Conflict Resolution* 41:1 (1997) 91-116.

Pape, Robert A. *Bombing to Win : Airpower and Coercion in War*. Ithaca: Cornell University Press, 1996.

Posen, Barry R. "Nationalism, the Mass Army, and Military Power." *International Security* 18:2 (1993) 82-124.

Posen, Barry R. *The Sources of Military Doctrine: France, Britain, and Germany between the World Wars*. Ithaca : Cornell University Press, 1984.

Posen, Barry R. "The War for Kosovo: Serbia's Political-Military Strategy." *International Security* 24:4 (2000) 39-84.

Powell, Robert. *In the Shadow of Power: States and Strategies in International Politics*. Princeton: Princeton University Press, 1999.

Putnam, Robert D. "Diplomacy and Domestic Politics: The Logic of Two-Level Games" in *Double Edged Diplomacy: International Bargaining and Domestic Politics*. edited by Peter B. Evans, Harold K. Jacobson, and Robert D. Putman. Berkeley: University of California Press, 1993.

Przeworski, Adam, Michael E. Alvarez, Jose Antonio Cheibub, and Fernando Limongi. *Democracy and Development: Political Institutions and Well-Being in the World 1950-1990*. Cambridge: Cambridge University Press, 2000.

Reed, William. "Information, Power, and War." *American Political Science Review* 97:4 (2003) 633-641.

Reiter, Dan. "Exploring the Bargaining Model of War." *Perspective on Politics* 1:1 (2003) 27-43.

Reiter, Dan. *How Wars End.* Princeton: Princeton University Press, 2009.

Reiter, Dan and Allan C. Stam. *Democracies at War*. Princeton: Princeton University Press, 2002.

Reiter, Dan and Curtis Meek. "Determinants of Military Strategies 1903-1994, A Quantitative Empirical Test." *International Studies Quarterly* 43:2 (1999) 363-387.

Resnick, Evan N. "Strange Bedfellows: U.S. Bargaining Behavior with Allies of Convenience." *International Security* 35:3 (2010/11) 144-184.

Richardson, Louise. "A Force for Good in the World? Britain's Role in the Kosovo Crisis." in *Alliance Politics, Kosovo, and NATO's War: Allied Force or Forced Allies*? edited by Pierre Martin and Mark R. Brawley. New York: Palgrave, 2000.

Risse-Kappen, Thomas. *Cooperation Among Democracies*. Princeton: Princeton University, 1995.

Rudolf, Peter. "Germany at the Kosovo Conflict." in *Alliance Politics, Kosovo, and NATO's War: Allied Force or Forced Allies*? edited by Pierre Martin and Mark R. Brawley. New York: Palgrave, 2000.

Salmon, Trevor C. and Alistair J. K. Shepherd. *Toward A European Army: A Military Power in the Making*? Boulder: Lynne Rienner, 2003.

Schelling, Thomas C. *Arms and Influence*. New Haven: Yale University, 1966.

SDS(System & Defense Services) International, *The Gulf War : An Airman's Perspective*, Arlington: SDS International, 1993.

Singh, Robert. "American Perceptions" in *Kosovo, Perceptions of War and its Aftermath.* edited by Mary Buckley and Sally N. Cummings. New York: Continuum, 2001.

Siverson, Randolph. "Democracies and War Participation: In Defense of the Institutional Constraints Argument." *European Journal of International*

Relations 1:4 (1995) 481-489.

Slantchev, Branislav. "The Power to Hurt : Costly Conflict with Completely Informed States." *American Political Science Review* 97:1 (2003) 123-133.

Smith, Alastair. "To Intervene or Not To Intervene: A Biased Decision." *Journal of Conflict Resolution* 40:1 (1996) 16-40.

Smith, Alastair. "Fighting Battles, Winning Wars" *Journal of Conflict Resolution* 42:3 (1998) 301-320.

Smith, Alastair and Allan A. Stam. "Bargaining and the Nature of War." *Journal of Conflict Resolution* 48:6 (2004) 783-813.

Snyder, Glen. *Deterrence and Defense: Toward a Theory of National Security*. Princeton: Princeton University Press, 1961.

Stam, Allan C. *Win, Lose, or Draw: Domestic Politics and the Crucible of War*. Ann Arbor: University of Michigan Press, 1996.

Stone, John. *Military Strategy: The Politics and Technique of War*. London: Continuum, 2011.

Sullivan, Patrician L. "At What Price Victory? The Effects of Uncertainty on Military Intervention Duration and Outcome." *Conflict Management and Peace Science* 25:1 (2008) 49-66.

Sun, Tzu. The Art of War. in Thomas Cleary trans. Boston: Shambhala, 1988.

Tago, Atsushi. "When Are Democratic Friends Unreliable? The Unilateral Withdrawal of Troops from the Coalition of Willing." *Journal of Peace Research* 46:2 (2009) 219-234.

Vasquez III, Joseph P. "Shouldering the Soldiering: Democracy, Conscription, and Military Casualties." *Journal of Conflict Resolution* 49:6 (2005) 849-873.

Wagner, R. Harrison Wagner. "Bargaining and War." *American Journal of Political Science* 44:3 (2000) 469-484.

Wallace, Geoffrey P. R. "Alliances, Institutional Design, and the Determinants of Military Strategy." *Conflict Management and Peace Science* 25:3 (2008): 224-243.

Wetterqvist, Fredrik. French Security and Defence Policy, Current Development and Future Prospect. Stockholm: National Defence Research Institute FOA-Report C-10325, 1991.

Zagare, Frank C. and D. Mark Kilgour. Perfect Deterrence. Cambridge: Cambridge University Press, 2000.

1) 인터넷 자료

국가기록원. http://contents. archives. go. kr/next /Contents /list Subject Description. do. id=002981.

UK Defense Forum. www. defenceviewpoints.co.kr. Zatuliveter, Katia. "France's Changing Role in NATO"

White House. http://www.presidentialrhetoric.com/speeches/bush_firstterm.html

찾아보기